무신학의 탄생

Cet ouvrage, publié dans le cadre du Programme de Participation à la Publication,
bénéficie du soutien du Ministère des Affaires Etrangères et de l'Ambassade de France en
Corée.
이 책은 프랑스 외무부와 주한프랑스대사관이 주관하는
출판협력프로그램의 지원을 받아 출간되었습니다.

무신학의 탄생

미셸 옹프레 지음 | 강주헌 옮김

모티브
BOOK

〈일러두기〉
이 책에서 기독교라고 번역된 표현은 엄격하게 말해서 가톨릭교에 해당되지만 프로테스탄트라 일컬어지는 신교도의 경우도 마찬가지이므로 뭉뚱그려 기독교라 번역했다.―옮긴이

'신' 이란 개념은 삶의 반대 개념으로 창안되었다. 해롭고 독살스러우며 비방적인 모든 것, 결국 삶에 대한 증오심이 무시무시한 단일체가 되어 '신' 이란 개념에 집약되었다. '피안彼岸', 즉 '진정한 세계' 라는 개념은 실제로 존재하는 유일한 세계를 몰가치화할 목적에서 창안되었다. 달리 말하면 실제로 존재하는 이 땅에 어떤 목표, 어떤 존재이유, 어떤 과제도 두지 않기 위해서 창안되었다. '영혼', '정신', 궁극적으로는 '불멸의 영혼' 이란 개념까지 창안되었다. 몸을 비하시키고 병들게 하기 위해서, 즉 몸을 '신성시' 하기 위해서. 또한 삶에서 지극히 중요하게 다뤄야 할 모든 것, 예컨대 영양, 주거, 지적 제도, 환자의 치료, 청결과 위생, 기후 등을 무시하기 위해서! 건강보다 '영혼의 구원' 이 중요한 셈이다. 경련적 속죄에서 히스테리적 구원으로 이어지는 광기가 아닐 수 없다! '죄' 라는 개념이 죄의 궁극이라 할 수 있는 고문 기구인 '자유의지' 라는 개념과 동시에 창안되었다. 본능의 정체를 모호한 것으로 전락시켜 본능에 대한 불신을 제2의 천성으로 만들기 위해서!

—니체, 『이 사람을 보라』 가운데 '나는 왜 하나의 운명인가?'

사막의 기억

모리타니 사막을 몇 시간이나 달리고 나서야 낙타 두 마리, 젊은 아내와 장모, 당나귀에 탄 딸과 아들을 거느리고 생존에 반드시 필요한 것을 지닌 늙은 목자牧者를 만났다. 적어도 나는 다시 살아난 무함마드를 만난 기분이었다. 새하얀 하늘, 뜨거운 햇살에 타버린 나무 몇 그루, 끝없이 펼쳐진 샛노란 모래밭을 굴러다니는 가시덤불들이 꾸르안을 연상시켰던지, 나는 사막을 대상隊商, 유목민들의 천막, 사막의 부족 등이 지배하던 시대로 돌아간 듯했다.

나는 이스라엘과 사마리아 땅, 예루살렘과 베들레헴, 나사렛과 티베리아스(성경에서는 갈릴리) 호수를 떠올렸다. 태양이 머리 위를 뜨겁게 달구고, 수분을 빼앗기다 못해 영혼까지 목말라지는 그곳을 생각했다. 그러고는 맑고 시원한 물이 콸콸 흐르고, 향긋한 공기가 몸을 감싸주며, 먹을 것이 넘치는 낙원을 그려보았다. 내가 서 있던 변방의 세계들이, 모래밭 또는 하얗게 달궈진 자갈길을 끝없이 걸은 탓에 피곤에 지치고 수척해진 사람들이 상상해낸 반反세계로 변해버린 듯했다. 적어도 내 눈에는 그렇게 보였다. 일신교一神教는 그렇게 사막에서 탄생했다.

오랜 시간에 걸쳐 마을 전체를 확실하게 뒤덮어버린 모래밭 속에 파묻힌 이슬람 도서관이 보고 싶었던 나는 생게티 동쪽에 위치한 우안단까지 달려갔다. 그날 밤, 우리는 한 집에 묵었다. 나를 대신해 운전을 맡은 압두라만은 마당에 개인용 카펫을 깔았고, 나는 작은 방을 빌렸다. 다행히 매트리스가 있었다. 어둠 속에서 압두라만의 검은 피부는 청회색을 띠었고, 보름달빛이 더해지자 보랏빛으로 변했다. 세상의 움직임에 영향을 받은 것일까? 행성들의 기운을 받은 것일까? 압두라만은 천천히 무릎을 꿇고 땅에 입을 맞추었다. 그러고는 머리를 조아리고 기도를 시작했다. 죽은 별들의 빛이 사막의 밤열기를 타고 우리에게 전해졌다. 나는 원시의 시대로 돌아간 듯했다. 마치 인간이 처음으로 성스런 감동을 받았을 때의 모습을 보고 있는 듯했다. 다음날 나는 압두라만에게 이슬람교에 대해 물었다. 유럽에서 온 백인이 이슬람교에 관심을 보인다는 것에 놀란 걸까? 그는 입을 꼭 다물었다. 나는 펜으로 쓴 꾸르안을 읽은 터였고, 덕분에 몇 구절을 암송할 수 있었다. 그러나 압두라만은 이슬람교 주장들의 타당성에 대해 논쟁하자며 하얀 피부의 유럽인이 자신들의 성서를 들먹이는 것을 용납할 수 없었다. 그에게 이슬람교는 관대하고 너그러우며 평화적인 종교였다. 그런데 성전聖戰? 불신자들에게 선포한 지하드? 작가에게 내린 율법적 판결? 전 세계를 상대로 한 테러? 그것들은 광신도들의 짓이다. 진정한 무슬림이 그런 짓을 저지를 리 없다.

그는 비무슬림이 꾸르안을 읽고 수라(꾸르안의 장章)를 언급하는 것을 좋아하지 않았다. 또, 비무슬림이 자신의 주장을 옹호하기 위해 꾸르안의 구절들을 들먹이는 것도 달가워하지 않았다. 하지만, 대의 大義를 위해 희생한 사람들을 기리는 녹색 띠를 두른 무장전사, 폭탄 조끼를 입은 헤즈볼라의 테러리스트, 살만 루시디Salman Rushdie에게 사형을 선고한 아야톨라 호메이니Ayatollah Khomeini, 민간 항공기를 납치해 미국의 쌍둥이 빌딩에 부딪친 가미카제들, 민간인을 납치해 참수한 빈 라덴의 경쟁자들이 옳다고 말해주는 꾸르안의 구절들을 찾아내고 싶어했다. 그의 주장에 대한 나의 반박은 신성모독을 아슬아슬하게 비켜갔다. 그리고 작열하는 태양이 유린하는 사막에서 우리는 다시 침묵에 빠져들었다.

죽은 재칼이 결정한 운명

그렇게 몇 시간 동안 침묵이 흘렀지만 사막의 풍경은 변하지 않았다. 나는 다시 꾸르안을 들먹였다. 이번에는 천국에 대해 물었다. 압두라만은 그 공상의 땅을 믿을까? 정말로 믿는 걸까, 아니면 하나의 상징으로 생각할까? 젖과 포도주가 흐르는 강, 무함마드가 약속한 극락의 천녀天女들, 수가 놓아진 비단 침상, 천상의 음악, 아름답고 장엄한 정원이 정말로 있다고 믿는 걸까? 그는 "그럼요! 당연히 있죠!"라고 대답했다. 그럼 지옥은? "그것도 사람들이 말하는 그대로죠." 그의 삶은 신에 가까웠다. 친절하고 세심하며, 너그럽고 남을 배려하며, 다정하고 차분한 압두라만은 다른 사람, 아니 세상과 평화롭게 살려는 사람이었다. 그렇다면 그가 언젠가는, 천국의 환희를 맛볼 수 있을까? 그는 "그러길 바라야죠."라고 대답했다. 나는 진정으로 그가 천국에 가길 바랐다. 그가 확신하는 일들이 환상에 불과하고 그는 지금 속고 있는 것이지만, 안타깝게도 결코 그런 사실을 깨닫지 못할 것이란 말은 입 밖에 꺼내지 않았다.

잠시 침묵의 시간이 흐른 뒤에 압두라만이 불쑥 말했다. 천국에 들어가려면 심판대에 올라야 한다고. 하지만 그는 잘못을 상쇄할 만큼 독실한 신자로 살지 못했기 때문에 영생과 평화를 얻지 못할지도 모른다고 덧붙였다. 범죄라도 저질렀나? 살인이라도 저지른 걸까? 그리스도교도들이 말하는 것처럼 원죄라도 있는 걸까? "예, 제가 몰던 차바퀴에 재칼이 깔려 죽은 적이 있어요." 그날, 압두라만은 차를 너무 빨리 몰았다. 사막에서의 제한 속도를 지키지 않았다. 사막에서의 제한 속도? 사막에서는 수 킬로미터나 떨어진 헤드라이트 불빛도 보이는데! 하여간 아무것도 보지 못한 그의 앞에 재칼이 어둠 속에서 갑자기 뛰쳐나왔다. 자동차 바퀴에 깔린 재칼은 고통에 찬 울음소리를 내질렀다.

압두라만이 도로교통법을 지켰다면 먹지도 않을 재칼을 죽이는 따위의 불경스러운 짓은 저지르지 않았을 것이다. 하지만 내가 알기론 꾸르안이 그런 세세한 일까지 규제하지는 않는다. 게다가 우리에게 닥치는 우발적인 사건들을 모두 책임질 수는 없지 않은가! 하지만 압두라만의 생각은 달랐다. 알라는 어떤 모습으로도 나타날 수 있기 때문이다. 따라서 압두라만에게 그 일은 법과 규칙과 질서 등은 반드시 지켜야 한다는 의무를 입증하는 사건이었다. 아무리 사소한 위반이라도 지옥으로 직행하는 길이기 때문이다.

재칼은 오랫동안 밤마다 압두라만을 괴롭혔다. 그는 밤을 하얗게 새우곤 했고, 꿈에서도 재칼을 보았다. 재칼 때문에 천국의 꿈이 산산이 깨지고 말았다. 압두라만은 내게 그 사건을 이야기한 탓에 해묵은 감정이 되살아난 듯했다. 제1차 세계대전의 참전용사이자, 90년 이상 살아오면서 세월의 경륜을 지닌 그의 아버지는 이 사건에 대해 한술 더 떴다. "네 놈이 법을 안 지킨 게 분명하구나. 네가 죽는 날, 그 이유를 변명해야 할 게다!" 돌이킬 수 없는 약점을 지닌 압두라만이 자신의 죄를 속죄하려면 온갖 노력을 다해야 한다. 천국의 문 앞에서 그 재칼이 기다리고 있을 테니까! 그때 나는 이 착한 사내의 영혼을 구제할 수 있다면 무슨 일인든 못하랴 싶었다.

이 착한 사내는 9·11사태를 일으킨 테러리스트들과 같은 종교를 가지고 있었다. 본의 아니게 죽인 재칼 때문에 영겁의 짐을 짊어지고 있는 압두라만과 달리, 테러리스트들은 무고한 사람들을 죽였다. 압두라만은 썩은 고기를 먹는 짐승을 썩은 고깃덩이로 만들었기 때문에 천국에서 멀어졌다고 생각하는 데 비해, 테러리스트들은 큰 축복을 받으리라 믿고 수천 명의 무고한 사람들의 생명을 먼지로 전락시켰다. 희생자 가운데는 무슬림도 있었다. 이처럼 인간성의 양 극단에 서 있는 두 입장, 즉 신성을 향해가는 인간성과 야만적 만행을 저지른 인간성이 하나의 경전으로 설명된다.

신을 보다

나는 종종 '신'을 보았다. 자줏빛과 푸른빛으로 밤을 다시 색칠하는 달빛 아래의 모리타니 사막에서, 아리스티포스 Aristippos(B.C.435년경~B.C.366년, 키레네학파의 창시자)의 고향인 키레네를 찾아가던 길에 리비아의 벵가지와 트리폴리에서 보았던 산뜻한 모스크에서, 모리셔스의 수도 포트루이스에서 멀지 않은 곳에 세워진 코끼리 코를 가진 가네샤 신의 성전에서, 베네치아의 유대인 지구에 있는 회당에서, 나는 신을 보았다. 황금으로 장식되고 향내로 가득한 모스크바의 노보디에비치 수도원 앞에서는 유가족들을 위로하기 위한 성가대의 합창에서, 나는 신을 보았다. 세비야의 마케레나 성당에서는 눈물짓는 여인들과 넋을 잃은 듯한 남자의 표정을 봤을 때, 나폴리에서는 매년 일정한 날이면 피가 물로 변한다는 산 제로나 교회에 갔을 때, 팔레르모의 카푸친회¹수도원에서는 나름대로 가장 아름다운 옷을 입은 8천 명의 그리스도교도들 앞을 지날 때, 그루지야의 수도 트빌리시에서는 기원을 비는 손수건들이 흩날리는 나무 아래에서 삶은 핏빛 양고기를 행인들에게 흔쾌히 나눠주는 사람들을 봤을 때, 나는 신을 보았다. 어느 날 나는 성 베드로 광장을 찾았다. 시스티나 성당을 다시 보고 싶어서였다. 마침, 그날은 부활절을 맞은 일요일이었다. 요한 바오로 2세의 방언方言이 마이크를 타고 들렸고, 커다란 스크린에는 교황모를 깊게 눌러쓴 교황의 모습이 비쳤다. 그때도 나는 신을 보았다.

다른 곳에서도 나는 신을 보았다. 북극의 얼어붙은 바다에서는 그물로 낚은 연어를 끌어올린 후 의식에 맞춰 다시 방류하는 한 샤

11

가네샤 신

먼의 모습에서, 아바나의 부엌에서는 꼬챙이에 꽂아 불 위에 올린 아구티 (설치류의 일종), 운석 조각, 조개들을 앞에 두고 기도하는 산테리아교 사제의 모습에서, 아이티의 한적한 시골에서는 붉은 음료로 더렵혀진 냄비들이 나뒹굴고 풀과 탕약의 매캐한 냄새가 진동하고 로아Loa(부두교의 숭배 대상)의 이름으로 온갖 곳에 그림이 그려진 부두교의 성전에서, 아제르바이잔의 수도인 바쿠에 인접한 수라하니에서는 불을 숭배하는 조로아스터교의 신전에서, 일본 교토에서는 소극적 신학의 전범이라 할 수 있는 선禪에서도, 나는 신을 보았다.

나는 죽은 신, 화석화된 신, 요컨대 잊혀진 신도 보았다. 동굴 벽화로 세상을 놀라게 했지만 정작 신령은 시간의 거대한 무게에 짓눌려 버리고 만 라스코에서, 룩소르Luxor 신전에서는 개의 얼굴을 가진 인간, 풍뎅이, 고양이 등이 잠도 자지 않고 지키는 왕의 방에서, 로마에서는 콘스탄티누스의 마음을 사로잡았더라면 세상을 바꿔놓을 수도 있었을 '수소를 도살하는 신' 미트라의 신전에서, 아테네에서는 파르테논을 향해 아크로폴리스로 올라가는 계단을 따라 한 걸음씩 옮길 때마다 죽은 신들을 보았다. 그 언덕 아래에서는 소크라테스가 플라톤을 만났을 테고.

신령, 죽지 않은 영혼, 신의 숨결, 천사의 존재, 기도의 효능, 의식의 필요성, 주술의 근거, 로아와의 교감, 헤모글로빈의 기적, 성모의 눈물, 십자가에 못 박혀 죽은 남자의 부활, 보패寶貝의 기운, 샤먼의 힘, 제물로 바쳐진 짐승의 효력, 이집트산 질산나트륨의 초자연적 효과, 원통형의 경전함 등을 믿는 사람들을 나는 이제껏 경멸해본 적이 없다. 심지어 자동차에 치여 죽은 재칼의 저주를 믿는 사람조차도 비웃지 않았다. 하지만 사람들이 눈앞의 현실을 외면하려는 목적에서 근거 없는 이야기를 꾸며대는 경우가 너무 흔하다. 현실을 망각해야 하거나 실제로 존재하는 유일한 세계를 무시하는 식의 값비싼 대가를 요구하지 않는다면 변방의 세계가 만들어지는 일에 문제될 것은 없다. 그러나 종교를 빙자한 믿음이 인간의 내재성, 즉 자아를 방해한다면 무신론은 땅과 손잡을 수밖에 없다. 땅은 삶의 다른 이름이며 터전이므로!

보바리 부인과 함께

　　많은 사람에게 보바리즘(플로베르의 소설 『보바리 부인』의 주인공인 보바리 부인은 현실을 상상 속의 일이라고 생각하는 일종의 자기 환상 증상을 보였다)이 없다면 삶은 그야말로 끔찍할 것이다. 사람들은 자신을 실제와는 다른 존재라 착각하고, 현실과는 다른 공간에 있다고 상상하면서 비극적인 생각을 떨쳐내지만, 결국 자신의 진실 된 면을 놓치고 만다.

　나는 종교인들을 경멸하지 않는다. 그들을 우습게 여기지도, 불쌍하게 생각지도 않는다. 하지만 그들이 성인답게 잔혹한 현실을 받아들이기보다, 어린아이처럼 마음을 편하게 해주는 허황된 이야기를 더 좋아한다는 데에는 실망을 감추기 어렵다. 그들은 고뇌하는 이성보다 마음을 달래주는 신앙을 더 소중히 여긴다. 마치 정신적 유아기를 벗어나지 못한 사람들 같다. 엄청난 비용을 들인 형이상학적 속임수가 이런 결과를 불러왔다.

나는 이런 자기 상실의 증거를 볼 때마다 속에서 무엇인가가 치솟아 오르는 것 같다. 속고 살아온 사람들을 향한 연민과 함께, 그들을 끊임없이 속여온 사람들을 향한 분노이다. 속임수에 무릎 꿇은 순진한 사람들을 향한 증오가 아니라, 그들을 이처럼 굴욕적인 상황으로 끌어들여 옭아매는 사람들과는 절대로 타협하지 않겠다는 확신이다. 누가 그 희생자들을 경멸할 수 있겠는가? 또, 그들을 속여온 못된 망나니들을 어찌 그냥 둘 수 있겠는가?

영적인 빈곤은 자아의 포기를 낳는다. 영적인 빈곤은 섹스의 빈곤, 정신의 빈곤, 정치의 빈곤, 지성의 빈곤 등만큼이나 중요한 문제다. 사람들은 자신의 이상한 행동에 대해서는 당연하게 여기고 이웃의 이상한 행동에 대해서는 비웃음을 흘린다. 예컨대 금요일에 생선을 먹는 그리스도교도는 돼지고기를 먹지 않는 무슬림을 비웃고, 무슬림은 갑각류를 거부하는 유대인을 조롱한다. 통곡의 벽에서 고개를 살며시 젓는 루바비치파 유대인은 기도대 앞에서 무릎 꿇는 그리스도교도나 메카의 방향으로 기도용 매트를 까는 무슬림을 보고는 놀라는 표정을 짓는다. 그러나 이웃의 눈에 박힌 티끌이 자기 눈의 들보만큼이나 중요한 문제라고 생각하는 사람은 없다. 비판정신이 상대에게는 합리적일지라도 자신에게는 너그럽기 일쑤다.

인간의 고지식함은 상상을 초월한다. 명백한 증거를 보려하지 않으며, 흥미진진한 소설을 읽으면서 더 재밌는 볼거리를 찾는다. 이런 인간의 맹목성에는 한계가 없는 듯하다. 비극의 수렁에 빠진 세상을 구원하는 데 동참하기 싫기 때문일까? 인간은 잔혹한 현실을 고발하는 데 동참하기보다 허황되게 꾸며낸 신화와 동화 등을 더 좋아한다.

죽음을 피하기 위해 죽음을 없애버리는 격이다. 문제를 해결하려고 애쓰기보다 문제를 덮는 데 급급하다. 죽음은 죽은 사람의 문제일 뿐이라면서, 세상물정을 모르는 순박한 종교인들은 자신들이 영원히 죽지 않을 것이라고 믿는다. 지구 전역에서 자행되는 대량살육에서도 살아남을 것이라고 믿는다.

몸을 감춘 사기꾼들

　　　　　　　나는 살아남으려는 욕심에 형이상학적 술책을 받아들이는 사람들에게마저 화살을 돌리고 싶지는 않다. 하지만 그런 술책을 팔고 다듬는 사람들에게는 도전장을 던지고, 실존적 바리케이드를 사이에 두고 대치하련다.

　변방 세계에서의 거래는 그런 세계를 운영하는 사람에게 안도감을 준다. 변방 세계의 활발한 모습은 그가 정신적 안정을 취하는 데 도움이 되기 때문이다. 정신분석학자가 자신의 약점에 대한 지나친 의구심을 피하기 위해 타인을 치료하듯, 유일신의 대리인도 믿음에 확신을 더하기 위해서 자기의 믿음을 타인에게 강요한다. 이른바 쿠에 Emile Coué의 자기암시요법인 셈이다. 그들은 타인의 영적 빈곤을 고발해서 자신의 영적 빈곤을 감추고, 세상의 영적 빈곤을 극대화시켜서 자신의 영적 빈곤이 구경거리가 되는 것을 피한다. 그밖에도 비난받아 마땅한 기만적 수법이 많지만, 특히 보쉬에Jacques-Bénigne Bossuet(1627~1704)가 그런 면모를 보여준 상징적 설교자라고 할 수 있다. 신자의 입장은 일단 접어두자. 어쨌든 자신을 목자牧者라고 생각하는 사람이 너무 많다. 그들은 종교가 그 자체로 하나의 사업이라면 다른 기업체와 마찬가지로 신경 써야 할 일이 많다고 한다. 또, 신도들의 목숨을 위험에 빠뜨릴 만큼 심각하지 않은 수준의 부패도 필연적이라고 한다.

개인의 믿음이 공공의 문제로 확대되고, 개인의 정신적 공허를 채워주기 위해서라면서 종교 조직이 결성될 때, 나의 무신론적 성향이 발동한다. 개인의 존재론적 고뇌와 몸과 영혼의 관리 사이에는, 영적 빈곤과 정신적 공허함을 이용하여 은밀하게 이익을 취하는 모리배들의 세계가 있게 마련이기 때문이다. 죽음의 충동을 위로한다고 해서 고통 받는 사람을 구하거나 가난을 구제하지는 못한다. 오히려 세상에 악영향을 남길 뿐이다. 부정적인 것을 피하려고만 한다면, 오히려 부정적인 것의 씨가 주변에 퍼지면서 정신적 전염병을 낳는다.

모세, 사도 바울, 콘스탄티누스 대제, 무함마드, 야훼, 하나님, 예수, 알라 등은 자신들을 주인공으로 한 이야기를 핍박하고 괴롭히는 불길한 세력들을 관리하는 일에 바쁘다. 자신들의 그림자를 세상에 드리워 세상을 더욱 깜깜하게 할 뿐, 어떤 고통도 덜어주지 못한다. 죽음의 충동이 지배하는 세계를 치유하는 데 필요한 것은 무질서와 마법의 확산이 아니라 자아에 대한 철학적 성찰이다. 내적 성찰만이 신들을 먹여 살리는 헛된 몽상과 망상을 물리칠 수 있다. 이런 점에서 무신론은 죽음의 충동이 지배하는 세계를 치유하기 위한 요법이기보다 인간의 정신건강을 되찾기 위한 수단이다.

그리운 계몽주의 시대

　　　　　　자아에 대한 성찰은 철학을 전제로 한다. 믿음, 신앙, 허황된 이야기가 아닌, 이성과 올바른 방향의 성찰이 필요하다. 종교적 산물인 반反계몽주의는 서양의 전통적인 합리주의와 줄곧 대립해왔다. 그동안 반계몽주의라는 유령을 축출하기 위해, 합리주의는 오성悟性의 올바른 사용, 이성적 판단과 비판 정신의 성실한 활용, 지적 능력의 동원, 변화 의지 등 많은 방법론을 제시했다. 이처럼 올바른 자아 성찰이 이루어지기 위해서는 18세기를 풍미한 계몽주의 시대의 정신으로 되돌아갈 필요가 있다.

　계몽주의 시대처럼 위대한 시기에 대해서는 할 말이 너무 많다. 역사학자들은 프랑스대혁명기까지를 하나의 역사로 뭉뚱그리는데, 아마도 역사적으로 가까운 사건에 직접 · 간접적인 영향을 끼친 일들을 분류하는 일에 더 중점을 두는 듯하다. 그래서 볼테르, 몽테스키외, 그리고 이들 이외에 몽테스키외의 후계자 격이라 할 수 있는 『사회계약론』의 장 자크 루소, 이성을 집중적으로 연구한 임마누엘 칸트, 그리고 『백과전서』를 남긴 달랑베르 등의 세 거두가 얄궂게도 나눠지고

임마누엘 칸트

말았다. 실제로 역사학자들은 무분별하지 않은 계몽주의, 즉 떳떳이 내놓을 만하고 정치적으로도 옳은 계몽주의를 높이 평가하고 있다.

볼테르

나는 더 노골적이고 대담한 계몽주의를 좋아한다. 앞에서 열거한 사상가들이 겉으로는 다양한 모습을 띠는 듯하지만, 아름다운 정신세계가 이신론理神論을 표방하고 있기는 마찬가지다. 모두가 무신론을 무차별적으로 공격하던 때에도 이 사상가들은 물질주의와 감각론을 경계하고 경멸하는 용기를 보였다. 계몽주의의 좌파성, 한동안 잊혀졌지만 근래에 들어서 재평가되고 있는 철학적 접근에의 급진성도 특징이라 할 수 있다.

『백과전서』

칸트는 신중한 편이었다. 그는 600페이지에 달하는 『순수이성비판』을 통해 서구의 형이상학이 크게 발전하게 된 요인에 대해 분석하면서 초연한 입장을 띠었다. 신앙과 이성, 물자체 物自體(Das Ding an sich)와 현상의 분리는, 그 전까지는 하나였던 세계를 분리한 것이고, 그것만으로도 큰 변화였다. 더 대담했더라면 두 세계 중 하나인 이성이 또 다른 세계인 신앙에 맞서 당연한 권리를 요구할 수 있었을 테고, 믿음의 문제를 가차 없이 분석할 수도 있었을 것이다. 그러나 두 세계의 분리를 주장함으로써 이성은 신앙을 너그럽게 봐줄 도리밖에 없었다. 종교가 구원을 받은 셈이었다. 이렇게 칸트는 모든 종교의 세 기둥인 신, 영혼의 불멸성, 자유의지 등의 존재를 가정하는 선에서 타협했다.

계몽이란 무엇인가?

칸트의 『계몽이란 무엇인가?』는 쓰여진 지 200년이 지난 오늘날에도 여전히 읽을 만한 가치를 가지고 있다. 그것이 가지는 시사성은 여전하기 때문이다. 미성년의 유치함에서 벗어나 제대로 된 성인이 되고자 한다면, 각자 나름의 책임의식을 갖고자 한다면, 오성을 이용하는 용기를 갖고자 한다면, 자신만이 아니라 다른 사람들에게도 자아를 지배할 수 있는 수단을 제시하고자 한다면, 사람들 모두가 모든 분야에서 예외 없이 나름의 이성적 판단을 하도록 하고자 한다면, 공권력의 제안을 무조건 자명한 진리로 받아들이는 일을 없애고자 한다면, 칸트의 소논문을 꼭 읽을 필요가 있다.

그런데 칸트는 왜 칸트학파답지 않게 소극적인 태도를 보였을까? 하기야 정신적 미숙아를 상대하면서 기쁨을 찾는 종교에서는 이성의 사용이 금지되고, 그런 상황에서 성인이 되라고 독려하는 게 가능할 리 없었을 것이다. 물론 칸트가 성직자들에게 "그런데 우리가 왜 이 좋은 길을 가지 말아야 하는가?"라고 대담하게 물어야 했을지도 모른다. 내친 김에 신은 존재하지 않고, 영혼은 죽게 마련이며, 자유의지란 존재하지 않는다고 가정했더라면 얼마나 좋았을까!

계몽주의의 빛을 더욱 밝히는 노력이 필요하다. 계몽주의를 더 연구하고, 더 의지해야 한다. 칸트에게 등을 돌리고 칸트학파가 되어야 한다. 칸트가 정작 자신은 슬쩍 빠지면서 우리에게 넌지시 알려준 대담

함을 받아들여야 한다. 어쩌면 경건하고 신앙심 두터운 어머니가 그의
손을 가만히 잡아준 것에 마음을 움직인 칸트가 『순수이성비판』의 폭
발력을 완화시키려고 두루뭉술한 결론을 맺었던 것은 아닐까.

무신학의 거대한 빛

　　　　　칸트의 뒤를 이은 계몽주의자로는 포이어바흐,
니체, 마르크스, 프로이트 등이 있다. 그들이 활동한 '의혹의 시대' 덕
분에 20세기에 들어서면서 이성과 신앙은 진정한 의미에서 분리되었
고, 합리성이란 무기를 신앙의 허구적 이야기에 들이델 수 있었다. 그
결과로 종교의 한 축이 무너지고 새로운 영역이 개척되었다. 이 미답
의 형이상학에서 '무신학athéologie'이라는 참신한 학문이 태어났다.
　'무신학'은 내가 급조해낸 신조어가 아니다. 이 단어가 맨 처음 사
용된 것은 조르쥬 바타유Georges Bataille가 1950년 3월 29일에 레이몽
크노Raymond Queneau에게 보낸 편지였다. 바타유는 편지에서 자신이
그동안 펴낸 책들을 갈리마르 출판사에서 세 권의 총서로 출간하기
로 했으며, 총서에는 『무신학 전서La Somme athéologique』라는 제목을
붙이기로 했다고 썼다. 1954년에 바타유는 또 다른 제안을 하게 되는
데, 4년 전에 예고한 글들 중에는 시작조차 않은 것도 있었고 진행 중
인 것도 있었지만, 어찌 되었든 총서와 관련한 계획은 계속되고 있었
다. 총서 가운데 제4권이 『순수한 행복Le pur bonheur』으로 예고되었
고, 곧이어 제5권인 『무지의 미완성 체계Le système inachevè du non-
savoir』도 예고되었다. 그러나 이 모든 것은 결국 계획으로 끝났다. 오

늘날 바타유의 총서가 있긴 하지만, 지엽적이고 연대기적인 글을 모아놓은 책에 불과하다.

중요한 의미를 갖는 총서가 다채로운 계획만 세워지고는 미완성인 채로 끝나고, 건축학에 대한 서신에서 총서와 관련된 망설임이 발견되고, 철학자는 죽어도 되지 않겠다고 선언하고, 젊은 시절의 계획을 포기한 채 종교처럼 승화되어 버린 그의 독서와 사상과 글쓰기 등에서, 바타유가 일을 벌이기만 했지 마무리 짓지는 못한 이유가 설명되는 듯하다. 그리고 결국 무신론만이 남았다. 상속자가 없는 바타유의 무신론은 그래서 더욱 숭고하다.

들뢰즈Gilles Deleuze와 푸코Michel Foucault는 '개념'이란 철학적 탐구에 매진하는 사람들을 위한 연장이라고 정의했다. 이런 점에서 나는 바타유의 무신학에 그다지 동의하지 않는다. 그의 정의는 먼 과거에 대해서까지 면밀한 연구를 요구하기 때문에 자칫하면 불만스런 결과에 도달하기 쉽다. 게다가 요즘 사람들에게 무신학은 '신학의 샛길', 달리 말하면 그럴 듯하게 포장된 유일신교의 이면을 파헤치기 위해서 신에 대한 담론을 거슬러 파헤쳐가는 일로 이해된다. 요컨대 철학적 분석이 요구되는 작업이다.

나는 이 책을 쓰면서 여러 학문 영역을 넘나들었다. 종교의 허구적 기능을 파헤치기 위해 심리학과 정신분석학을 동원했으며, 초월성의 계보를 추적하기 위해서는 형이상학을 들먹일 수밖에 없었다. 여기에서 다뤄진 종교의 지리적 조건을 알기 위해서는 고고학적 지식이 필요했고, 고문서를 인용하기 위해서는 고문서학을 언급하지 않을 수 없었다. 또 종교들이 기원한 지역에서의 학문 세계와 그 변천 과정을 추적하려면 역사를 알아야 했다. 서로 다른 시대와 공간을 지배한 정신 구조들을 확인하려면 비교연구가 필요했고, 문학에서의 합리성을 면밀하게 조사하려면 신화학을 알아야 했으며, 신앙이 형상화되어 확대된 과정을 추적하려면 미학을 동원해야 했다. 그밖에도 경전의 해석학, 언어학까지 언급하지 않을 수 없었다. 물론 이 모든 지식들을 논리적으로 배열하고 정리하기 위해서 '철학'은 필수불가결한 학문이었다. 대체 이렇게 힘든 작업을 한 목적이 무엇이냐고? 형이상학 속에서 물리법칙을 찾아내기 위한 것이었다. 달리 말하면 실질적인 내재론, 또는 유물론적 존재론의 타당성을 밝히기 위함이었다.

차 례

1부
무신학의 탄생

1. 자유사상가들의 오디세이

신은 아직 살아 있다

신은 죽었는가? 아직은 아닌 것 같다. 그런 반가운 소식이 있었다면 학수고대하던 변화가 있었겠지만 아쉽게도 관련된 증거는 미미한 수준이다.

신이 사라진 자리는 허무주의가 채웠다. 무無를 향한 숭배, 허무를 향한 열정, 문명의 종말을 찬양하는 병적인 취향이 그 자리를 메웠다. 사람들은 영혼과 몸, 정체성과 존재적 의미를 상실한 채 아무것에도 관심을 보이지 않는 끝없는 심연으로 빠져들었다. 바람직하지 않는, 그야말로 황량한 변화가 아닐 수 없다.

신의 죽음은 존재론적 특허감이었다. 게다가 20세기에 들어서면서 비슷한 성질의 것들을 모조리 죽여버리는 효과까지 낳았다. 예술, 철학, 형이상학, 소설, 음악, 정치가 죽어나갔다. 하지만 하나같이 거짓 죽음이었다! 거짓 죽음의 소식을 전해들은 사람들은 패러독스 운운하면서 형이상학의 옷을 뒤집어쓰기 시작했다. 그리하여 철학의 죽음이 철학책을 쓰게 만들고, 소설의 죽음이 소설을 낳고, 예술의 죽음이 예술작품을 탄생시켰다. 같은 맥락에서 신의 죽음 역시 신성한 것, 거룩한 것, 종교적인 것들을 앞다퉈가며 만들어냈다. 덕분에 오늘날의 우리는 정결하고도 정결한 물에서 헤엄치는 축복을 누린다.

신의 죽음에 대한 선언은 거짓이기 때문에 더 요란했다. 극적인 선언에 장중한 나팔소리까지 더해졌고, 이른 샴페인과 함께 승리의 북까지 울렸다. 하지만 진실을 딛고 새로운 신탁神託이 범람하면서, 신성한 정보가 내리누르는 압력에 그 시대는 무너지고 말았다. 신이 죽었다는 거짓 정보가 천계天啓의 진리만큼 오래 지속될 수는 없었다. 게다가 신의 죽음을 공인받기 위해서는 확실한 증거가 필요했다. 분명한 징후와 확증. 하지만 증거가 부족했다.

누가 신의 시신을 보았는가? 니체를 제외한다면 어느 누가 신의 시신을 보았는가? 이오네스코Eugène Ionesco의 말대로라면 인간은 자신의 존재와 법칙을 감내하며 사방에 악취를 풍기면서 살다가 결국에는 '해체décomposition' 되어 버린다. 반면, 살아 있는 동안에도 인간의 눈에 보이지 않았던 신은 죽은 후에도 인간의 눈에 보이지 않는다. 이는 선전효과라 할 수 있다. 죽은 증거가 없다는 것이다. 눈에 보이지 않는데 누가 그 증거를 제시할 수 있겠는가? 미친 사람이 아닌 바에야 누가 그 불가능한 일을 하겠다고 나서겠는가?

신은 죽지 않았고 죽어가지도 않는다. 니체와 하이네Heinrich Heine의 생각과는 정반대인 셈이다. 신은 원래 죽음을 모르는 존재이기 때문에 죽을 수도, 죽어갈 수도 없다. 꾸며낸 것은 죽지 않는다. 공상의 산물도 죽는다. 어린이를 위한 동화에 사실성이 부족하다고 손가락

질할 수야 없지 않는가! 말의 몸에 독수리의 몸과 날개를 가진 반인
반마半人半馬의 괴물인 켄타우로스는 포유동물의 법칙에 따르면 존재
할 수 없는 생명체다. 공작이나 말은 현실 속에 존재할 수 있지만 신
화 속의 동물은 그렇지 못하다. 그런데 신은 신화 속의 존재다. 데메
테르와 디오니소스가 그렇듯, 신화 속의 수많은 피조물과 다를 바가
없다. 그 피조물은 억압받더라도 살아 있는 한 끝없이 탄식의 소리를
내뱉는다.

　게다가 신이 죽었다면 어디에서 죽었을까? 음유시인의 시에서? 19
세기 후반기에 비극적이면서도 격렬한 삶을 살다간 철학자가 질스마
리아Sils Maria(니체가 말년에 주로 머물면서 요양과 함께 저작활동을 하던
곳)에서 죽여버린 걸까? 어떤 무기로? 한 권의 책, 아니 여러 권의 책
으로? 저주의 주문으로? 아니면 냉철한 분석과 증명? 신의 존재를
논리적으로 논박하기라도 한 걸까? 이데올로기적 폭언을 퍼부어댄
것은 아닐까? 하기야 작가들에게 무기라고는 말씀씨 이외에 뭐가 더
있겠는가. 그런데 단독범행일까? 숨어 있다가 기습공격을 한 것일
까? 아니면 멜리에Jean Meslier 신부와 사드 후작을 후견인으로 삼아
집단공격이라도 감행한 걸까? 신들 중에 신이 있다면 바로 그 신이
신을 죽인 건 아닐까? 거짓으로 범죄를 저질렀다고 선전한 것은 오이
디푸스적 욕망, 불가능한 꿈, 결국 자유와 정체성과 존재의 의미를
갖는 데 반드시 필요한 과제를 잘 수행해내고 싶은 억제할 수 없는
열망을 감추기 위한 헛된 몸부림이 아니었을까?

　인간은 한 줌의 호흡, 한 점의 바람도 죽이지 못한다. 냄새도 죽이
지 못하고, 꿈과 열망도 죽이지 못한다. 인간이 그의 형상에 맞춰 조

작해낸 신은 일상의 삶을 가능하게 해줄 때만 존재할 수 있다. 우리 모두가 무無를 향해 치닫고 있지만 말이다. 인간은 죽음을 피할 수 없는 존재다. 따라서 이런 운명을 받아들이고 싶지 않은 인간이 필연적으로 생기며, 그들은 죽음을 피할 구실을 만들어낸다. 그렇게 만들어진 구실은 학살할 수도 없고 죽일 수도 없다. 오히려 그런 기만적인 구실이 인간을 죽인다. 신은 자신에게 저항하는 모든 것에 대해 죽음을 선언할 수 있기 때문이다. 신은 이성, 지성, 비판정신에 대고 가장 먼저 죽음을 선언한다. 나머지 것들은 연쇄반응을 일으키며 자동적으로 죽어간다.

인간이 없어져야 신도 없어진다. 두려움과 불안, 고뇌가 신성神性을 만들어내는 요인이기 때문이다. 인간은 허무 앞에서 불안해하고, 죽음을 자연스럽고 필연적인 과정으로 받아들이지 못한다. 지성만이 그 같은 과정에서 의미 있는 결과를 만들어낼 수 있지만, 다른 한편으로는 신성을 부인하거나 기존에 부여된 의미 이외의 것을 인정하지 않으면서도 선험적 부조리, 즉 신의 족보를 만들어내기도 한다. 결국 신의 죽음은 허무의 정복을 전제로 한다. 그때서야 우리는 존재론적 성장을 향유하는 빛의 시대를 맞을 수 있다.

무신론에 덧씌워진 부정적 의미

신이 존재하는 이유가 사라지지 않는 한 신은 죽지 않는다. 더불어 신을 부인하는 사람도 사라지지 않을 것이다.

신의 족보는 거짓일 것이다. 신이 탄생한 날조차 없다고 하지 않는 가! 하기야 실질적인 무신론이 탄생한 날도 정확하게 알지 못한다. 무신론에 대한 담론은 별개의 문제다.

어쨌든 이런 생각을 해보자. 최초의 인간(그 자체가 허구일 수 있지 만)은 신을 인정한 동시에 신을 섬겼을까? 아니면 신을 인정하고 난 뒤에야 신을 섬겼을까? 의혹과 믿음은 공존하게 마련이며, 종교적 감 정을 갖더라도 주저하고 거부하는 마음이 있게 마련이다. 인정하면 서 부인하고, 알면서도 모른 체 할 수 있다. 이렇게 순종의 시대와 반 항의 시대가 교차된다. 달리 말하면 신을 창조할 때가 있는가 하면 신을 불태워버리는 때가 있기도 하다.

하여간 신은 불멸의 존재인 듯하다. 이런 점에서 신을 섬기는 사람 들이 승리를 거뒀다고 볼 수 있다. 하지만 그들이 내세운 거짓 이유 로 승리를 거둔 것은 아니다. 인간의 심리현상과 무의식의 습관적 발 작에서 비롯되는 신경쇠약이 끊임없이 신을 만들어내기 때문이다. 인간이 삶의 공허감으로 번민할 때 신도 탄생한다. 요컨대 한 공동체 의 구성원들이 시체처럼 경직된 삶을 살아갈 때 신은 탄생한다. 죽은 시신들 앞에서의 몽상과 공상이 점점 구체화되면서 신이 만들어진 다. 한마디로 몽상과 공상은 신의 양식糧食인 셈이다. 사랑하던 사람 이 뻣뻣한 시체로 변해버리고, 그 앞에서 한 영혼은 깊은 좌절감에 빠진다. 죽음을 부인하고 싶은 열망이 전염병처럼 퍼지면서, 끝이 시 작으로 변하고 삶의 종착역이 새로운 모험의 시작으로 미화된다. 이 렇게 신, 하늘, 영혼 등이 춤을 추면서 최악의 고통과 폭력을 피하려 한다.

그럼 무신론자는 어떻게 탄생했을까? 신을 믿은 최초의 인간도 신을 부인하고 변방 세계를 부인하고픈 마음이 있었을 것이다. 반항, 저항, 거부, 운명과 필연성에 대한 반감 등 무신론의 족보는 믿음의 족보만큼이나 간단하다. 사탄, 루시퍼, 계몽시대의 철학자들이 대표적인 예인 진정한 진리의 사도들, 신의 율법에 '아니'라고 말하면서 순종하기를 거부한 사람들은 신이 탄생한 시대와 거의 같은 시대를 살았다. 악마와 신은 동전의 양면과 같다. 유신론과 무신론도 마찬가지다.

그렇다고 무신론이란 단어가 오랜 역사를 가진 것은 아니다. 그 정확한 뜻이 용인된 것도 그렇게 오래된 일이 아니다. 신의 존재를 부인하는 사람들의 주장, 즉 신이란 죽음의 불가항력에도 불구하고 어떤 형태로든 살아남으려고 기를 쓰던 사람들이 조작해낸 존재에 불과하다는 주장은 서구세계에서 뒤늦게야 용인되었다. 시편 10장 4절과 14장 1절 그리고 예레미야 5장 12절에 따르면, 무신론자는 성경에도 분명히 존재한다. 그러나 고대의 무신론자는 신을 믿지 않는 사람이 아니었다. 그 시대를 지배하는 신, 즉 사회적으로 확정된 신을 거부하는 사람을 가리키는 말이었다. 따라서 오랫동안 무신론자는 다른 신, 이상한 신, 비정통적인 신을 믿는 사람을 뜻했다. 달리 말하면 천국을 부정하는 사람이 아니라, 천국을 자기만의 창조물로 채워가는 사람이었다.

무신론은 당시의 권력자가 권한을 강화하기 위해서 내세운 신이 아닌 다른 신을 믿는 사람을 추방하고 징계하려는 정치적 목적에 악용되었다. 권력자들이 내세운 것은 보이지도, 가까이 접근할 수도 없는 신이었다. 사람들이 원하는 바에 그저 침묵하는 신이었다. 신의 은총을 받았다는 사람들이 신의 이름으로 선과 악을 판단하더라도 신은 왈가왈부하지 않았다. 신이 침묵한 덕분에, 신을 앞세운 성직자들은 마음껏 떠들어댈 수 있었다. 신을 믿지 않은 사람, 결국 신을 앞세운 성직자들을 따르지 않는 사람은 곧바로 무신론자로 낙인찍혔다. 심지어 인간 망종亡種이 되었다. 부도덕하고, 구제할 길이 없으며, 저속하고 야비한 악의 화신이 되었다. 때문에 그들은 지체 말고 가둬두거나 고문하고 죽음으로 다스려야 할 존재로 전락했다.

이런 지경에서 무신론자라고 떠벌리고 다닐 사람이 있을 리 없었다. 무신론자로 지목되면 그것으로 끝이었다. 게다가 그들은 권력자에 의해 모욕적인 방법으로 처벌당했다. 부정적 뜻을 지닌 접두어(a-)가 더해진 무신론자a-thée라는 단어가 그런 사실을 간접적으로 증명한다. 요컨대 무신론자라는 단어에는 부정, 결손, 공백, 저항적 태도 등의 뜻이 함축되어 있다. 그러나 실증적 의미를 그대로 간직하기 어려운 단어들이 있게 마련이다. 특히 공상이 더해질 때 단어의 언어적 의미는 심하게 훼손되게 마련이다. 무신론자는 물론이고 무종교주의자, 불가지론자, 무신앙자, 신을 믿지 않는 사람, 반종교인 등과 같은 단어도 예외가 아니다. 반신反神을 뜻하던 '아듀adieu' 는 아예 '안녕' 이란 뜻으로 변했다. 이런 단어들에서 무종교irréligion, 무신앙 incroyance, 불경건impiété 등과 같은 단어들이 만들어졌다. 그런 반면에 긍정적이고 실질적이며 자율적인 측면, 요컨대 마법적 생각과 우화적 생각에서 벗어나 개인의 속성을 뚜렷이 강조하는 단어는 아예 존재하지도 않았다.

무신론이란 단어는 신을 믿는 사람들이 만들어낸 단어다. 달리 말하면 역사적으로 무신론자로 여겨지던 사람들이 스스로를 지칭한 단어가 아니었다. 앞에서도 언급했듯이 무신론자는 지역적으로 대다수가 믿는 신을 거부하는 사람을 뜻했다. 따라서 밀폐된 세계에서 이뤄지는 신학적 훈련은 무장한 의용대, 실존적 경찰, 존재론적 군인을 주요 대상으로 삼는다. 그런 사람들이야말로 가장 우선적으로 그 세계가 강요하는 원칙을 믿고 개종해야 하기 때문이다.

바알과 야훼, 제우스와 알라, 라와 보탄Wuōtan, 마니투Manitu 등은 각자의 지역과 역사에서 정체성을 갖는다. 그런 정체성을 가능하게 하는 형이상학적 관점에 비쳐볼 때, 이 신들은 이름만 다를 뿐 똑같이 하나의 몽환적 세계를 지배한다. 또한 모든 신이 하나의 만신전에서 진화된 것이므로 거짓말의 산물인 것도 마찬가지다. 게다가 그 만신전은 율리시즈와 차라투스트라, 디오니소스와 돈키호테, 트리스탄과 란슬러트, 그밖에도 아프리카 도공족의 여우나 부두교의 로아처럼 마법적 힘을 지닌 가공의 인물들이 너도나도 만찬을 즐기던 곳이었다.

서슬 퍼런 반철학의 영향

말로 표현할 수 없는 사람, 예컨대 '무모하게 믿지 않는 미치광이'에게 붙여줄 만한 이름이 적당치 않기 때문에 뭉뚱그려 '무신론자'라고 해보자. 물론 에둘러서 표현하는 단어가 있기는 하지만, 주로 기독교 신학자들이 만든 그런 단어들은 경멸적인 의미로 지적 시장에 내놓아졌다. 그 가운데 '자유의지가 강한 사람들 les esprits forts'은 파스칼에게 호된 비난을 받았고, '무신앙가libertin'는 방종한 사람이란 뜻을 내포하고 있으며, '자유사상가libres-penseurs'도 마찬가지다. 근래에 벨기에에서 등장한 '자유사상libre examen'의 지지자도 호의적인 대접을 받지 못했다.

그런 가운데 반反철학antiphilosophie까지 등장했다. 18세기, 계몽사상은 부당하게 잊혀지고, 현실성이라는 불덩이에 내동댕이쳐지고 말았다. 그렇게 기독교 공동체가 도덕적으로 도저히 옹호할 수 없는 수단을 비롯해 어떤 수단에도 물러서지 않는다는 것이 증명되었고, 불행하게도 나름의 '전설'을 만들어내지 못한 독립적 사상의 신뢰는 무너지고 말았다. 반철학은 말로 형언할 수 없는 폭력을 휘두르며, 기독교 교리에서 벗어난 사색과 사상의 자유를 억압했다. 그 위대한 세기에 『이 시대 무신론자들, 혹은 무신론자를 표방하는 사람들의 이상한 주장Doctrine Curieuse Des Beaux Esprits De Ce Temps, Ou Prétendus Tels』 (1632)을 발표해서 현대판 프로파간다를 최초로 시도한 프랑수아 가라스Francois Garasse 신부가 있었다. 그는 1천 쪽이 넘는 방대한 책을 통해 자유사상가들이 방탕자, 동성애자, 주정뱅이, 호색한, 폭식가, 소아이상애자(볼테르의 친구인 피에르 샤롱Pierre Charron이 그런 사람으로 지목되었다) 내지는 악마적 심성을 가진 사람들이라고 비방하는 등 진보주의자들의 책에 대한 호기심을 떨어뜨렸다. 믿음도 없고 원칙도 없던 예수회 선전국의 핵심 인물이던 가라스는 여기에서 그치지 않고 1633년에 『우리 시대의 무신론자와 무신앙자를 비난한 책을 위한 변명Apologie pour son livre contre les athéistes et Libertins de notre siècle』을 발간하며 자유사상가들에게 다시 한번 철퇴를 가했다. 그는 얼굴에 철판이라도 깐 듯이 거짓말, 비방, 욕설, 인신공격으로 일관했다. 예수는 이웃을 사랑하라고 가르쳤건만 가라스는 그것을 잊었던 것일까?

살아 있는 동안 동시대의 세력가들과 꽁생원들에게 호된 비난을 받은 에피쿠로스부터, 기독교 정신을 부인하지는 않았지만 나름대로 사상의 자유를 역설한 철학자들에 이르기까지, 많은 철학자가 성경에 대해 모든 지적 한계를 뛰어넘는 초월적 책이라고 생각하지 않았다. 그럼에도 자유사상가들을 향한 반철학의 비방은 오늘날까지 그 영향을 미치고 있다. 가라스에게 공격받고 인격적 사형선고까지 받은 철학자들은 어이가 없었던지 대꾸조차 하지 않았고 역겨운 기억을 하루라도 빨리 잊으려 애썼다. 부도덕하고 상종하지 못할 사람이라는 잘못된 평가에 가슴앓이를 한 철학자들도 적지 않았다. 그러나 비방은 그들의 작품에도 예외 없이 가해졌다. 이런 이유로 새겨진 무신론자의 부정적 이미지는 수 세기 동안 감춰지고 은폐되기에 급급했다. 철학에서 '무신앙자libertin'라는 단어는 아직도 경멸적이고 논쟁적인 의미를 함축하고 있기 때문에 관련된 사상을 진지하게 연구하는 학자에게 그 단어의 사용은 금기사항이다.

공식적인 사상사史에서 반철학이 지배적 위치를 차지하기 때문에 반기독교적이거나 불경한 생각, 요컨대 지배적인 종교에서 벗어난 독창적인 생각은 찬밥 신세를 면치 못했다. 철학계에서도 일부 전문가를 제외한다면 상황은 마찬가지였다. 계몽시대를 예로 들더라도 가상디Pierre Gassendi의 저서를 읽은 사람이 과연 있을까? 라모트 르바예Francois de La Mothe Le Vayer가 쓴 책을 읽은 사람은 몇이나 있을까? 시라노 드 베르주라크Savinien Cyrano de Bergerac가 실존한 철학자라는 사실을 아는 사람은 몇이나 될까? 이에 비해 파스칼, 데카르트, 말브랑슈 등 관변 철학의 길을 걸어온 사람들은 하나같이 유명하다. 그들이 신학의 한 귀퉁이에서 철학의 자율성을 연구한 덕분이다.

숭배의 대상이 된 신학

무신론을 실증적으로 표현하는 단어는 거의 없고, 대체어로 힘들게 제시된 단어들에는 악평이 쏟아진 반면, 신을 믿는 사람들을 호의적으로 표현하는 단어들은 넘쳐날 지경이다. 유신론자, 이신론자理神論者, 범신론자, 유일신론자, 다신론자 이외에도 애니미스트, 토템숭배자, 물신숭배자 등이 있다. 역사적으로 구체화된 집단으로는 천주교도, 신교도, 복음주의자, 루터교파, 칼뱅파, 불교도, 신도神道교도, 무슬림, 시아파와 수니파, 유대교파와 여호와의 증인들, 그리스 정교도와 국교도, 감리교파와 장로교파 등등, 끝이 없을 듯한 지경이다.

원시 부족 또는 카바(사우디아라비아 메카에 있는 이슬람교 신전의 명칭—옮긴이)의 주위를 뱅뱅 도는 무슬림처럼 신성한 능력을 지닌 돌덩이를 숭배하는 사람들이 있는 반면에 달이나 태양을 숭배하는 사람들이 있다. 우상의 형태로 나타내기가 불가능하다며 보이지 않는 신을 숭배하는 사람들이 있는 반면에 인간의 형상을 한 신을 숭배하는 사람들이 있다. 이런 경우에 신은 백인 가운데에서도 아리아인 남성의 형태를 띠는 경우가 많다. 범신론자는 어디에서나 신을 보고, 부정 신학negative theology의 추종자들은 아무 데서도 신을 보지 못한다. 어쨌든 신은 가시면류관을 쓰고 피 범벅인 모습대로 숭배된다. 반면에 동양식으로 풀 한 포기에서도 신을 보는 사람이 있다. 이처럼 인간은 온갖 술수를 다해서 신의 영역을 확대하는 데 여념이 없다.

온갖 수단을 동원하는 종교의 터무니없는 작태에 대한 설명이 여전히 미심쩍은가? 그렇다면 미국 뉴멕시코 주의 주니족이 오줌을 뒤집어쓰며 춤을 추고, 티베트에서 위대한 라마의 똥으로 부적을 만들며, 힌두교도 암소의 똥과 오줌으로 이른바 목욕재계를 한다는 사실을 생각해보라. 오물, 방귀, 하수下水가 신격화된 스테르코리우스, 레피투스, 클로아신 등을 숭배하는 루마니아인들, 아시리아의 비너스라 할 수 있는 시바에게 제물로 바쳐진 두엄, 멕시코의 여신으로 신들의 어머니라고 추앙받으면서도 자신의 배설물을 먹는 소치케찰Xochiquetzal, 구약성서의 에스겔서에서 보듯이 음식을 덥히는 데 인분을 사용하라는 신의 처방 등은 이상야릇한 방법을 통해 신과 신성의 관계를 유지하려는 안간힘으로, 도무지 이해가 되지 않는다.

무수한 신들의 이름과 수없이 많은 경배법에서, 신을 만들어내고 신과의 관계를 이어가는 기상천외한 방법에서, 하루가 다르게 변종을 만들어내는 종교의 홍수 속에서, 신앙의 깊은 열정을 표현한 무수한 단어들 앞에서, 무신론자는 무력감을 느낀다. 그런 흐름을 반박할 수 있는 단어나 표현이 별로 없기 때문이다. 모든 것, 아니 아무것이나 숭배하는 사람들! 바로 그들이 용납할 수 없는 폭력을 믿음과 신앙이라는 이름으로 정당화시키는 사람들이다. 신이 없다고 주장하는 사람들을 무차별적으로 학대했던 사람들이다. 자유사상가들을 어리석은 사람으로 전락시키고, 그들의 손발을 잘라내며, 그들을 분열시켰던 사람들이다. 그런 자들이 보기에 자유사상가들은 신을 만나지 못한 불행한 존재들에 불과했다.

신의 옹호자들은 기막힌 수법까지 동원했다. 그들은 신의 이름, 신이 이뤄낸 기적, 신의 생각과 기억, 신의 말씀(신이 정말로 말을 할 수 있을까?) 신의 행위 등을 재확인하는 수준을 넘어서 신에게 지명당한 충성스런 사상가, 신을 연구하는 전문가, 신의 율법, 신에게 빌붙어 사는 아첨꾼과 변호인, 신이 보낸 자객, 신의 존재를 교묘하게 옹호하는 변증론자, 온갖 미사여구를 동원해서 신을 찬양하는 연설꾼, 신의 이름을 거론하는 철학자, 신의 종을 자처하는 앞잡이, 신을 대리한다는 사기꾼, 신을 연구하는 종교기관, 신의 사상과 말 등을 집중적으로 연구하는 학문까지 만들어냈다. 이른바 '신학'으로, 신에 대한 담론을 연구하는 학문이다.

서구 역사에서 기독교가 학대받은 때는 손가락으로 꼽는다. 1793년이 그 중 하나였다. 그렇게 기독교가 학대받을 때마다 새로운 철학운동이 탄생했고 참신한 개념들이 만들어졌지만, 그 개념들은 얼마 뒤 망각의 늪에 내던져지고 말았다. 요즘에도 간혹 '비기독교화 dechristianization'라는 용어가 사용되지만 역사학에서 프랑스혁명기를 가리키는 데에만 제한적으로 사용될 뿐이다. 프랑스혁명기의 시민들은 교회를 병원과 학교, 젊은이를 위한 공간으로 탈바꿈시켰다. 당시의 혁명가들은 교회 지붕에 세워진 십자가를 삼색기로 바꿨고, 죽은 나무로 만들어진 십자가를 뽑아내고 그 자리에 살아 있는 나무를 심었다. 하지만 몽테뉴의 『수상록』에서 '무신론자' 라는 단어가, 몽뤼크 Montluc(1500~1577, 프랑스의 군인)의 『서간집』에서 '무신론자' 라는 단어가, 볼테르의 '무신론' 이라는 단어가 너무나 빠른 속도로 삭제되었던 것처럼, 프랑스혁명기의 '무신론자' 도 사람들의 기억에서 지워졌다.

불명예의 전당

무신론자를 가리키는 단어가 빈약한 이유는 자명하다. 역사를 주로 지배해온 자들이 바로 신의 옹호자이었기 때문이다. 그들은 무려 1,500년 전부터 막강한 정치권력을 휘둘러왔다. 관용? 그들의 사전에 이런 단어는 없었다. 신의 부정? 그들은 이런 뜻을 가진 단어의 출현을 막기 위해서 온갖 수법을 동원했다. '무신론 athéisme' 이란 단어는 1532년에 처음 등장했고, '무신론자' 라는 단어는 기원후 2세기에 기독교인들 사이에서 쓰였다. 기독교인들은 죽은 지 사흘 뒤에 부활했다는 자신들의 신을 믿지 않는 사람들을 향해 위험한 자들, 즉 '아테오스atheos' 라며 비방했다. 어린이용 동화책에서 흔히 찾아볼 수 없는 독자적 생각을 가진 사람이 어떤 신도 추종하지 않는다는 결론이 내려지면서, 그들을 다루기 위한 획기적인 조치가 단행되었다.

원래 이교도라는 단어는 시골의 잡신을 섬기는 사람들을 가리켰지만, 결국에는 하느님을 부인하는 사람이라는 뜻으로 확장되었다. 예수회의 가라스에게는 루터마저도 무신론자였다! 모든 칼뱅파 신도들

부활한 그리스도의 모습을 형상화한 그림

장 칼뱅   마르틴 루터

과 마찬가지로 롱사르Pierre de Ronsard(1524~1585, 프랑스 시인)도 무
신론자였다.

　무신론자라는 단어는 욕이나 다름없었다. 그것은 배덕자, 반도덕
주의자, 더럽고 추잡한 자를 가리켰다. 따라서 그런 사람을 알고 지
내거나, 그들이 쓴 책을 읽는 것도 죄악이었다. '무신론자'라는 단어
하나만으로도 그들의 책에 대한 민중의 접근을 차단시킬 수 있었다.
로마 교황청의 정통 교리에 뿌리를 두지 않는 교파들과 벌이는 전쟁
에서 '무신론자'라는 단어는 너무나 완벽한 무기였다. 무신론자는 곧
이단자였다! 어라, 그러다보니 너무 많은 무신론자를 만들어내는 자
충수에 빠지고 말았다.

　일찍이 에피쿠로스는 무신론자라는 비난의 화살을 맞았다. 하지만
에피쿠로스는 물론이고 그의 사상을 이어받은 에피쿠로스학파도 신
의 존재를 부인한 적이 없다. 다만 신이 미묘한 물질로 이뤄지고, 세
계와 세계 간의 공간에 존재하며, 인간의 운명과 세상의 운영 방식에
무관심한 존재라 주장했을 뿐이다. 그들의 해석에 따르면, 신은 아타
락시아, 즉 평정한 마음을 구현한 화신이자 철학적 이성의 표본이므

로 모방함으로써 지혜를 얻어낼 수 있는 표본이었다. 따라서 에피쿠로스와 그 제자들에게 신은 분명히 존재했다. 게다가 그들은 한두 신만 인정한 것이 아니었다. 그러나 그 신들은 성직자들이 공동체와 사회의 요구에 맞춰 그리스 시민들에게 숭배하기를 강요한 신들과 달랐다. 결국 반反사회적 성향이 그들의 유일한 잘못이었다.

무신론의 역사는 인류의 탄생 시기까지 거슬러 올라가야 하지만, 관련된 역사 기록은 매우 희귀하다. 그나마 있는 것조차 단편적이고 왜곡되어 있기 일쑤다. 사회의 지배계급은 초월성을 질서라 칭하고, 계급구조를 신이 허락한 권력구조라 부른다. 지배자가 신의 대리인을 자처하면서 시의적절하게 명령을 내리고, 그 명령을 거역하는 사람에게 신의 응징이 있을 것이라 협박하는 것이, 정치를 한결 원활하게 하는 것은 사실이다.

권력의 정통성을 확보하기 위해서 동원된 신은 부족장이나 왕 등과 특별한 교감을 나누는 존재로 여겨졌다. 지상의 왕들은 신에게 권한을 위임받은 척 했으며, 권력을 합법적으로 휘두르고 싶은 성직자는 왕과 손잡고 세상에서 일어나는 이상한 징조들을 왕에게 유리한 방향으로 해석해주었다. 그때부터 무신론은 탄압의 대상이 되었다. 권력에 조금이라도 저항하거나 반항하는 기미가 보이면 권력자는 세상에서 일어나는 이상한 징조를 핑계 삼아 무신론자들을 지하감옥에 가두거나 화형대로 보냈다.

그러나 관변적 역사 기록이 무신론자라며 낙인찍은 사람들로부터 무신론이 시작된 것은 아니다. 소크라테스라는 이름은 무신론의 역사에 등장하지 않는다. 에피쿠로스와 그 제자들의 이름도 마찬가지다. 『신들에 대하여』에서 신의 존재에 대해 어떤 결론도 내릴 수 없다고 한 프로타고라스도 무신론의 역사에서 찾아볼 수 없다. 그런 점에서 앞에 나열한 철학자들의 생각은 불가지론과 불확정론, 더 넓게 보면 회의론懷疑論이라 할 수 있지만, 무신론은 확실히 아니다. 무신론은 '신은 존재하지 않는다'고 솔직하게 인정하는 자세를 전제로 하기 때문이다.

철학자들의 신은 아브라함, 예수, 무함마드 등의 신과 다르다. 철학자들의 신은 지적성찰, 이성, 추론, 논증의 산물인 반면에 아브라함의 신은 교리와 계시와 순종을 전제로 한다. 또 신의 존재를 강화하기 위해서는 영적 세계를 다루는 권력과 세속적 권력 간의 결탁이 절대적으로 필요하다. 따라서 아브라함의 신은 콘스탄티누스의 신, 그후에는 그리스도라는 이름을 앞세운 교황들과 전쟁군주들의 신이 되었다. 달리 말하면 철학자들의 신은, 말로 표현되지 않은 대의大義, 불변의 제1원리, 본유관념innate idea, 예정조화 등 우주론적이고 존재론적이며 신학적인 증거들을 이리저리 짜맞춘 신학이론과 관련이 없다.

신을 지배적인 정치세력과 별개로 생각한 철학적 사상도 때로는 무신론이 된다. 예컨대 교황청은 쥘 세자르 바니니 신부의 혀를 잘라내고, 1619년 2월 19일에 툴루즈에서 화형시켰다. 이유는 별것 아니었다. 『철학자, 무신론자, 에피쿠로스학파, 페리파토스학파, 스토아학파에 대한 반론이자 신성하고 마법적이며 그리스도적이고 물리적이며 점성술적이고 가톨릭적인 영원한 섭리에 대한 강의』(1615)라는 지루할 정도로 긴 제목의 책을 썼다는 이유였다. 단어의 사용이 명백해서 오해를 불러일으킬 수도 있었겠지만, 이 정도의 제목은 덮어줄 수도 있지 않았을까? 모순된 수식어가 사용되기는 했지만 이 책의 제목이 신의 섭리나 기독교 교리를 부인했다고 보이지는 않는다. 오히려 무신론과 에피쿠로스학파, 요컨대 이교도적 색채를 띤 철학자들을 거부했다.

이 모든 것이 무신론자를 학대하고 화형시키는 핑곗거리가 되었을지는 몰라도 무신론자가 양산된 원인은 아니었다. 오히려 이 때문에 절충적인 범신론자가 생겼다. 어쨌든 비정통인 것은 이단이었다.

탁월한 지성의 소유자이자 범신론자인 스피노자도 무신론자로 낙인찍혀 비난의 표적이 되었다. 유대교 정통주의자들의 비위를 거슬렀기 때문이다. 1656년 7월 27일, 마하마드(암스테르담 유대교의 본부)에 정좌한 '파르나심'(유대인 회당의 지도자)은 하우트흐라흐트의 유대인 회당 앞에서 헤브라이어로 모골이 송연해지는 글을 낭독했다. 그들은 스피노자가 혐오스럽고 이단적이며 가증스런 짓을 저질렀다고 비난했다. 그러면서 스피노자에게 '헤렘herem'을 선고했다. 스피노자는 파문당했고, 그 선고는 취소되지 않았다.

유대인 공동체는 스피노자를 향해 온갖 험악한 단어들을 총동원했다. 제명하고 추적하고 혐오하고, 그가 잠을 잘 때나 깨어 있을 때나 밤낮을 가리지 않고 저주하겠다고 선포했다. 신을 섬긴다는 사람들이 분노를 참지 못하고, 고삐 풀린 망아지처럼 시공을 초월해서 저주하겠노라고 선포한 것이었다. 그것으로 끝이 아니었다. 파르나심은 스피노자를 위해 또 하나의 선물을 준비했다. 그는 스피노자라는 이름을 지상에서 영원히 지워버리고 싶어했다. 비록 실패하기는 했지만.

파르나심은 이웃 사랑을 이론적으로만 실천한 사람답게 스피노자와의 접촉을 전면 금지시켰다. 누구도 스피노자를 도와줄 수 없었고, 2미터 이내로 접근할 수도 없었다. 같은 지붕 아래에 거주할 수도 없었다. 물론 그의 글을 읽는 것도 금지되었다. 그때 스피노자는 겨우 23세였으며, 어떤 책도 공식적으로 출간한 적이 없었다. 『에티카 Ethica』는 그로부터 21년이 지난 1677년에 이르러서야 유작의 형태로 출간되었으며, 이 책은 오늘날 전 세계 어디에서나 읽히는 고전이 되었다.

스피노자가 무신론자라는 증거는 어디에 있을까? 그런 것은 없다. 그의 작품 전체를 뒤져봐도 신의 부재를 인정하는 글귀는 단 한 문장도 없다. 물론 그가 영혼의 불멸성을 부인하고, 죽은 뒤에 징벌이나 보상이 불가능하다고 주장한 것은 사실이었다. 그는 성경에 대해 여러 작가가 편집한 책이며 역사의 산물이라고 주장했다. 즉, 그의 주장에 따르면 성경은 계시의 책이 아니다. 따라서 그는 선택받은 민족이란 개념을 인정하지 않았다. 스피노자는 이런 자신의 생각을 『신학정치론Tractatus Theologico-Politicus』에서 분명하게 밝혔다. 그는 선과 악의 구분을 넘어 즐거움을 추구하라고 했고, 자아와 세상, 육신에 대한 유대교와 기독교의 증오에 동의하지 않았다. 유대인이면서도 예수의 가르침에서 철학적 속성을 찾아낸 철학자였다. 그러나 이런 사상을 역설했다고 해서 스피노자가 신을 부정한 것은 아니었다. 그는 무신론자가 아니었다.

인류 역사에서 성직자로서 또는 믿음의 신도로서 유일신의 존재를 진정으로 확신했지만 무신론자라는 누명을 쓰고 죽임당한 불운한 사람들, 아브라함의 하느님 또는 알라를 믿었지만 정통적 규범과 율법

에 따라 믿음을 고백하지 않았다는 이유로 사형당한 사람들, 그밖에
도 유일신을 주장하는 권력집단에 항거하지도 모반을 꾀하지도 않은
이름 모를 사람들이 무수히 많았다는 사실을 고려한다면 무신론자는
신의 존재를 부정한 사람이 결코 아니었다. 단지 그들은 사회적 권위
와 감독에 구애받지 않고 지극히 개인적 사상과 생각을 추구한 사람
이었다. 이제 작은 결론을 내려보자. 무신론자는 신 앞에서 자유로운
사람이다! 감히 신의 존재마저도 부인할 수 있을 만큼 신 앞에서 자
유로운 사람이 바로 무신론자다.

2. 허무주의의 탈출과 무신론

무신학의 계보

   에라스무스와 몽테뉴의 에피쿠로스식 기독교, 가상디의 기독교, 프랑스 디뉴의 참사원들, 콩동의 신학교수였고 보르도 교구학교에서 장학관을 지낸 피에르 샤롱Pierre Charron(1541~1603, 프랑스 신학자)의 피론식 기독교, 신교도이자 철학자인 피에르 벨Pierre Bayle(1647~1706)의 이신론理神論, 영국 국교도인 토마스 홉스의 이신론 등은 간혹 반종교적인 이론, 즉 무신론으로 여겨진다. 그러나 여기에서도 무신론이란 용어는 적당치 않다. 비정통적 교리를 믿는 사람과 자유사상가들은 그렇다 치더라도 전통적인 입장에서 충실한 기독교도이면서도 자유주의를 표방한 철학자들까지 무신론자로 뭉뚱그리고 있기 때문이다. 이렇게 무신론의 범위를 확대한 탓에 군과 경찰, 권력에 의지한 정통교리에 구속받지 않고 신을 믿는 것이 오히려 가능해졌다. 『수상록』의 몽테뉴가 무신론자일까? 그렇다면 그가 노르트담드로레트Notre-Dam de Lorette를 순례했고, 주요 저서에서 가

에라스무스

톨릭교도로서의 믿음을 고백했으며, 가족 예배당을 두었고, 이른바 승천의 순간에 신부 앞에서 죽음을 맞이한 일들은 어떻게 설명해야 할까? 이런 것으로 미루어보아, 몽테뉴는 무신론자가 아니었다! 그 철학자는 신의 존재를 믿었다.

최초의 무신론자, 즉 무신론의 창안자, 다시 말해 '여기서부터 무신론이 시작된다'고 말해주는 경계선이 필요하다. 최초의 무신론자, 신의 부존재를 역설한 사람, 신의 부존재를 고민하고 확신해서 글로 분명하게 남긴 사람, 신중에 신중을 기하면서도 두루뭉술하게 넘어가지 않고 또렷한 어조로 신은 존재하지 않는다고 주장한 사람이 있었다. 그는 강력한 목소리로 혁명적이면서 공개적인 선언을 감행했다. 그의 무신론적 신앙고백은 확실한 증거를 추적한 독자들의 덧없는 가정에서 추론된 것이 아니다.

진정한 무신론자의 시작은 먼 과거로 거슬러 올라가지 않는다. 많

은 사람들이 최초의 무신론자로 크리스토바오 페레이라Cristovao
Ferreira를 꼽는다. 포르투갈 출신의 예수회 수도자이던 그는 1614년
에 일본에서 모진 고문을 당한 끝에 신앙을 버렸다. 그리고 데카르트
가 『방법서설Discours de la méthode』을 쓰기 시작한 1636년에 페레이라
는 폭발적이고 혁명적인 내용을 담은 『기만의 폭로La supercherie
dévoilée』라는 작은 책을 썼다. 책의 내용에 따르면, 그의 신앙심은 그
다지 깊지 않았던 것 같다.

　30쪽에 불과한 이 책에서 그는 이렇게 주장했다. 하느님이 세상을
창조한 게 아니다. 세상은 애초부터 창조된 것이 아니다. 영혼은 죽
는다. 영혼은 존재하지도 않는다. 지옥도 낙원도 존재하지 않는다.
예정된 운명도 마찬가지다. 죽은 아이는 원죄의 구속을 받지 않는다.
아니, 애초에 원죄라는 것도 없다. 기독교는 인간이 만든 것이다. 십
계명? 아무도 지킬 수 없는 어리석은 소리이다. 교황? 부도덕하고 위
험천만한 사람이다. 헌금, 면죄, 파문, 금지된 음식, 처녀의 몸으로

데카르트

『방법서설』

예수를 낳았다는 마리아, 동방박사 세 사람 등, 모두 부질없는 생각
이다. 부활이 있었다고? 가당찮은 이야기다. 어린아이도 비웃을 속임
수다. 영성체와 신앙고백도 어리석은 짓이다. 성찬식은 비유에 불과
하다. 심판의 날을 믿으라고? 정신병자가 아닌 다음에야 어찌 그런
일이 가능하겠는가.

누가 이보다 심하게 집중포화를 퍼부어댈 수 있을까? 페레이라는
여기에서 그치지 않았다. 그는 더 심한 공격을 가했다. 종교? 인간이
인간에 대한 지배권을 보존하려고 만들어낸 창조물에 불과하다. 이성
은? 종교라는 쓰레기와 싸우는 데 절대적으로 필요한 도구이다. 이렇
게 페레이라는 종교라는 인간의 발명품을 철저하게 까발렸다.

그럼 페레이라가 무신론자였을까? 그렇지 않다! 그는 신이 존재하
지 않는다고 말하지 않았다. 그렇다고 글 쓴 적도 없고, 그렇게 생각
하지도 않았다. 다만 기독교를 버리고 선불교로 개종했다. 요컨대 그
는 여전히 신의 존재를 믿는 영성주의자였다. 이런 이유에서 그는 최
초의 무신론자가 아니었다.

그러나 곧 기적이 일어났다. 무신론의 성자이며 영웅이고 순교자
인 장 멜리에 신부Jean Meslier(1664~1729)가 그 주인공이었다. 멜리
에는 아르덴 지역의 작은 마을인 에트레피니에서 사제로 목회 활동
을 하는 동안 지방영주와 말다툼을 벌인 것 이외에는 지극히 조용한
일상을 지낸 사람이었다. 그는 『유언Testament』이라는 두툼한 원고를
남겼고, 여기에서 교황청, 종교, 예수, 하느님 등을 양심적으로 거부
했다. 귀족 · 군주제도도 비난의 대상이 되었다. 그는 사회 부정의,
이상주의적인 몽상, 지상에서의 고통을 예찬하는 기독교 윤리를 거

세계 비난했고, 대신 무정부주의적인 공동체정신, 진정한 의미에서의 유물론적 철학, 그리고 이 땅에서의 즐거움을 추구하는 무신론을 역설했다.

200여 년 전, 사상사思想史상 최초로 무신론의 문제를 본격적으로 파고들어 한 권의 책을 쓴 철학자가 있었다. 그는 무신론을 역설했고 그 타당성을 증명하려 애썼다. 무신론을 강연의 주제로 삼았고 사색의 중심에 두었다. 하지만 세상 사람들의 지적에도 귀를 기울였다. 『사상과 감정에 대한 장 멜리에의 기억들』, 그리고 그 책에서 예고한 「세상에 존재하는 모든 신과 모든 종교의 공허와 거짓에 대한 명백한 증거들」이란 제목에서 멜리에의 생각이 분명하게 읽혀진다. 이 원고가 담긴 『유언』은 1729년에 그가 죽고 나서야 발견되었다. 멜리에는 이 책을 쓰는 데 많은 시간을 보냈으며, 진정한 무신론의 역사가 되었다.

망각의 늪

주류의 역사 기록에서 무신론적 철학은 철저히 묻혀졌다. 멜리에 신부 역시 망각의 늪에 내던져졌다. 간혹 그의 이름이 언급되더라도 이상한 신부, 신앙심 없는 신부라는 식으로 애매하게 소개될 뿐이었다. 프랑스 유물론의 역사에서 그의 이름을 인용했을 만한 저작물의 흔적과 증거를 찾기란 쉽지 않다. 마찬가지로, 감각적 쾌락을 삶의 목적으로 삼은 라메트리Julien Offroy de La Mettrie, 헤겔 철학의 선구자라 할 수 있는 동 데샹Dom Deschamps, 신을 저주한 돌바크Paul-

Henri Dietrich d'Holbach, 향락적 유물론자였던 엘베티우스C.A.Helvétius, 실뱅 마레샬Pierre-Sylvain Maréchal과 그의 『무신론자 사전』, 카바니스 Pierre-Jean-Georges Cabanis와 볼네Volney, 그밖에 데스튀트 드 트라시 Antoine-Louis-Claude Destutt de Tracy 등과 같은 이념가들의 이름은 기계적으로 침묵된 반면에, 독일 관념론에 관련된 저작물과 연구는 넘쳐흘렀다.

예를 들면 이렇다. 돌바크 남작의 저작물은 대학에서 거의 찾아볼 수 없다. 그런대로 이름난 철학전문 출판사들은 돌바크 남작의 학술적이고 과학적인 저서를 거들떠보지도 않았다. 현실을 꿰뚫어본 연구과 논문도 도서관에 소장되지 않았다. 루소, 볼테르, 칸트, 몽테스키외의 글들은 전집물로 출간되고 갈리마르 출판사에서 플레이아드판으로 출간되었으나, 돌바크라는 이름은 여전히 외면당했다. 그의 사상을 연구하고 확산시키기 위한 강의나 세미나도 없었다. 단 한 편의 전기도 없었다. 철저하게 외면당했다. 오호, 통재라!

대학은 계몽시대라 일컬어지는 18세기에만 천착하며 루소의 사회계약론, 볼테르의 관용, 칸트의 비판철학, 몽테스키외의 삼권분립을 강의할 뿐이다. 여기에 지루함을 덜어주려 하는지 음악과 미술을 추가하는 친절을 베풀지만 돌바크의 무신론에 대한 강의는 외면한다. 성경의 비밀을 역사적으로 파헤친

몽테스키외

돌바크의 연구에 대한 강의는 전혀 없다. 기독교의 신정정치를 비판하고 교회와 국가의 충돌을 역사적으로 추적한 강의 또는 교회와 국가를 분리해야 할 필요성에 대한 강의도 없다. 윤리와 종교의 독립에 대한 강의, 가톨릭의 허구성을 분석한 강의, 종교를 서로 비교한 결과에 대한 강의도 없다. 심지어 루소, 디드로, 볼테르를 비롯한 이른바 이신론자들이 돌바크를 비판한 내용도 강의되지 않는다. 기독교 이후의 윤리를 주제로 삼은 강의는 물론이고, 믿음의 세계를 타파하는 데 필요한 과학의 유용성에 대한 강의도 없다. 사상의 계보, 기독교의 편협성에 대한 강의도 마찬가지다. 정치는 윤리에 종속되어야 하며, 교회 재산을 풀어서라도 가난한 사람들에게 나눠줘야 한다는 주제의 강의도 없다. 페미니즘과 가톨릭의 여성혐오를 비판하는 강의도 마찬가지다. 놀랍지 않은가! 돌바크가 다룬 주제들이 오늘날에도 여전히 시사성을 갖는다는 사실이!

종교를 저주한 멜리에(『유언』, 1729), 종교의 신비주의를 깨뜨린 돌바크(『종교의 오염』, 1768)는 침묵의 세계로 빠져들었다. 종교의 구조를 파괴한 포이어바흐Ludwig Andreas Feuerbach(『그리스도교의 본질』, 1841)도 예외가 아니었다.

서구 세계의 무신론사史에서 제3기를 이뤄낸 철학자인 루트비히 포이어바흐는 무신학의 기둥 중 하나라 하기에 부족함이 없다. 그는 신에 대해 멋들어진 설명을 내놓았다. 신의 존재를 부인하는 수준을 넘어서 그 환상을 철저하게 해부했다. '신은 존재하지 않는다'고 말하는 것으로 부족했던 그는 '대다수의 사람이 믿는 신이라는 존재의 정체는 대체 무엇인가?'라는 데 초점을 맞췄다. 그리고 신이라는 것이 상상의 산물이자 인간이 만들어낸, 특정한 법칙에 따라 움직이는 기계와 같은 것이라 대답했다. 달리 말하면, 성경에서 말하듯이 하느님이 자신의 형상대로 인간을 창조한 것이 아니라, 인간이 자신의 형상대로 신을 만들어냈다.

죽음을 피할 수 없는 유한성에 고통 받는 인간은 완전해지고 싶었다. 따라서 정반대의 속성을 지닌 강력한 존재를 창조해냈다. 장갑을 뒤집듯이 인간의 결점을 뒤집자 완벽한 존재가 탄생했다. 그렇게 만들어낸 존재 앞에서 사람들은 무릎을 꿇었고 고개를 조아렸다. 인간은 죽음을 피할 수 없는가? 그럼 신은 불멸의 존재여야 한다. 인간은 유한한가? 그렇다면 신은 무한한 존재여야 한다. 인간은 모든 것을 다 알지는 못하는가? 그럼 신은 모든 것을 다 알아야 한다. 인간은 모든 일을 다 해내지는 못하는가? 그렇다면 신은 어떤 일이라도 해낼 수 있어야 한다. 인간은 어디에나 있을 수는 없는가? 그럼 신은 어디에나 동시에 있을 수 있어야 한다. 인간은 창조되었는가? 그렇다면 신은 창조된 존재가 아니어야 한다. 인간은 연약한가? 그렇다면 신은 절대적 힘을 가진 존재여야 한다. 인간은 땅에 있는가? 그럼 신은 하늘에 살아야 한다. 인간은 불완전한가? 그렇다면 신은 완전한 존재여야 한다. 인간은 하찮은 존재인가? 그렇다면 신은 무엇과도 바꿀 수 없는 존재여야 한다.

종교는 이렇게 '소외'의 길을 걸었다. 인간과의 단절을 선언하고, 허구적인 진리만이 주어지는 상상의 세계를 만들어갔다. 이런 신학에 대해 포이어바흐는 '정신병리학'이라 칭하며 '분석화학'적인 시각에서 자신의 인류학적 접근과 대립시켰다. 여기에 포이어바흐는

헤겔

'영적인 물 치료법'을 제안하는 유머감각까지 발휘했다. 달리 말하면 종교인, 특히 기독교인의 열기와 증기를 치료하는 데는 차가운 물이 가장 합리적인 묘약이란 것이었다.

이런 방대한 철학적 제안에도 불구하고 포이어바흐는 주류 철학의 역사에서 거의 잊혀져갔다. 물론 그의 이름이 간혹 거론되기는 했지만, 파리 고등사범학교의 유명인으로서 젊은 시절의 마르크스를 팔아서 자신의 인기를 더욱 높여가던 알튀세르Louis Althusser가 마르크스의 『경제학·철학 초고』, 『독일 이데올로그』 등과 헤겔 사이의 연결고리로서 포이어바흐를 언급하는 수준이었다. 1967년에 제자들의 철학교수자격 구두시험이 있던 날, 알튀세르는 포이어바흐를 '만났다.' 그러나 포이어바흐의 정수精髓는 알튀세르의 공리주의적 해석으로 희석되고 말았다. 이런 점에서 때로는 완전한 망각이 잘못된 해석에 따른 오해와 왜곡보다 훨씬 나은 듯하다.

철학계의 지진

드디어 니체가 등장했다! 멜리에 신부의 저주가 있었고, 화학, 지질학, 항공학까지 연구한 돌바크가 종교의 신화를 벗겨냈으며, 『죽음과 불멸에 대한 고찰』을 출간했다는 이유로 대학에서 축출당해 평생을 재야 철학자로 지내면서 달걀검사원을 거친 후 결국 공장을 설립하여 노동자들의 사랑을 받았던 포이어바흐가 종교란 기업을 파괴한 후의 일이었다. 하기야 그 책에서 포이어바흐는 인간의 불멸성을 부인했으니 대학에서 쫓겨날 만도 했다. 여하튼, 마침내 니체가 철학 무대에 등장했다. 니체의 등장과 함께 관념론적 사상, 영성을 앞세운 유대교와 기독교 사상, 이원론 등과 같은 주류 사상이 흔들리기 시작했다. 디오니소스적 일원론, 힘의 논리, 계보적 방법론, 무신론적 윤리를 통해 그는 기독교에서의 탈출을 모색했다. 기독교 정신 이후 처음으로 혁명적이고 정교한 사상이 서구세계에 제시된 것이었다.

니체는 『이 사람을 보라Ecce homo』에서 장난삼아(?) 역사를 그리스도 이전과 이후, 이렇게 두 시기로 나누었다. 그런데 니체에게는 바울과 콘스탄티누스가 없었다. 세상을 떠돌며 자신의 철학을 팔아줄 장사꾼도, 자신의 철학으로 개종해서 세상을 뒤바꿔놓을 황제도 없었다. 즉, 의지할 만한 것이 없었다. 그의 역동적 사상은 구체적 역사를 만들어가는 야만인들에게 너무나 위험한 것이었다.

니체

그러나 차라투스트라를 탄생시킨 니체는 철학계의 환영을 받았다. 『선악의 저편』과 『안티크리스트』가 발표되기 전후의 철학계는 과거의 관념론적 세계와 달랐다. 니체는 철옹성 같던 유대교 · 그리스도교에 구멍을 냈

다. 무신학의 과업을 홀로 완수하지는 못했지만 가능성을 열어놓았
다. 바로 이런 점에서 우리는 니체주의자가 될 필요가 있다. 더 구체
적으로 말한다면, 멍청이들이 니체를 생각하는 것처럼 '니체'가 되어
서는 안 된다는 의미다. 니체주의자가 된다는 것은 독설의 철학자가
내뱉은 핵심어들, 예컨대 원한ressentiment, 영겁회귀, 초인, 권력에의
의지, 예술의 생리 등을 무작정 받아들이지 않겠다는 뜻이다. 우리
스스로를 니체라고 생각하며 니체 흉내를 낸다고 해서 무슨 소용이
있겠는가? 니체의 사상을 진리처럼 받아들이며 무장한다고 우리에게
득이 될 것은 없다. 그것은 어리석은 사람들이나 할 짓이다.

　니체주의자가 된다는 것은 니체를 출발점으로 삼아 모든 것을 생
각한다는 뜻이다. 그의 등장으로 철학계가 환골탈태한 지점을 출발
점으로 삼는다는 뜻이다. 니체는 불충한 제자들을 구했다. 배신을 통
해 자신의 충직성을 증명해 보일 제자들을 구했다. 니체는 자신처럼
독자적인 길을 추구하는 사람들을 원했다. 자신과는 다른 사람을 원
했으며, 자신을 향한 맹목적인 충성은 바라지 않았다. 『차라투스트라
는 이렇게 말했다』에서 니체는 낙타와 사자, 어린아이를 통해 변증법
과 시학을 가르친다. 그런 니체를 보존하고 초월하며 그의 저작을 기
억해야 한다. 하지만 더 중요한 것은 철학이란 산을 움직이기 위해서
거대한 지렛대가 필요하듯이 그의 저작을 지렛대로 삼아야 한다는
것이다.

　니체로 인해 무신론은 예전보다 한층 성숙해졌다. 멜리에는 모든
신을 부인했고, 돌바크는 기독교의 신비성을 까발렸으며, 포이어바
흐는 신을 해체했다. 하지만 니체는 가치의 전환을 꾀했다. 즉 무신

론을 하나의 궁극적 목표로 여길 이유가 없어졌다. 신을 죽였다! 하지만 어째서? 다른 도덕, 새로운 윤리, 전에는 생각할 수 없어서 생각하지 못한 새로운 가치관을 원하기 때문에? 그렇다면 이제 무신론을 완성시키고, 더 나아가 무신론을 초월해야 한다. 이는 미래에 이뤄내야 할 무시무시한 과업이다.

『안티크리스트』는 유럽 문명의 형이상학적 · 존재론적 병리현상인 허무주의에 대한 처방전을 제시했다. 이미 우리도 니체가 제시한 해결책을 알고 있지만, 그의 해결책은 줄곧 잘못 이해되어 왔다. 어쨌든 니체주의자가 된다는 것은 이전과 다르면서도 새로운 가정, 니체 이후의 가정을 제시하는 것이다. 물론 여기에는 니체와의 투쟁, 니체를 능가하려는 투쟁이 필요하다. 현대판 허무주의는 일신교에 근거한 종교적인 해결책이나 제안을 넘어서는 '가치의 전환'을 필요로 한다. 차라투스트라가 다시 등장해야 할 때인 것이다. 무신론만이 허무주의에서의 탈출을 가능하게 해준다.

교육현장에서의 무신론

　　　　미국을 비롯한 서방세계의 입장에서 9 · 11 테러는 유대교 · 기독교와 이슬람교 사이의 종교전쟁에서 어느 쪽을 편들 것이냐는 문제를 제기하지만, 우리는 그들이 강요하는 양자택일에서 벗어나 니체식의 입장을 취할 수 있다. 적과의 무자비한 전쟁을 합리화시킨 모세 5경 가운데 하나인 민수기(원래 이름은 '주님의 전쟁서') 시대를 시작으로 해서, 역시 불신자를 학살하라며 똑같은 말을 반복해대는 꾸르안을 거쳐 오늘날에 이르기까지 지루하게 이어지는 종교전쟁의 전쟁광들 때문에라도 우리는 유대교·기독교적 입장이나 무슬림의 입장에 동조할 수 없다. 어쨌거나 거의 2,500년 동안이나 양쪽 모두가 전쟁 나팔을 불러댔다. 니체가 우리에게 남긴 교훈이 무엇인가? 우리는 유일신을 섬기는 세 종교 중 하나를 선택하려고 고민할 필요가 없다. 이스라엘과 미국을 편들지 않는다고 탈리반의 동반자가 된다는 뜻은 아니다!

여성을 혐오하더라도 유대교, 기독교, 이슬람교 중 하나를 반드시 선택해야 하는 이유를 탈무드와 토라, 구약성서와 신약성서, 꾸르안과 하디스(모하마드 언행의 전승) 등은 제시하지 못한다. 돼지고기와 술을 멀리하고 베일이나 부르카를 선택해야 하는 이유를 설득력 있게 설명하지도 못한다. 유대인 회당, 성당, 교회, 모스크 등을 선택해야 하는 이유도 납득하기 힘들다.

어느 곳을 가든 지성은 온데간데없고 교리와 율법의 순종을 강요한다. 오직 순종하는 사람만이 착한 사람이라고 말한다. 더구나 신에 선택받은 사람, 신의 대변자라고 자처하는 사람들을 향한 순종을 강요한다.

우리는 사회적 결속을 다지고, 어설픈 자유주의 탓에(?) 부정적 요소로 더렵혀진 일상을 정화하고, 분열된 공동체를 재결합시키려면 교육현장에서 종교를 가르쳐야 한다는 주장이 제기되는 시대에 살고 있다. 새로운 형태의 사회 계약을 맺고, 모두가 공유해야 할 시대정신(결국 기독교나 이슬람교)을 재발견하기 위해서라도 학교에서 종교를 가르쳐야 한다고 한다. 어차피 학교에서 종교를 가르쳐야 한다면 무신론을 가르치는 것이, 구체적으로 말하면 바울이 고린도(코린토스) 사람들에게 보낸 편지보다 『도덕의 계보』를 가르치는 편이 훨씬 낫다!

계몽주의와 프랑스대혁명, 사회주의와 파리 코뮌, 좌파와 민중전선, 무정부주의와 1968년 5월의 항쟁, 프로이트와 마르크스, 프랑크푸르트학파와 프랑스 좌파의 니체적 회의주의 등이 대문으로 쫓아내버린 유일신의 망령들이 은근슬쩍 제자리로 돌아오려는 흑심黑心은 그야말로 반동적 사상이 아닐 수 없다. 그것도, 조제프 드 메스트르 Joseph de Maistre(프랑스혁명으로 쫓겨난 대표적인 보수 전통주의자), 루이 드 보날드Louis de Bonald(프랑스의 대표적인 정통주의자로 프랑스혁명의 이념과 가치에 맞서 군주와 교회의 권위를 옹호했다), 블랑 드 생보네 Blanc de Saint-Bonnet 등처럼 솔직하고 노골적인 반동이 아닌, 유대교 · 기독교를 애매하게 변조시킨 음흉한 반동, 즉 그람시적 반동이다.

그들은 신정정치의 장점을 노골적으로 찬양하지 않는다. 1789년 프랑스혁명의 정신이 아직 죽지 않았기 때문에 '교황에 대하여'라는 제목을 걸고 교황의 정치권력을 공개적으로 찬양하는 책이 출간되지는 않는다. 대신에 개인을 비난의 표적으로 삼는다. 개인의 권리를 부인하면서 의무만을 잔뜩 떠안긴다. 개인보다 집단을 강조하고, 초월성을 호소한다. 존재론적 치외법권을 구실로 내세워 국가와 국가조직에 빌붙은 기생충들에 모든 것을 면제해주면서도 정작 국민은 무시한다. 그런 현실을 걱정하며 항거하는 사람은 민중을 선동하는 포퓰리스트라고 낙인찍는다. 본연의 임무에 따라 저항하는 철학자와 지식인을 업신여기고 경멸한다. 18세기의 '반철학'은 이처럼 기세등

천지창조의 모습을 형상화한 시스티나 성당의 천장화

등하지 않았다. 그러나 근래에 종교인들은 다시금 자신의 목소리를 높이고 있다.

신은 아직 죽지 않았지만 무기력한 상태에서 벗어나지도 못했다는 증거가 있기는 하다. 그러나 신이 잠을 깨면 지금과는 다른 미래가 도래할 것이라는 증거도 있다. 따라서 이제 잊어버려도 된다고 보았던 방법을 되살려 무신론을 지키는 수밖에 없다. 종교적인 면을 재교육시키되 양의 우리에 늑대를 집어넣는 방법이다. 그것은 바로 성직자들이 공개적으로 경전을 가르칠 수 없게 하는 것이다. 하지만 아이들이 마르크 샤갈, 『신곡』, 시스티나 성당의 벽화, 지르야브Ziryab(바그다드와 에스파냐의 코르도바에서 주로 활동한 노예 출신의 음악가)의 음악을 이해하는 데 도움을 주기 위해서 구약과 신약의 우화, 꾸르안과 하디스(모하마드 언행의 전승)의 소설 같은 이야기들을 간접적으로 가르칠 수는 있을 것이다.

종교는 기존의 교과 과목 내에서 가르친다. 과거의 과학과 마찬가지로 종교를 철학, 역사, 조형예술, 언어 등의 한 부분으로 가르치도록 한다. 아니, 이렇게 가르쳐야 마땅하다. 예컨대 연금술은 화학에서, 골상학은 자연과학에서, 토템 신앙과 주술적 사상은 철학에서, 유클리드 기하학은 수학에서, 신화는 역사에서 가르치고 있지 않는가! 인식론적으로 신화, 우화, 허구적 이야기, 상식을 벗어난 이야기가 이성과 추론과 논증보다 우선한다고 어떻게 가르칠 수 있겠는가. 종교는 원시적인 합리성, 시대에 뒤떨어진 순리에 근거를 두고 있다. 이런 원시적 이야기를 역사歷史보다 더 중요하게 여기는 것은 후진적 사고다. 오늘만이 아니라 내일의 실패까지 자초하는 길이다.

무신론을 가르치기 위해서는 두려움과 공포, 즉 죽음을 올바로 받아들이지 못하는 무능력, 인간의 불완전과 유한성에 대한 불필요한 의식, 실존적 고뇌와 번민 등 종교적 감정에 대한 역사적 연구가 필요하다. 따라서 인간의 창조물인 종교는 심리적 안정제라는 관점에서 분석되어야 한다. 마법과 광기의 문제, 또는 이성을 정의하고 그 범위를 결정하는 문제는 철학적 관점에서 접근하면 충분하다.

문명 세계의 판구조론

우리는 신학과 종교가 지배하는 문명 세계에 살고 있다. 여기에는 접근, 분리, 이동, 중첩, 충돌 등, 지질학에서의 판구조론과 유사한 움직임이 곳곳에서 보인다. 기독교가 탄생하기 이전의 판은 나름대로 안정된 상태였다. 소크라테스 이전의 신화시대부터 스토아철학의 탄생기까지, 즉 파르메니데스(B.C.515~B.C.445, 고대 그리스의 철학자로 엘레아학파의 시조)부터 에픽테토스(50~138, 로마 시대의 스토아 철학자)에 이르기까지 우상숭배자들의 경계는 뚜렷했다. 그러다가 기독교 탄생 이전의 판과 기독교 탄생 이후의 판 사이에 난기류가 발생했다. 그 뒤 지복천년설至福千年說이 득세하던 기원후 2세기부터 신정정치에 종말을 고한 루이 16세의 참수(1793년 1월)까지 그런대로 안정된 상태를 유지했다. 초대교회의 교부들부터 계몽시대의 이신론자들에 이르기까지는 모두가 각자 분명한 논리를 가진 듯했다.

현재 우리가 살고 있는 제3기, 즉 기독교 이후의 판은 우상숭배자의 판과 기독교의 판이 분리되었던 시기와 비슷하게 움직이고 있다. 기독교 이전 시대의 종말기와 이후 시대의 초기는 이상할 정도로 비슷한 양상을 띤다. 허무주의, 불안, 보수 세력의 준동, 과거에의 향수, 원칙 준수를 전제로 변화를 모색하는 종교, 실증주의, 미래에 대한 관심 등에서 소름끼칠 정도로 똑같다. 종교는 과거의 향수를 부추기는 철학의 역할을 맡고, 철학은 미래를 지향하는 역할을 맡는 것도 똑같다.

여기서 현 시대를 지배하는 힘이 무엇인지가 분명하게 드러난다. 그것은 진보적이고 깨인 서구의 유대교·기독교가 아니다. 복고적이고 반反계몽적인 동양의 이슬람교에 반대하는 민주정신도 아니다. 현 시대를 지배하는 것은 미래의 무신론을 억압하는 과거의 유일신교다. 현 시대를 지배하는 힘은 빈 라덴을 추적하는 조지 부시가 아니라 모세, 예수, 무함마드다. 달리 말하면 돌바크 남작, 루트비히 포이어바흐, 프리드리히 니체 등 신화와 허황된 이야기를 혁명적으로 해체하려 한 철학자들의 사상을 억누르는 유일신교들의 경전이 오늘날을 지배하고 있다.

기독교 이후의 시대는 기독교 이전 시대와 마찬가지로 전개될 것이다. 유일신교의 대륙판이 가라앉지 않는다는 보장은 없다. 예전에 공산주의가 그랬고, 오늘날에는 자유주의가 그렇듯이, 유일신교도 철학과 역사에서 결코 뛰어넘지 못할 장벽이 아니다. 기독교 시대가 우상숭배 시대의 뒤를 이었듯, 기독교 이후의 시대도 얼마든지 기독교 시대의 뒤를 이을 수 있다. 이런 변화는 필연적이다. 그런 의미에서 오늘날 우리가 처한 혼돈의 시기는 대륙판이 재조직되는 시기라 할 수 있다. 이런 때일수록 무신학에 관심을 기울여야 한다.

3. 무신학을 향하여

허무주의의 스펙트럼

오늘날이 무신론의 시대인 듯하지만 기독교인, 또는 신을 믿는 사람들의 눈에만 그렇게 보일 뿐이다. 실제로는 오늘날은 허무주의의 시대다. 과거의 신앙인들은 당시를 지배하는 부정적이고 사악한 현상을 무신론의 산물로 해석하려는 경향이 있었다. 무신론자는 반도덕적이고 부도덕하며 믿음도 없고 윤리 의식도 없다는 낡은 생각이 오늘날까지 끈질기게 남아 있다. 도스토예프스키의 『카라마조프의 형제들』에 등장하는 '신이 존재하지 않는다면 모든 것이 허락된다'는 말은 무신론자에게 죄를 뒤집어씌우는 데 좋은 핑곗거리로 여전히 활용된다. 신은 없다고 주장하며 가증스런 죄를 짓는 사람들을 세상의 모든 증오와 불행의 원인으로 지목하는 데 이만큼 적절한 표현은 없기 때문이다. 그러나 그것은 잘못되었다. 오히려 거꾸로 말해야 옳다. 즉 '신이 존재하기 때문에 모든 것이 허용된다'고 말해야 마땅하다. 구약성서의 초기 시대부터 오늘날까지, 세 번의

성 바르톨로메오 축일의 학살

천년시대가 이 주장의 타당성을 입증해준다. 유일한 신, 화를 잘 내고 시기하는 신, 관용이라곤 없는 호전적인 신을 인정함으로써 사람들은 평화로운 공존보다는 증오, 피, 죽음, 폭력에 기대게 되었다. 선택받은 민족이란 유대인의 환상은 민족 간의 식민정책, 재산 몰수, 증오, 원한, 심지어 독선적이고 폭력적인 신정정치를 합리화시켰다. 예루살렘 성전에서 예수가 장사꾼들을 몰아낸 사건과 예수가 최후의 심판을 위해 재림할 것이란 바울의 예언은 십자군 원정, 종교재판, 종교전쟁, 성 바르톨로메오 축일의 학살(1572년 8월 24일에 프랑스에서 신교도를 학살한 사건), 화형, 금서 목록을 합리화시켰을 뿐 아니라, 전 세계를 대상으로 한 식민정책, 북아메리카에서의 민족 학살 및 문화 파괴, 20세기 파시즘의 지원, 일상의 삶에서 사소한 부분까지 간섭하려는 바티칸의 지상권地上權까지 정당화했다. 꾸르안 역시 거의 처음부터 끝까지 불신자들과 그들의 종교, 문화, 문명을 파괴하라고, 물론 유대인과 기독교인의 그것까지 철저하게 파괴하라고 명령하고 있다. 그것도 자비로운 신의 이름으로! 이와 같은 생각을 비난하려면 끝도 없다.

신이 존재하기 때문에 모든 것이 허용되었다. 모두 신에 의해, 신의 이름으로 저질러진 만행이었다. 하지만 신자와 성직자, 소시민과 지배자 중 어느 누구도 여기에 트집을 잡지 않았다.

증오, 거짓, 폭력, 약탈, 부도덕, 협박, 거짓 맹세, 폭행, 경멸, 악의, 반도덕적 행위, 타락, 부패, 위증, 퇴폐, 소아성애, 유아살해, 비열, 변태성욕 등을 신이 조금이라도 경계했다면, 랍비, 성직자, 교황, 주교, 목사, 이맘Imām(이슬람 교단 조직의 지도자)은 물론이고 신을 믿는 충직한 신도들이 선善을 행하여, 불완전한 존재인 무신론자에게 미덕과 모범을 보였을 것이다. 신을 믿는 사람들이야말로 진정으로 도덕적이기 때문에, 십계명을 진심으로 지키고, 꾸르안의 권고에 순종하며, 거짓말하거나 약탈하지 않으며, 도둑질하거나 폭력을 휘두르지 않고, 거짓 증거를 만들거나 살인하지 않는다는 것을 고집스런 무신론자들에게 증명해 보였을 것이다. 적어도 맨해튼의 쌍둥이 빌딩을 테러하는 계획을 세우거나, 가자지구에 토벌군을 파견하지 않았을 것이다. 어린아이를 성폭행한 소아성애 성향의 성직자들의 죄를 덮어버리지도 않았을 것이다. 그랬다면 순진한 신자들도 기뻐하며 모범적인 행동을 보였을 것이다. 하지만 실제로는 어떠한가?

이 세상에서 저질러지는 악행은 무신론과 아무 관계가 없다. 오히

중세 교황의 모습을 상징
화한 그림으로, 가운데의
교황은 한 손에는 지팡이
를, 다른 한 손에는 복음서
를 들고 있다.

려 인류의 역사에서 신의 존재는 평화를 이끌어내기보다는 전쟁과
학살, 다툼과 갈등을 빚어낸 주된 원인이 되어왔다. 이웃을 사랑하라
고? 죄 지은 사람을 용서하라고? 관용을 베풀라고? 신께서 그렇게
가르쳤다고? 웃기는 소리다. 오히려, 교황, 군주, 왕, 칼리프와 에미
르Emir(이슬람 국가의 왕족) 등이 얼마나 미덕을 베풀며 살았는지 의
문스럽다. 모세와 바울, 무함마드의 전기에 따르면, 모세는 무수한
살상을 저질렀고, 바울은 무방비 상태에 있는 사람들을 후려 갈겼으
며, 무함마드는 약탈을 범했다. 그들이 이웃 사랑을 실천하던 방법은
참으로 희한하다.

인류사에서 우리는 이상한 교훈을 얻는다. 악은 번성하고 선은 불

행하다는 교훈이다. 내재적 정의正義가 없듯, 초월적 정의도 존재하지 않는 듯하다. 신이 있든지 없든지 간에 신을 욕하고 무시했다고, 신을 경멸하거나 잊었다고, 신의 뜻을 반박했다는 이유로 벌을 받은 사람은 아직까지 없다! 그럼에도 신을 믿는 유신론자는 어떤 것도 벗어날 수 없는 신의 존재를 받아들이기 위해서 악이 세상을 지배하는 현상까지도 정당화하는 인식론적 왜곡마저 주저 없이 저지른다. 이신론자는 유신론자만큼 맹목적이지 않아서 그나마 다행이다.

유일신교의 에피스테메

결론적으로 우리가 살고 있는 이 시대는 아직 무신론의 시대가 아니다. 기독교 이후의 시대도 아니다. 긍정적으로 본다면 기독교 이후의 시대가 반걸음쯤 시작되었다. 어쨌든 아직은 매우 미미한 수준이다. 다시 말해, 우리 시대는 아직도 기독교 시대이며, 그 위세는 생각보다 훨씬 강력하다. 게다가 조금씩 기독교 이후의 시대로 넘어가면서 겪게 되는 혼돈 속에서 허무주의가 싹을 틔우고 있다. 신은 존재하지 않는다는 생각과 신은 존재한다는 생각이 충돌하다 못해, 심지어 신들이 급속하게 늘어나기까지 한다. 하루가 다르게 만들어지는 신 때문에 하늘이 만원이 되어간다! 노쇠한 유대교·기독교 시대와 아직 걸음마 단계를 벗어나지 못한 기독교 이후의 시대가 공존하면서 필연적으로 생겨나는 허무주의에서 부정적 생각들이 얼굴을 내민다.

완전한 무신론자의 시대가 찾아오기 전에 우리는 유대교·기독교의 기발한 에피스테메epistēmē('인식소'로 번역되며, 본래 과학적 또는 철학적 지식을 말하지만 요즘에는 역사상의 특정한 시기에 지식이 획득되고 정리되고 유포되는 방식을 지칭한다)에 대해 철저히 알아둘 필요가 있다. 에피스테메를 구체화해서 오랜 시간 동안 후세에 전해준 제도적 기관들과 그 앞잡이들이 요즘에는 좀처럼 모습을 드러내지 않고 있다. 성대한 종교의식의 소멸, 종교에 대한 윤리의 독립성 확보, 교황권에 대한 무관심, 일요일에도 텅 비는 교회, 교회와 국가의 분리 등의 징후에서 우리는 더는 종교를 걱정하지 않아도 되는 시대에 살고 있다고 착각하기 쉽다.

경계심을 늦춰서는 안 된다! 종교의식이 사라졌다고 해서 기독교의 강력한 힘까지 사라진 것은 아니다. 종교의식에 관심을 잃었다고 신앙심까지 흐릿해진 것은 아니다. 종교의식의 소멸과 신앙심의 퇴보는 아무 상관관계를 갖지 않는다. 그런 해석은 성급한 판단이며 오류이다. 오히려 종교가 종교 전문가의 독점에서 벗어나면서 비합리적인 행동이 늘었다고 해석할 수 있다. 종교에 심취한 광신도가 확산되었다고 해석하는 것이 더 옳을 수 있다.

유대교·기독교의 군대가 물러났다고 해서 그들이 거의 2천 년 전부터 지배해오던 땅에서의 힘과 영향력마저 사라진 것은 아니다. 땅은 어떤 형태로든 '획득'된 것이기 때문에 정복자의 이데올로기와 정신, 신에 대한 생각 등이 주입되게 마련이다. 정복지 사람들의 육체와 영혼, 살과 정신에 깊은 영향을 남겼기 때문에 정복자의 몸은 떠나더라도 정신은 떠나지 않을 수 있다. 그들이 전략적으로 물러났더라도 실질적 영향까지 사라지지는 않는다는 뜻이다. 유대교·기독교는 인식 체계, 즉 정신적이고 상징적 교환이 이루어지기 위한 주춧돌을 남겨놓았다. 따라서 유대교·기독교의 영향을 받은 사람들은 성직자가 사라져도, 성직자의 그림자조차 없어도, 2천 년의 역사와 지배 이데올로기가 만들어낸 틀에서 벗어나지 못한다. 이런 힘은 별것 아니라는 인상을 주기 때문에 위험성이 더더욱 크다. 따라서 그 힘을 없애기 위한 끈질긴 투쟁이 화급하게 필요하다.

물론 성찬 의식에 사용되는 빵과 포도주가 그리스도의 육체와 피로 변한다는 화체설化體說을 비롯하여 성모의 순결, 성모의 무염시태無染始胎, 교황의 무류성 등 로마 가톨릭 교회의 교리를 곧이곧대로 받아들이지 않는 사람이 더 많다. 그리스도의 몸이 성체의 빵이나 성배聖杯에 상징적 의미로서가 아니라 실제로 존재한다고 믿는 사람이 과연 있을까? 지옥과 천당, 연옥의 존재가 그 자체로 논리적 타당성을 갖는다고 생각하는 사람이 있을까? 세례받기 전에 죽은 어린아이의 영혼이 머문다는 해소孩所가 정말로 있을까? 이처럼 부질없는 객설을 순진하게 믿는 사람은 거의 없을 것이다. 독실한 도미니크 수도회의 수사들조차 그렇다.

가톨릭 교회의 기반은 무엇일까? 유대교·기독교 인식체계의 본질은 무엇일까? 물질과 현실세계, 즉 이승에서의 삶이 전부가 아니라는 생각이다. 힘, 권력, 에너지, 인과론, 의지, 의욕 등을 넘어서는 '무엇'이 있다는 생각이다. 그럼 죽은 후에는 어떨까? 죽는다고 모든 것이 끝나는 것은 아니며, 역시 '무엇'이 있다. 그렇다면, '무엇'이 무엇일까? 일련의 원인들을 근거로 합리적으로 추론하면 '무엇'이 무엇인지 설명할 수 있을까? 꼭 그렇지만은 않다. '무엇'은 논리적 추론을 뛰어넘는 것이기 때문이다. 우리 주변에서도 부조리하고 비합리적이며 비논리적이고 비상식적인 현상들이 벌어지기 때문에, 그런 현상들의 의미를 합리화 · 정당화시키며 왜곡시키는 '무엇'은 반드시 필요하다.

'무엇'에 대한 믿음은 미신적 습관을 낳는다. 그래서 유럽인들은 자신이 속한 나라의 지배 종교를 추종한다. 이에 대해 데카르트는 지배 종교가 없으면 왕이나 유모라도 상관없이 무조건 추종한다고 빈정거렸다.

무신론자를 자처하는 많은 사람이 유대교 · 기독교에 물든 윤리관, 사상, 세계관을 거침없이 내뱉는다. 따라서 우리는 예수의 위대함을 가르치는 성직자의 설교와 무정부주의자 크로폿킨Pyotr Alekseevich Kropotkin(1842~1921)이 쓴 『윤리』의 예수 찬양 사이에서 차이점을 찾아보려 하지만 헛일로 끝난다.

무신론은 초월성의 공유를 전제로 한다. 초월성은 독점적 권리가 아니라는 것이다. 무신론은 기독교의 굴레를 넘어서는 것이다. 적어도 미덕이라 주어진 것과 악덕이라 낙인찍힌 것을 자유의지로 재점검하여 선과 악의 목록을 새롭게 작성할 수 있어야 한다. 기독교 이후 시대의 윤리관을 만들어내기 위해서는 성경적 가치관을 속인 입장에서 철학적 재해석을 통한 보존과 활용으로는 충분하지 않다.

유럽의 역사에서 세속인의 도덕관이 어떻게 이뤄졌는지를 알고 싶다면 칸트의 『이성의 한계 안에서의 종교』를 읽어볼 필요가 있다. 세속적 윤리관을 제시한 이 책을 통해 유대교 · 기독교의 지워지지 않는 토대 위에서 전개된 철학적 사색을 읽어낼 수 있다. 게다가 이 책

중세 기독교 시대에는 돈을 받고 면죄부를 팔기도 했다.

은 겉으로 보기에는 글 쓰는 형식에서나 문체, 어휘 등에서 혁명적 변화를 꾀했지만, 기독교의 윤리관과 별 다른 차이점이 없다. 칸트 역시 예수의 미소를 그대로 띠고 있었던 것이다.

이런 상황에서 우리가 교황의 콘돔 사용 반대를 빈정댈 수 있을까? 무신론자를 자처하는 사람들 가운데에서도 많은 사람들이 여전히 교회를 들락거린다. 그들은 가족을 즐겁게 해주기 위해서라면서 변명하지만 위선일 뿐이다. 교리문답 강독 시간에는 미소까지 머금는다. 교리문답 교재에 어떤 헛소리가 적혀 있는지를 확인이라도 해보고 싶은 것일까? 신부나 목사를 빈정대고 그들의 믿음을 조롱하면서도 그들의 축복기도를 바라는 이유는 어떻게 설명할 텐가? 말하자면, 축복기도는 양측의 위선자들을 화합시켜 주는 현대판 면죄부인 셈이다. 축복을 바라는 사람은 주변 사람들과 타협하고, 축복을 주는 성직자는 그것을 무기로 '손님'을 유혹하고 있다.

기독교가 남긴 흔적들

미셸 푸코는 역사상의 특정한 시기에 획득되고 정리되어 굳혀진 세계관·현실관을 '에피스테메'라 칭했다. 그에 따르면, 유대교·기독교의 에피스테메는 사도 바울이 다마스쿠스로 가던 길에 히스테리 발작을 일으킨 이후부터 요한 바오로 2세가 성 베드로 광장에서 집전한 미사가 전 세계에 생중계된 오늘날까지 문명과 문화의 수레바퀴가 도는 가운데 인류 전체에 확산된 관념적이고 정신적인 영향을 가리킨다. 유대교·기독교가 우리에게 남긴 잔재는 헤아릴 수 없이 많지만 나는 몸과 율법의 두 가지 측면에서 그 흔적을 설명해보려 한다.

서구인의 몸은 기독교적이다. 유대교·기독교가 이데올로기적·지리적으로 지배한 지역에서 교육받고 성장한 무신론자, 무슬림, 이신론자, 불가지론자 등의 몸도 기독교적이다. 인간은 플라톤과 기독교에서 물려받은 신체도식(자신의 몸에 대해 각자가 갖고 있는 생각), 몸의 기관器官들이 갖는 상징성과 계급화된 역할(예컨대 심장과 뇌는 소중한 것이고 내장과 성기는 하찮은 것이다. 따라서 신경외과 의사는 존경의 대상이고 항문전문 의사는 경멸의 대상이다 등), 영혼의 탈물질화와 영성화, 결함투성이인 물질과 명철한 정신의 구분, 인위적으로 대립시킨 물질과 정신의 존재론적 함의, 도덕적으로 염려스런 성충동 등과 같이 2천 년 전부터 기독교적 기준에 따라 몸 전체를 구조화했다. 해부학, 의학, 생리학만이 아니라 철학, 신학, 미학까지 몸을 기독교적으로 조각하는 데 일조했다.

자아에 대한 시선, 의사의 시선, 엑스레이를 판독하는 전문가의 시선, 건강과 질병에 대한 철학적 인식, 고통에 대한 이해, 통증이 몸에서 갖는 역할, 통증과 약물과의 관계, 환자와 의사 사이의 대화, 자아에 대한 자아의 관계, 자아상의 결정, 그리고 생리학적·해부학적 심지어 심리학적으로 이상적인 자아상의 구축도 유대교·기독교의 영향에서 벗어나지 못했다. 외과학과 약리학, 대증요법과 일시적 치료, 산부인과학과 법의학, 응급의학과 종양학, 정신의학과 임상의학 등도 유대교·기독교적 율법을 받아들이고 있다. 오염의 정도가 분명하게 드러나지 않을 뿐이다.

요즘의 생명윤리학도 유대교·기독교의 보이지 않은 손에 크게 위협받고 있다. 이 문제에 대한 정치적 결정은 굵직한 사안에 대한 교황청의 입장과 크게 다르지 않다. 생명윤리의 기준이 기본적으로 유대교·기독교적 입장에 머물러 있기 때문에 이런 현상은 놀랄 일도 아니다. 낙태와 인위적 피임의 입법화는 기독교 이후 시대에 이루어진 '몸'을 향한 큰 진전이라고 할 수 있다. 그래서 나는 기독교 이후 시대의 몸을 '파우스트적 몸'이라 칭하기도 한다. 그러나 이 두 가지를 제외한다면 서구의학은 여전히 교황청의 권고에서 한 발짝도 벗어나지 못하고 있다.

바티칸이 발표한 『건강종사자들을 위한 헌장』은 성전환, 배아줄기세포의 실험, 인공수정, 대리모, 결혼하지 않은 부부나 동성애 부부를 위한 의학적 차원의 출산 등을 금지시켰다. 번식 목적만이 아니라 치료 목적의 복제, 생의 마지막 순간에 잠깐이나마 의식을 유지시키기 위한 진통제의 사용, 치료용 마약 사용, 안락사 등도 금지시켰다. 반면에 임시방편적 치료를 권장하면서 '고통의 구원적 역할'을 강조했다. 종교적 차원을 떠나 순전히 인간만을 위한다고 대외적으로 천명하는 윤리위원회들이 이구동성으로 외쳐대는 입장과 조금도 다를 바가 없다.

서구 세계의 의사들은 기독교의 에피스테메에 기초하여 습득한 지식을 바탕으로 환자들을 대하고 생각하고 진료하지만, 정작 자신들은 그런 사실을 거의 인식하지 못한다. 물론 그들이 의식적으로 기독교적 기준을 적용하지는 않는다. 하지만 기질과 성격과 의식세계가 형성되던 시기에 기독교적 에피스테메의 영향을 크게 받았기 때문에 의사의 무의식이나 환자의 무의식은 동일한 형이상학에 기초를 두고 있다.

따라서 눈에 확연히 드러나지는 않지만 몸의 일상에서 세세한 부분까지 깊은 영향을 미친 기독교의 잔재를 씻어내는 작업이 전제되어야만 진정한 의미에서의 무신론이 가능하다. 성性으로 구분되는 몸과 이런 구분에서 비롯되는 관계를 분석하는 것만으로도 책 한 권을 쓰고도 남을 지경이다.

파라다이스에서 시작된 고통

두 번째 예인 율법을 살펴보자. 프랑스 법정을 예로 봤을 때, 노골적인 종교적 징표의 사용은 금지되어 있다. 법정의 판결도 그리스도의 수난상 아래에서 이루어지지 않는다. 물론 토라의 구절이나 꾸르안의 장을 인용하는 경우도 없다. 대외적으로 민법과 형법은 종교와 교회에 독립적이다.

그런데 프랑스 법정에서 가톨릭 교회의 규정과 근본적으로 모순되는 판결이 내려지는 경우는 거의 없다. 법정에서 십자가가 치워졌다고 해서 정의가 지배 종교에서 완전히 독립했다는 뜻은 아닌 셈이다.

삽질하는 아담의 모습

그것은 법논리가 창세기의 첫 부분에 기초하고 있기 때문이다. 따라서 법의 계보는 유대인의 모세 5경에서 기독교의 성경을 거쳐 오늘날의 프랑스 민법으로 이름만 바뀐 것이라 할 수 있다. 법의 논리와 형이상학, 그밖의 관련 기법은 파라다이스에서 저질러진 원죄이야기에 뿌리를 두고 있다. 더 정확히 말하면 원죄 이야기에서 얻은 교훈을 근거로 법이 만들어졌다. 자유로운 만큼 책임이 따르는 인간은 죄를 범할 가능성이 있다. 자유가 부여된 인간은 가능성의 세계에서 이것보다는 저것, 저것보다는 이것을 선택할 수 있다. 따라서 모든 행위는 자유의지에 따른 자유로운 선택의 결과다.

억압을 정당화하려면 자유의지의 허락은 필수적이다. 금지된 열매를 따먹고 불순종하는 등 환희의 정원에서 저지른 규칙 위반은 자유의지에 따른 행위였다. 따라서 비난받고 처벌받아야 마땅했다. 아담과 하와는 자유로운 존재로 창조되었기 때문에 잘못을 저지르지 않을 수도 있었다. 하지만 그들은 선보다 악을 택했다. 따라서 하느님은 규칙을 위반한 대가를 치러야 하는 아담과 하와 이외에, 그들의 후손에게도 벌을 주었다. 부끄러움을 알게 했고, 땀 흘려 일하게 했으며, 분만의 통증을 주었고, 고통스런 삶을 안겼으며, 늙고 병들게 했다. 또한 여자는 남자에게 순종하라 명령하면서 양성의 상호주체성을 허락하지 않았다. 그때부터 지상의 재판관은 성경의 첫 부분에 쓰인 원칙에 따라서 하나님의 대리인 역할을 해왔다.

법정에서 종교적 상징물이 사라지기는 했지만 형이상학적 관점에서도 종교의 영향에서 벗어난 것은 아니다. 어린이 강간범을 예로 들어보자. 어린이 강간범도 자유인이며, 그에게도 자유의지가 있다. 따라서 그 역시 임의의 상대와 합의 아래 '정상적인' 성관계를 맺을 수도 있고, 강간을 저질러 어린 피해자에게 결코 잊혀지지 않을 상처를 안길 수도 있다. 이런 경우 그의 자유의지가 정상적인 성관계보다 강간을 선호한다면 결정적인 순간에 강간을 택할 수도 있다. 물론 다른 결정을 내릴 수도 있다. 따라서 법정은 그에게 잘못에 대한 대가를 요구하고, 변명은 듣는 둥 마는 둥 하면서 그를 감옥으로 보내버린다. 그는 감방에 적응하기도 전에 환영식을 빙자한 파티에서 폭행과 강간을 당한다. 그리고 시간이 지나면 그는 석방되어 자유의 몸이 된다. 그를 괴롭히는 질환은 그대로인 채 말이다.

어린이에게 성욕을 느끼는 성도착증만큼이나 희귀한 질환인 뇌종양을 앓는 죄수는 죄수 병원으로 보내진다. 감방에서 그 병이 발견되었기 때문이다. 그는 약육강식이 지배하는 밀폐된 공간에서 다른 동료들에 의한 억압적 폭력에 시달린다. 그럼 병원은 그를 버린다. 아무런 걱정이나 배려도 없이 암병동으로 보내버린다. 그곳에서 특별한 치료를 받는 것도 아닌데 말이다. 누가 이런 결과를 책임져야 할까? 사법체계라는 기계를 운영하는 사람들, 사법체계가 무엇이고 왜 존재해야 하는 것이며 어떤 식으로 운영되어야 하는 것인지 진지하게 고민해보지도 않은 채 에덴동산 앞에 놓인 기계처럼 사법체계를 다루는 사람들이 책임져야 한다.

카프카의 감화원은 결과적으로 유럽의 사법부, 감옥과 다를 바가 없다. 자유의지는 책임의식을 뜻하며 죄의 판결과 그에 따른 징계를 합리화시킨다. 선보다 악을 택하는 심리적 편향성을 자유의지에 결부시키는 관습은 종교적 사고방식, 더 정확히 말하면 프로이트 이외에도 많은 철학자들이 무의식, 심리, 문화, 사회, 가족, 인성 등이 결정적 요인들이라고 증명한 것 같은 기독교 이후 시대의 흐름과는 동떨어진 비합리적인 사고방식에서 비롯된 것이다.

육신과 율법은 유대교 · 기독교의 에피스테메에서 벗어나지 못하고 있다. 유대교 · 기독교의 그림자는 교육, 미학, 철학, 정치의 분석에도 짙게 드리워져 있으며, 성스럽고 성스런 삼위일체, 즉 노동 · 가족 · 조국도 마찬가지의 그늘에서 벗어나지 못하고 있다. 기독교의 에피스테메가 침투해 있는 영역을 하나씩 거론하자면 하룻밤을 꼬박 새도 모자랄 지경이다.

우리는 기독교에 대해 너무 모른다

우리의 생각과 행동을 결정하는 많은 요인들이 무의식 세계에서 확산되었다는 점을 고려한다면, 종교의 세뇌 방식에 대한 우리의 몰이해가 충분히 이해된다. 명철한 의식을 가진 주체들과 종교 이데올로기 간의 간섭 및 충돌은 언어의 측면에서 뚜렷이 나타나지 않는다. 달리 말하면 공개적인 형태로 드러나지 않는다. 신정정치, 즉 세 경전 중 하나를 지배원리로 내세운 정치체계의 경우를 제외한다면, 세속인들이 이어간 유대교 · 기독교의 계보에서 성직자나 성직에 관련된 개인의 이름을 찾아보기란 쉽지 않다.

이런 과정에서 성직자의 이름이 눈에 띠지 않는 것은 종교 이데올로기를 무의식의 세계에 확산시키려는 의도에서만 비롯된 것은 아니다. 그 이데올로기를 받아들이는 세상 사람들이 유대교·기독교에 대해 잘 모른다는 점을 노린 것이기도 하다. 하느님을 믿는 사람만이 아니라 교회를 열심히 다니는 사람도 기독교에 대해 정확히 모른다. 종교기관과 그 하수인들이 가르쳐준 이데올로기가 그들이 아는 전부다. 예배 시간은 성찰과 분석이 이루어지고 학습하고 지식을 확산시키고 교환하는 시간이 아니다. 교리문답서도 기독교 이데올로기의 주입을 목표로 한다. 기독교만이 아니라 다른 일신교의 예배의식과 문화도 다르지 않다.

기독교인이 통곡의 벽에서 기도하고, 무슬림이 하루에 다섯 번씩 기도하는 것도 마찬가지다. 그들은 신이 가르쳐준 기도문을 기계적으로 반복해서 암송한다. 그런 기독교인들에게 보쉬에 주교의 설교는 지루하고 단조로운 설교를 벗어난 청량제처럼 여겨졌을 것이다. 이와 마찬가지로 아베로에스Averrhoës(1126~1198, 본명은 이븐 루슈드Ibn Rushd로 이슬람 전통과 그리스 사상을 통합한 이슬람교의 종교 철학자)와 아비센나Avicenna(980~1037, 본명은 이븐 시나Ibn Sīnā로 의사이자 아리스토텔레스 주석가)를 떠받드는 무슬림들에게는 기억력은 좋아도 지적이지 못한 이맘이 얼마나 많았던가.

그런 성직자 없이도 각 공동체마다 종교 연구회들 사이에 모순된 정보가 서로 충돌하고 논쟁적인 토론이 끝나지 않는다. 하지만 결국에는 잘 관리된 '기계'의 도움을 받아 허황된 이야기를 앵무새처럼 반복하는 사람이 승리하곤 한다. 또, 그 '기계'는 늘 제자리에서 맴돈다. 도무지 변하지를 않는 것이다. 기억력에만 의존할 뿐 지적 능력은 무시한다. 성경 구절을 암기해서 뇌까리는 것은 생각하는 것이 아니다. 기도도 마찬가지다. 그런 기도는 생각과 거리가 멀다.

바울의 편지를 여러 차례 읽었다는 사람은 많지만 나지안즈의 성 그레고리오Gregoire de Nazianze에 대해서는 금시초문이다. 예수의 탄생을 기념하는 장식은 해마다 다시 만들면서도 왜 아리우스주의가 이단이라고 비난받았는지, 왜 성화논쟁이 일어났는지에 대해서는 알지 못한다. 무교병(누룩을 사용하지 않은 빵)으로 예수와 하나가 되지만 교황의 무류성을 인정하는 교리가 있다는 것은 모른다. 크리스마스 예배에 참석은 하면서도 '무적의 태양신Sol Invictus'(로마인들은 12월 25일을 동지라면서 태양을 섬기는 날로 삼았다—편집자)을 섬기던 이교도의 축일을 교황청이 바꿔놓은 것이 크리스마스의 기원이라는 사실은 상상조차 하지 못한다. 교회에서 이루어지는 세례식과 결혼식, 장례식에 참석하면서도 외경外經에 대해서는 들어본 적도 없다. 고난의 십자가 아래에서 엎드려 기도하지만 당시의 지배자들이 예수의 재판에 신중한 입장을 취하며 예수를 십자가에 못 박으려 하지 않자 사람들이 돌로 때려 죽였다는 새로운 정보에는 귀를 닫아버린다. 그 밖에 예배 자체를 우상화하면서 생겨나는 문화적 현상들도 종교의 올바른 이해에 큰 걸림돌이 되고 있다.

옛 사람들은 창세기를 읽으면서 지식을 얻으려 하지 않았다. 그저 믿고 순종하는 데 만족했다. 지식보다는 믿음을 강조했고, 과학적 분석을 경계했으며, 순종하는 마음을 칭찬했다. 하기야 무조건 순종해야 골치 아픈 논쟁을 사전에 막을 수 있었을 것이다. 게다가 에밀 리트레Maximilien-Paul-Emile Littré(1801~1881)는 무슬림의 어원이 하느님과 무함마드를 향한 순종이라고 정의하기도 했다. 어쨌든 일상적인 삶에서 토라의 꼼꼼하고 치밀한 규칙을 한 치라도 벗어나 생각하거나 행동하는 것은 불가능했다. 순종보다 이성적 판단을 앞세울 분위기가 전혀 아니었다. 이런 일로 봤을 때, 하나의 종교를 확실하게 뿌리내리고 확산시키기 위해서는 사람들을 무지와 야만의 상태에 가둬놓는 것이 최고의 방법인 듯하다.

한편 종교적이면서 역사적인 문화는 막강한 무기로 변했다. 예수회가 대표적인 예다. 현란한 미사여구가 수 세기를 장식했고, 신학적 궤변이 거의 1천 년을 지배했으며, 스콜라 학자들의 풍자적인 글들이 도서관을 채우면서 지식이 무기로 사용되었다. 그렇다고 진지하고 성실한 논쟁이 있었던 것이 아니라, 기독교 변증론이 압도적으로 우세했다. 달리 말하면 테르툴리아누스Quintus Septimius Florens Tertullianus(160~220, 초기 기독교의 주요 신학자 · 논쟁가 · 도덕주의자)가 기독교를 옹호하는 데 적극적으로 사용한 논쟁술을 되살리는 일에 역점을 두었다. 따라서 역사 전체가 논쟁자의 이데올로기적 전제에 종속될 수밖에 없었다. 이런 점에서도 '예수회'라는 이름은 딱 들어맞았다.

콘스탄티누스 황제가 개종한 이후에 교회가 가난하고 힘없는 사람들을 무시하고 권력자의 편에 섰다고 지적한다면 기독교인들은 뭐라고 대답할까? 아마도 '해방신학'을 들먹일 것이다. 그러나 교회의 수

장이자 인도자인 요한 바오로 2세가 해방신학을 비난한 사실에 대해서는 뭐라고 변명할까? 또 바울의 기독, 즉 기독교의 주류가 육신과 살, 쾌락을 비하하며 여성을 경멸한다는 증거를 제시한다면 기독교인은 뭐라고 대답할까? 아마도 '신비주의적 환희'가 있다고 반박할 것이다. 반면에, 그런 환희의 표현을 사용하여 살아 있는 동안에는 색정광이라 비난받았지만 훗날 시성諡聖과 시복諡福 등의 칭송을 받으며 명예가 회복된 사람들이 있다는 사실에 대해서는 입을 다문다. 아메리카를 식민지화하려고 종교, 특히 가톨릭의 이름으로 아메리카 인디언들을 학살하고 그들의 영혼과 인권을 부인했던 사실을 거론하면 기독교인은 뭐라고 대답할까? 아마도 껄껄 웃으며 '젊은 목사로 쿠바 정복에 가담한 바르톨로메 데 라스카사스Bartolomé de Las Casas'에 대해 언급할 것이다. 그러나 그가 이론적으로는 인디언들을 옹호했지만 실상은 과테말라인들의 책을 불살랐다는 사실에 대해서는 입도 뻥긋하지 않을 것이다. 게다가 그런 사실을 그가 죽은 뒤에야 알았다면서 쉬쉬하고, 그가 흑인과 인디언이 서로 다를 바 없다고 유언했다는 사실도 묻어버리려 애쓸 것이다.

꾸르안의 율법을 해석하는 주석가, 아야톨라, 물라 등도 예외가 아니다. 그들도 이른바 성전聖典의 모순된 내용들에 의미를 붙이고 일관성 있는 해석을 하기 위해 온갖 머리를 짜낸다. 수천에 이르는 하디스 구절들과 곡예를 벌이고, 심지어 이미 폐기되거나 폐기되어 가는 구절로 마무리 짓는다! 유대인뿐 아니라 꾸르안을 곧잘 인용하는 비무슬림마저도 증오하는 이유에 대해 물으면 그들은 뭐라고 대답할까? 아마도 '딤마dhimma' 제도를 언급하면서 비무슬림도 보호받을 권리가 있음을 인정하고 있다고 대답할 것이다. 그러나 딤마 제도가 '지즈야jizyah', 즉 세금을 충실히 납부한 후에야 보장된다는 사실까지 구태여 밝히지는 않는다. 하지만 그런 식의 관용이라면 보호해준다는 명목으로 장사꾼들을 공갈·협박해서 돈을 뜯어내는 조직폭력배와 다를 게 뭐가 있겠는가!

이렇게 망각하고 왜곡하고 합리적 분석보다 순종을 미덕으로 삼으면서, 종교는 알맹이는 어디론가 없어지고 껍데기만 남아, 어떤 형이상학적 이론이나 사회학적 이론과도 타협하는 모호한 태도를 취한다. 예컨대 마르크스주의자를 자처하면서도 계급투쟁을 부인하고, 따라서 프롤레타리아독재를 포기하는 식이다. 이런 식으로 유대인, 기독교인, 무슬림은 각자의 형편에 맞춰 도덕관을 만들어낸다. 달리 말하면, 경전의 내용 중 편의에 따라 뺄 것은 빼고 지킬 것은 지키면서, 그들의 종교 전체가 추구하는 본연의 의미는 무시한 채 공동체의 소속감만을 더해주는 게임의 규칙이 만들어지는 것이다. 따라서 종교의식은 눈에 띄게 사라졌지만 지배 에피스테메는 더욱 강화되는 이중적 양상을 띤다. 굳이 이름을 붙인다면 기독교적 무신론 정도라고 할까?

기독교적 무신론

오랫동안 무신론자는 성직자와 모든 점에서 정반대의 길을 걸었다. 무신론자는 신을 부인하면서도 때로는 성직자들의 나쁜 습관과 버릇을 받아들였다. 이제까지 무신론을 표방한 단체들의 종교적 성격은 별다른 관심의 대상이 아니었다. 자유사상가들의 예배, 이단적 성격을 띤 합리주의자들의 모임, 제3공화국을 모델로 한 비밀결사들을 분석하자는 것이 아니다. 하지만 들뢰즈가 '조용한 무신론athéisme tranquille'이라 칭한 것에 관심을 가질 필요가 있다. 달리 말하면 신을 부인하고 투쟁하는 소극적 수준을 넘어서, 신과 전쟁을 벌인 후에 구축해야 할 실증적 제안까지 제시하는 적극적 무신론을 뜻한다. 요컨대 신을 부인하는 것이 최종 목표가 아니며, 신의 부정은 기독교 이후 시대의 윤리, 즉 순수한 세속인의 윤리를 세우기 위한 하나의 수단에 불과하다.

기독교 이후 시대의 무신론은 어떤 모습이어야 할까? 개략적인 윤곽을 그려보기 위해서라도 우리가 현 시점에서 극복해야 할 과제를 살펴본다면, 이른바 '기독교적 무신론athéisme chrétien'이다. 더 쉽게 말하면 하느님이 없는 기독교이다. 말도 안 되는 헛소리처럼 들릴지 모르지만, 기독교적 무신론은 엄연히 존재한다. 하느님을 부인하면서도 기독교적 가치의 우월성과 복음의 도덕적 성격을 인정하는 기독교적 무신론은 도덕과 초월성의 분리를 전제로 한다. 선善을 위해 하느님과 천국이 반드시 존재해야 하는 것은 아니다. 즉, 관념적인 근거가 필요한 것이 아니다. 선은 그 자체로도 충분히 존재할 수 있으며 내재적 필연성을 갖는다. 이에 따라 인간이 공존하는 데 필요한 게임의 규칙과 행동 법칙 등이 만들어진다.

신학은 이제 도덕의 주춧돌이 아니며, 그 역할은 철학에 넘어갔다. 유대교·기독교가 수직적 논리를 전제로 했다면, 즉 밑바닥에 있는 인간이 높은 곳에 있는 고결한 가치를 추구해야 하는 당위를 가르쳤다면, 기독교적 무신론은 수평적 전개를 원칙으로 삼는다. 달리 말하면 합리적으로 추론될 수 없는 것은 인정하지 않으며, 감각으로 인지할 수 있는 현실 세계에 초점을 맞춘다. 따라서 신은 존재하지 않는다. 미덕은 계시로 주어지는 것이 아니며, 하늘에서 뚝 떨어지는 것도 아니다. 미덕은 공리적이고 실리적인 추론으로 결정된다. 인간은 스스로 법을 만들 수 있기 때문에 지구 밖의 초능력자에게 율법을 정해달라며 애걸할 필요가 없다. 이런 점에서 기독교적 무신론자와 믿음의 기독교인은 구분되어야 마땅하다.

그렇다고 서로 공통점이 없는 것은 아니다. 성직자와 철학자, 바티칸과 칸트, 복음과 『실천이성비판』, 테레사 수녀와 폴 리쾨르Paul Ricoeur, 기독교의 이웃 사랑과 『신 인간 혹은 삶의 의미L'Homme-Dieu』를 통해 릭 페리Luc Ferry가 주장한 초월적 휴머니즘, 기독교 윤리와 앙드레 콩트 스퐁빌André Comte-Sponville의 미덕은 동일한 토대에서 진화한 것이다. 자비, 절제, 긍휼, 연민, 겸손, 이웃사랑, 용서, 왼뺨을 맞으면 오른뺨을 내밀라는 예수의 가르침, 무소유, 권력과 명예와 부는 헛된 것이며 진정한 지혜를 얻는 데 방해물일 뿐이라는 금욕적 세계관 등에서 발전한 것이다. 이론적으로는 누구나 말할 수 있는 멋진 말들이다.

기독교적 무신론은 육신을 혐오하는 바울에 동의하지 않는다. 욕망과 쾌락, 충동적 욕구와 정념情念을 거부하는 바울의 가르침에도 동의하지 않는다. 하느님을 믿는 기독교인들에 비해 훨씬 개방적인 성도덕을 채택하면서 칸트와 스피노자로 돌아가자는 기독교적 무신론자들, 요컨대 복음의 가르침으로 돌아가자고 주장하는 기독교적 무신론자들은 이 시대의 허무주의를 치유하는 데에 기독교 이후 시대를 준비하는 노력까지는 필요 없다고 생각한다. 시대를 너무 앞질러가는 것이라면서 그리스도가 남긴 메시지를 내재적 관점에서 다시 읽는 것으로 충분하다고 주장한다. 이렇게, 하느님이 없는 기독교에 필요한 이론적 틀을 제시해준 학자들로는 블라디미르 얀켈레비치 Vldimir Jankélévitch(『미덕론』), 엠마누엘 레비나스Emmanuel Levinas(『타자 윤리학』과 『전체와 무한』), 오늘날에도 버젓이 살아 있는 베르나르 앙리 레비Bernard-Henri Levy(『신의 유언』), 알랭 핑켈크로트Alain Finkiel-kraut(『사랑의 지혜』) 등이 있다.

포스트모던 무신론

　　　　　기독교적 무신론을 극복해야 진정한 무신론, 즉 '무신론적 무신론athéisme athée'이 가능하다. 동어반복처럼 들릴 수도 있지만, 신을 부인하는 동시에 신에서 비롯된 가치의 일부까지 부인하려면 반드시 필요하다. 또한 에피스테메를 혁명적으로 바꾸고, 허무주의를 벗어나 기독교 이후 시대의 토대 위에서 새로운 윤리와 정치를 만들어가기 위해서도 필요하다. 교회를 정비하자는 뜻도, 교회를 없애버리자는 뜻도 아니다. 이미 많은 신을 섬기고 있는 곳에서 지적으로 안주하기를 거부하는 사람들을 위해서 다른 곳에서 다른 식으로 다른 것을 만들어가자는 뜻이다.

　포스트모던 무신론은 신학과의 관계를 끊었다. 심지어 과학과의 관계도 끊으면서 새로운 윤리를 만들어가려 한다. 신도 없고 과학도 없으며, 관념적인 천국도 없다. 수학공식의 나열도 없다. 토마스 아퀴나스, 오귀스트 콩트, 마르크스 등의 이름은 포스트모던 무신론에서 지워졌으나, 철학, 이성, 효용效用, 실용주의pragmatism, 개인과 사회의 쾌락주의hedonism 등은 인정된다. 모든 것이 순수한 내재성의 원리에 따라 변한다. 그것도 신에 의해, 신을 위해 변하는 것이 아니라 '인간의, 인간에 의한, 인간을 위한' 원칙에 따라 변한다.

종교보다 인간을 우선시하는 철학은 『의무론Deontology』 같은 뛰어난 저서를 남긴 제레미 벤담Jeremy Bentham과 그의 제자인 존 스튜어트 밀John Stuart Mill을 중심으로 영국에서 시작되었다. 두 사람은 '지금과 여기'를 중시하는 철학의 틀을 세웠다. 그들은 아담하지만 편하게 살 수 있는 공간을 목표로 삼았으며, 독일의 관념론처럼 겉보기에만 멋있지 정작 쓸모는 없는 철학은 거부했다. 그들은 사람들이 몸을 부대끼면서도 살아가도록 하는 철학을 만들었다.

아퀴나스

카를 마르크스

그들에 따르면, 하나의 종교 내에 신자와 불신자가 있기 때문에 선과 악이 존재하는 것은 아니다. 효용성과 최대 다수의 최대 행복이란 관점에서 선과 악이 존재한다. 따라서 내재성을 탈피한 쾌락주의적 계약이 있을 때 상호주관성이 가능할 수 있다. 쾌락주의적 계약이 생각과 행동을 지배할 때 신과 종교, 성직자에게서 완전히 해방될 수 있다. 선하고 정의로우며 올바른 행동을 유도하기 위해 사람들을 지옥으로 협박하고 낙원으로 유혹할 필요가 없다. 죽은 후의 보상과 징계를 들먹일 이유가 없다. 초월적 징계도 없고 의무도 없는 새로운 윤리는 이렇게 탄생했다.

무신학의 목표

무신학은 다음의 세 가지 목표를 갖는다. 첫째는 세계를 지배하는 세 일신교를 해체하는 것이다(2부 참조). 다시 말해, 지리적·역사적으로 서로 다른 모습을 띠고, 각 종교의 신봉자들이 수세기 전부터 서로를 증오하고 있으며, 겉으로는 모세의 율법, 예수의 가르침, 무함마드의 말씀 등을 내세우면서 서로 화합할 수 없다고 하고, 세 종교가 하나의 문제를 두고 10세기 이상 동안 서로 다른 길을 걸어왔다고는 하지만, 세 종교가 근본적으로는 하나의 종교라는 사실을 증명하는 것이다. 세 종교는 정도의 차이가 있을 뿐 본질적으로는 같은 종교에서 분파된 것에 불과하다.

그럼 그 근본이 어디까지 달라졌을까? 하느님 말씀의 수탁자이자 주석가로 자처해온 사람들, 즉 성직자들은 오랫동안 증오심을 부추겨왔다. 순종과 복종을 강요하면서 지적 판단에 대한 증오심을 부추겼고, 삶에 대한 증오심을 부추겼다. 또한 내세의 삶은 의미와 진리로 가득하고 확신과 기쁨이 있는 고귀한 삶이라 찬양하면서 이승에서의 삶을 폄하하고 경멸했다. 영원하고 신성하여 모든 가치와 미덕을 지닌 영혼과 달리, 육신에 대해서는 사소한 것에도 썩어 문드러지는 것이라며 증오했다. 게다가 여성을 미워하고, 자유로운 성性을 혐오했다. 이런 점에서 세 종교는 조금도 다르지 않다.

인간이 염원하는 내재적이고 즐거운 삶에 대한 세 일신교의 반발을 철저하게 분석하는 첫 번째 목표가 완성되면, 날조와 집단 히스테리, 거짓말과 허황된 이야기, 그리고 무소불위의 힘을 가진 신화를 교묘하게 변조시킨 원칙을 근거로 하여 각 종교가 어떻게 성립되고 뿌리내리게 되었는지에 대해 집중적으로 살펴보는 것이 무신학의 두 번째 목표다. 무수한 사람들이 똑같은 오류를 반복하는 과정을 통해 거짓말이 진리로 둔갑했다. 그때부터 아무도 그 거짓말을 건드릴 수 없었다. 따라서 진리를 거짓말이라고 주장해대는 자유사상가들은 위험인물이 아닐 수 없었다. 먼 옛날 기독교의 화형식부터 오늘날 무슬림의 파트와(이슬람교 지도자에 의한 율법적 결정)에 이르기까지 다양한 방법이 자유사상가들을 응징하는 데 동원되었다.

신화가 어떻게 조작되었는지를 분석하기 위해서 무신학은 '기독교의 해체'에 초점을 맞출 필요가 있다(3부 참조). 실제로 예수의 이야기는 역사상 한두 세기 정도로 요약될 수 있는 날조된 이야기의 전형이다. 그 시대의 집단 히스테리를 경이로운 변화의 출발점이 된 사내에게 결집시킨 것일 수도 있고, 그 시대 사람들의 지복천년설과 예언, 종말 등을 향한 열망을 모아서 예수라 이름붙인 가공의 인물에 집중시킨 것일 수도 있다. 따라서 예수에 관한 허황된 이야기는 역사적으로 아무런 의미를 갖지 못하고 오로지 방법론적 의미만을 갖는다. 이런 예수의 이야기가 노이로제를 치료할 목적을 가진 타르수스의 바울이라는 작자에 의해 부풀려지고 확산되었다. 게다가 바울은 자신에 대한 증오를 세계에 대한 증오로 뒤바꿔 놓았다. 그뿐 아니라, 무능력과 원한 외에도 자신의 표현대로 '달을 못 채우고 태어난 조산아avorton'의 설움을 개인주의로 변질시켜 지중해 일대에 확산시켰다. 또한 한 사내의 매저키스트적 성향을 수천 명에게 주입시킨 장본인도 바울이었다. 우리가 조금만 사색하는 여유를 갖는다면, 종교적 관점에서의 순종과 복종을 버리고 금지된 행위에 도전하겠다는 의욕을 가진다면, 다시 말해 지혜의 나무에 달린 열매를 맛보겠다고 나선다면 이런 추론은 누구나 가능하다.

기독교의 해체를 위해서는 먼저 이 허구적 이야기가 어떻게 날조되었는지를 분석해야 한다. 이런 노이로제가 전 세계적으로 어떻게 변해갔는지에 대한 분석도 필요하다. 또한 순전히 기회주의적 입장에서 기독교로 개종한 콘스탄티누스의 정치적 변절에 대한 역사적 분석도 필요하다. 콘스탄티누스가 개종하면서 소수의 광신도로 이뤄

이단자의 화형

진 종교에 엄청난 변화가 일어났다. 그들의 편에 선 황제의 개입으로 기도교인은 '박해받는' 소수에서 '박해하는' 다수가 되었다.

콘스탄티누스가 니케아 공의회에서 정식으로 개종을 선포한 덕분에 열세 번째 제자는 전체주의 제국을 조직할 수 있었다. 제국은 비기독교 지역에 기독교 율법을 강제로 시행하면서 문화의 차이를 체계적으로 근절시키는 정책을 추진했다. 종교재판과 화형, 신체적 박해, 재산 몰수, 강제 추방, 살인과 폭력, 다른 신을 섬기는 건물의 파괴, 다른 신을 섬기는 성소와 성물의 모독, 도서관의 방화, 종교의식에 사용되던 건축물을 새로운 기념물로 재건축하거나 아예 허물어뜨리는 만행 등등 일일이 거론하기 힘들 정도였다.

수 세기 동안 막강한 권력을 휘두르며 교황청은 세속의 권력과 결

중세에 빈번하게 시행된 마녀 재판에서
주로 힘없고 나이 많은 여자들이 희생자가 되었다.

탁했다. 오늘날의 신정정치는 이전과는 다른 형태를 띤다. 정작 하느
님은 아무 말이 없는데, 성직자들이 하느님의 말을 대신 전한다며 하
느님의 몫을 요구하는 형태다. 이런 점에서 '신정정치의 해체'가 필
요하다(4부 참조). 하늘은 하느님의 이름으로, 더 정확히 말하면 하느
님의 종이라 자처하는 사람들을 통해서 인간 세상의 일들에 사사건
건 참견한다. 성직자들이 뻔뻔스레 나서서 이승에서 어떻게 행동하
고 생각하고 살아야 하는지를 명령한다. 하느님을 기쁘게 해드려야
한다면서! 게다가 그들은 하느님의 말을 전한다고 자처하면서, 하느
님의 이름으로 행한 행동에 대해서 하나님이 어떻게 생각하는지를
해석할 능력까지 겸비했다고 우겨댄다. 참으로 대단한 사람들이다.

　신정정치를 치유할 묘약은 민주주의에 있다. 민중이 힘을 가질 때,
실질적인 주권이 신의 권위를 앞세운 사람들이 아니라 시민에게 있

십자군의 콘스탄티노플 약탈을 형상화한 그림

을 때 신정정치는 해체될 수 있다. 역사가 증명하듯이, 수 세기 동안
세 일신교는 신의 이름으로 엄청난 양의 피를 강요했다. 그야말로 핏
물이 강을 이루었다. 전쟁, 토벌, 학살, 암살, 식민지 개척, 인종학살
과 문화파괴, 인간 살육, 십자군 원정, 종교재판, 그리고 오늘날 자행
되는 범세계를 대상으로 한 테러 등등.

세 일신교를 해체하고, 유대교·기독교와 이슬람교의 거짓 신화를
깨뜨리고, 신정정치를 와해시켜야 한다. 이 세 가지가 무신학에 주어
진 첫 번째 과제다. 그런 뒤에 무신론자는 새로운 윤리를 만드는 데
전력을 다하고, 기독교 이후 시대를 끌어갈 진정한 도덕적 조건을 구
축해야 한다. 그때가 되면 육신은 더는 더러운 것이 아니며, 이 땅은
눈물의 계곡이 아니며, 삶은 극복하지 못할 불행이 아니고, 쾌락 추
구는 죄 짓는 일이 아닐 것이다. 또한 여성도 저주받은 인간이 아니

고, 지적 판단은 오만이 아니며, 쾌락의 추구가 지옥에 떨어질 가증스런 행위도 아닐 것이다.

여기에 하나가 덧붙여질 수 있다. 죽음의 욕구보다 삶의 욕구가 지배하는 정치다. 다른 사람을 적 또는 타도하거나 억눌러 고분고분하게 만들어야 할 대상, 없애버려야 할 차이라고 생각하지 않게 될 것이다. 오히려 신의 관점을 벗어나 삶의 주체를 확립한 관점, 달리 말하면 혁명적으로 달라진 내재적 관점을 통해 '지금과 여기'에서 상호주체성을 함께 완성해갈 짝으로 여겨질 것이다. 또한 파라다이스도 하늘나라에나 있는 허구의 대상이 아니라, 이 땅에서 이뤄낼 수 있는 이상향이 될 것이다.

2부
일신교

1. 변방 세계의 억압과 종속

일신교의 음흉한 눈

우리가 알기론 신은 동물을 '건드리지' 않았다. 종교에 물들지 않은 동물들은 향이 무엇인지, 성체의 빵이 무엇인지 모른다. 무릎을 꿇고 기도하는 일도 없다. 별을 보면서 또는 성직자 앞에서 희열에 빠지는 일도 없다. 성당을 세우거나 신전을 건설하지도 않는다. 헛된 이야기를 믿고 신을 부르며 하소연하지도 않는다. 스피노자가 상상했듯이, 동물들이 신을 창조했다면 아마도 그들의 형상대로 창조했을 것이다. 당나귀는 큰 귀를 가진 신, 코끼리는 길쭉한 코를 가진 신, 벌은 독침을 가진 신을 만들어냈을 것이다. 어느 날 문득 유일신을 만들어야겠다는 생각이 떠오른 인간 역시 인간의 형상대로 신을 창조했다. 폭력적이고, 시기하며, 복수심에 불타고, 여성을 혐오하며, 공격적이고, 독선적이며, 관용이라고는 찾아볼 수 없는 신은 그렇게 탄생했다. 다시 말해 인간은 죽음의 충동, 즉 인간의 가장 어두운 면을 신으로 빚어냈고, 그렇게 조각한 신을 쉴 새 없이 전속력으로 돌아가는 기계로 발전시켰다.

인간만이 변방 세계, 즉 만신萬神이나 유일신의 세계를 창조할 수 있다. 그래서 인간만이 넙죽 엎드려 몸을 낮추고는 비굴하게 행동한다. 인간만이 허황된 이야기를 조작해내고, 정성스레 조작해낸 이야기를 사실이라고 굳게 믿는다. 그 이유가 무엇이냐고? 코앞의 운명을 그렇게라도 피해보려는 거다! 또 인간만이 허황된 이야기를 곧이곧대로 믿는 맹신자가 되어 어리석고 위험한 짓을 계속해서 저지르며, 그때마다 새로운 핑계거리를 조작해낸다. 게다가 '미련퉁이'의 원칙에 따라 인간만이 죽음에 더 가까이 가려고 발버둥친다. 죽음을 모면해보려고 신을 만들고서도 말이다.

그런데 삶이 죽음과 어울리는 걸까? 죽으면 모든 것이 끝나는데……. 따라서 인간은 '적'을 끌어들여 삶을 내맡긴다. 그리고 매일 규칙적으로 죽음을 원한다. 그래야 약속된 시간이 오면 조금이라도 쉬운 죽음을 맞을 수 있으리라 믿으면서! 세 일신교는 '여기와 지금'의 삶을 포기하라고 가르친다. 언젠가는 모두가 이 가르침을 따를 수밖에 없다는 위협까지 곁들인다. 허상에 불과한 내세의 삶을 자랑스레 선전하면서 이승에서 만끽할 수 있는 즐거움을 방해한다. 이런 허황된 선전에 사람들이 속는 이유는 무엇일까? 종교가 죽음의 충동을 기기묘묘한 형태로 주입시키고 있기 때문이다.

패러독스! 정말 이상한 패러독스이다. 인간은 이승에서의 삶이 시간적으로 한정되었으며, 언젠가 죽게 마련이라는 사실을 깨달았다. 죽음과 죽음 간의 실존이 극히 짧다는 것을 깨달았다. 이 틈새에 종교가 파고들었다. 종교는 존재론적 괴리에 그럴 듯한 답을 내놓았다.

종교의 허황된 답, 요컨대 조작된 신화가 죽음을 피하고픈 인간의 열망을 더욱 가속화시켰다. 거꾸로 말하면 종교는 천국에서의 영원한 삶을 가르치며 이승에 죽음의 절망을 주입시켰다. 이런 식으로 종교는 인간에게 허락된 유일한 장점을 철저하게 없애버렸다. 그것이 무엇이냐고? 유한성을 기꺼이 인정하면서 즐거운 마음으로 죽는 것! 하지만 종교의 헛된 가르침 때문에 계산 착오를 일으킨 인간은 죽을 필요가 없다는 이유로 죽지 않는 지경에 이르렀다. 달리 말하면 한 번이면 족할 죽음을 두 번이나 치르게 된 것이다.

종교는 죽음의 충동에서 시작된다. 존재의 틈새에 파고든 종교라는 음흉한 힘은 그나마 짧은 시간마저 파괴하려 한다. 어떤 것이 활기를 띠는 곳에는 그 움직임을 멈추게 해서라도 균형을 맞추려는 반발이 있게 마련이다. 인간이 활기차게 길을 내고 지하도를 파낼 때 죽음의 힘도 가만히 있지 않는다. 하지만 그런 것이 인간에게 허락된 삶의 방식, 즉 존재의 방식이다. 죽음의 힘은 그 전체를 와해시키기 위해서 인간의 존재 방식을 갉아먹고 망가뜨리려 한다. 세상에 태어난다는 것은 결국 죽기 위한 존재의 의미를 깨닫는다는 뜻이고, 죽기 위해 존재한다는 것은 매일 조금씩 생명의 몫을 떼어내면서 살아가는 것이다. 그런데 종교는 이런 흐름을 막아주는 듯이 떠벌린다. 하지만 꼼꼼히 따지고 보면 그런 흐름을 더욱 가속화시킬 뿐이다.

죽음의 충동이 자아를 향할 때 사람들은 온갖 위험천만한 행동을 저지르며 자살이라도 하려는 듯 자신을 위험에 빠뜨린다. 한편 죽음의 충동이 다른 사람을 향해 폭발할 때는 공격적이고 폭력적인 성향을 띠면서 범죄와 살인을 저지른다. 유일신교가 바로 그렇다. 유일신교는 자아를 증오하고, 육신을 경멸하며, 지적 판단을 불신한다. 또한 인간의 주체성을 부인하는 모든 것에 큰 가치를 부여한다. 또한 다른 종교를 경멸하고 악의적으로 대하며 눈곱만큼의 관용도 베풀지 않는다. 따라서 인종차별, 타민족에 대한 혐오, 식민지배, 전쟁, 사회 부정의를 낳는다. 이는 역사적으로 증명된 바다. 유일신의 이름으로 저질러진 만행이 산을 이루고, 유일신의 이름으로 흘린 피가 강을 이룬다는 사실을 확인하는 것은 어렵지 않다.

죽음의 충동에서 출발하여 동일한 족보를 가지고 있는 세 일신교는 증오하고 경멸하는 모습도 똑같다. 이성과 지적 판단을 증오하고, 자유를 증오하며, 모든 책을 증오한다. 삶을 증오하고 성행위를 증오하며, 여자와 쾌락을 혐오한다. 여성적인 것을 증오하고 몸과 욕망, 충동을 미워한다. 반면에 유대교, 기독교, 이슬람교가 공통적으로 옹호하며 지키려는 것도 있다. 신앙과 믿음, 순종과 복종, 죽음에 대한 관심, 죽음을 뛰어넘은 열정, 성별을 알 수 없는 천사와 순결, 처녀성과 정절, 신부와 어머니, 영혼과 정신 등은 세 종교 모두가 소중하게 여기는 덕목이다. 고행하는 삶과 죽음에 대한 찬양은 언급할 필요도 없다.

지적 판단에 대한 저주

유일신교는 지적 판단을 혐오한다. 대부분의 사람이 서로 무관하다고 여기는 것들을 다시 잇게 하는 힘이 바로 지적 판단이기 때문이다. 한마디로 지적 판단은 뜻밖의 인과관계, 하지만 진실인 인과관계를 찾아내어 합리적이고 설득력 있는 설명을 제시한다. 논리적 추론에 바탕을 두기 때문이다. 조작된 허황된 이야기를 배척하는 지적 판단을 통해 우리는 신화와 동화 같은 이야기를 거부할 수 있다. 죽은 후에 낙원이 우리를 기다리고 있다고? 영혼이 구원받거나 저주받는다고? 모든 것을 알고 모든 것을 보는 신이 있다고? 웃기는 소리다. 지적 판단은 이런 마법적 생각을 거부한다. 올바로 처신하고 생각하며 이성적으로 판단하기 때문이다. 이런 점에서 지적 판단은 무신론자에게 반드시 필요한 조건이다.

짜깁기한 율법, 비유로 미화된 기독교의 하찮은 이야기들, 기독교의 짝퉁인 꾸르안을 신봉하는 사람들은 똑같은 우화를 들먹이며 인간의 타락을 정당화시킨다. 토라와 구약성서에는 창세기(3장)에, 이슬람교는 꾸르안(2장 29절)에 아담과 하와의 이야기가 소개된다. 낙원에서 하느님은 아담과 하와에게 한 나무에 얼씬도 하지 말라고 했다. 그런데 악마가 나타나 하느님의 명령을 지키지 말라고 아담과 하와를 꼬드겼다. 그리스의 판도라 신화를 그럴 듯하게 각색한 이 이야기는 최초의 여자가 돌이킬 수 없는 죄를 저질렀고, 그 행동이 전 세계에 악의 씨를 뿌렸다는 내용을 담고 있다.

제정신으로 읽으면 황당무계한 이야기에 불과한 이 이야기가 문명 세계에 어마어마한 결과를 남겼다. 여성과 육신을 증오하고, 죄책감에 시달리며 회개하고, 인간으로서는 불가능한 속죄의 길을 찾으면서, 운명에 순종하는 결과를 낳았다. 게다가 죽음을 찬양하고 고행하는 삶을 달갑게 받아들이는 모순도 낳았다. 따라서 죽음의 충동은 더 커질 수밖에 없었다.

앞의 이야기에는 어떤 의미가 숨겨져 있을까? 신은 최초의 부부에게 지혜의 나무에 달린 열매를 금지시켰다. 여기에는 감춰진 의미가 있으며, 그 의미를 정확히 찾아내기 위해서는 성직자가 필요하다! 여하튼 성서에서는 "이 열매를 먹으면 눈이 밝아져서 하느님같이 되어 선과 악을 구분할 수 있게 된다."고 분명히 밝히고 있다. 창세기 3장 6절은 '지혜롭게 할 만큼 탐스런 나무'라고 표현하기도 했다. 하느님의 명령을 어긴다는 것은 순종보다 지혜를 택하겠다는 뜻이다. 맹목적인 순종보다 새로운 것을 알겠다는 의지를 드러낸 것이다. 달리 말하면, 종교보다 철학을 택하겠다는 뜻이다.

지적 판단을 금지할 이유가 무엇일까? 여기에는 무슨 의미가 담겨 있을까? 마법의 동산에서 아담과 하와는 무엇이든 할 수 있었다. 다만 지혜의 나무에 대한 접근이 금지된 그들은 지적 존재가 될 수 없었으며, 생명의 나무에 접근할 수 없는 그들은 영생할 수 없었다. 그럼 하느님은 인간에게 어떤 운명을 준 것일까? 저능아처럼 살다가 적당한 때 죽으라는 운명? 자기가 직접 창조한 생명체에 이런 선물을 줬다는 것은 납득하기 어렵다. 아담은 낙원에 감춰진 음모, 즉 바보처럼 아무 생각도 없이 편안하게 살다가 죽으라는 음모를 즉각 눈치 채지 못했지만, 하와는 지혜를 택했다. 그런 하와는 찬양받아 마땅하다!

여자가 금지된 열매를 깨물어 먹으면서 인간에게 불행이 닥쳐왔다. 이런 불행으로 인간은 무엇을 깨달았을까? 바로, 현실이다! 그들은 자신들이 발가벗은 몸이며 자연의 일부라는 현실을 깨달았다. 지혜를 얻은 그들은 문화의 한 부분이 되었다. 적어도 무화과 잎으로 성기 가리개를 만들 수는 있었다. 포도나무 잎이 아니라 무화과 잎으

아담과 하와

로! 그리고 힘겹고 냉엄한 일상, 비극적인 운명, 성기의 차이, 남자와 여자를 영원히 갈라놓은 심연, 힘든 노동을 피할 수 없는 현실, 고통이 따르는 분만, 그리고 죽음의 필연성을 깨달았다.

하느님은 죄를 범한 아담과 하와가 영생까지 욕심낼까봐 두려웠다. 생명의 나무는 지혜의 나무의 바로 옆에 있었다. 선하고 온화하며 너그러운 사랑의 하느님은 아담과 하와를 단호하게 낙원에서 쫓아냈다. 그후로 우리는 여기까지 왔다.

여기서 얻을 수 있는 교훈은 다음과 같다. 신앙과 믿음, 신의 위로, 종교의 허무맹랑한 이야기 등을 거부하면, 다시 말해 알기를 갈망하며 지혜의 길을 택하면 현실은 우리에게 본연의 모습, 즉 비극적인 모습으로 나타난다. '지금과 여기'에서의 삶이라는 인간이 누릴 수 있는 유일한 즐거움을 외면한 채 순간적인 위로를 받으면서 산송장처럼 사느니, 절망에 빠지더라도 우리의 삶을 완전히 살아가는 편이 훨씬 낫지 않을까?

금지 목록

하느님은 지혜와 생명의 과일을 금지시키는 것으로 끝나지 않았다. 그날 이후로 하느님은 사람들 앞에 나타날 때마다 뭔가를 금지시켰다. 일신교는 금지하고 독촉하는 것으로 명맥을 유지했다. 할 것과 하지 말 것, 말할 것과 말하지 말 것, 생각할 것과 생각하지 말 것, 행할 것과 행해서는 안 될 것, 금지된 것과 허락된 것, 적법한 것과 부적법한 것, 옳은 것과 그른 것……. 이렇듯 경전은 살아가는 법, 먹는 법, 행동하는 법, 제사지내는 법 등에서 금지된 것과 허락된 것을 잔뜩 나열하고 있다.

이유가 무엇일까? 금지를 통해서만 순종의 정도를 가늠할 수 있기 때문이다. 금지된 것이 많을수록 잘못을 범할 가능성이 커지며 완벽하게 행동할 가능성은 줄어든다. 다시 말해, 죄지을 가능성이 커지는 것이다. 따라서 금지는 사람들을 다루기에 매우 효율적인 심리 수단이다. 하느님도 그렇지만 하느님을 앞세운 성직자들에게도 그렇다.

우리 모두는 항상 순종하며 따라야 할 것이 무엇인지, 어떻게 행동해야만 하는지에 대해 끊임없이 되새기고 있다. 종교가 그렇게 독촉하고 세뇌시키고 있기 때문이다. 하와처럼 행동해서는 안 되며, 아담처럼 유일한 하느님의 뜻에 순종해야 한다고 가르친다. 어원이 가르치는 바도 같다. 이슬람Islam은 '순종soumission'을 뜻한다. 인간 스스로의 지적 판단을 포기하는 편이 인간에게 금지된 것을 순종하는 것보다 낫다는 의미일까? 인간은 하느님의 목소리를 제대로 듣지 못할 뿐 아니라, 아예 듣지 못하기 때문에 그렇다고 한다!

그렇다면 성직자가 오만하게 자신의 이름으로 금지시키고 적법 ·

부적법한 것으로 구분한 것 이외에 하느님이 먹고 입고 제사지내는 법 등에서 바람직하다고 보는 것들을 어떻게 드러낼까? 율법과 규칙이다. 율법과 규칙에의 순종은 곧 하느님에게의 순종을 뜻한다. 하지만 더 정확히 말하면 하느님으로부터 권한을 위임받았다는 성직자에게 순종하는 것이다.

에덴 동산에서 하느님은 아담과 하와에게 직접 말했다. 신과 그의 창조물이 직접 대화를 나눌 수 있는 축복받은 시대였다. 하지만 낙원에서 쫓겨나면서 관계가 끊어졌다. 인간의 일상적이고 사소한 것에도 간섭하고 싶어진 하느님은 그때부터 하늘나라 이외에 이 땅의 모든 곳을 들쑤시고 다니면서 간섭하고 협박한다. 그런 하느님의 뒤를 따라 악마까지 어둠 속에서 기회를 엿본다.

일신교의 본질은 몇 가지 일화에서 잘 드러난다. 예컨대 유대인은 갑각류를 먹지 않는다. 하느님이 지느러미와 비늘이 없는 동물, 게다가 뼈를 외부에 고스란히 드러내는 동물을 싫어하기 때문이라고 한다. 기독교인도 부활절 직전의 금요일에는 고기를 먹지 않는다. 쉽게 말하면 예수가 십자가에서 헤모글로빈 과다로 고통 받는 날에는 고기 섭취를 스스로 금한다. 무슬림도 예외가 아니다. 그들은 순대의 맛을 모른다. 왜냐하면 먹지 않으니까! 이 정도의 예만으로도 그들의 믿음과 신앙, 신을 향한 경건함과 헌신을 보여주기에 충분하다.

적법한 것과 부적법한 것의 나열은 토라와 탈무드에서 특별한 위치를 차지한다. 꾸르안에서도 그렇지만 하디스에서는 특히 중요한 위치를 차지한다. 기독교의 경우에 적법한 것과 부적법한 것을 나열하는 데에는 바울의 영향력이 큰 작용을 했다. 기독교의 레위기와 신명기에서 금지하고 의무화시킨 여러 규칙들, 즉 식탁의 사용법, 침대에서의 처신, 농사짓는 법, 옷을 짓는 천의 종류와 색, 시간의 사용법 등과 같은 삶과 관련된 모든 규칙들은 바울 덕분에 무차별적으로 받아들여지지 않았다.

기독교는 포도주와 돼지고기는 물론이고 어떤 음식도 금하지 않는다. 특별한 옷을 강요하지도 않는다. 그래서 기독교 공동체는 편집광적인 금지보다 복음의 메시지를 강조하는 듯 보인다. 그래서 레위기 21장 16절 이후에서 여호와는 모세에게 몸에 흠 있는 사람은 성소 출입을 금하게 하라고 명령하지만, 기독교인들은 맹인, 절름발이, 외모가 흉측한 자, 불구자, 꼽추라고 해서 성직자가 되지 못한다고는 생각지 않는다. 대신 바울은 적법한 것과 부적법한 것의 나열을 성차별로 뒤바꿔놓았다. 이런 점에서 사도행전은 구약성서에서 신약성서로 넘어가는 전환점이라 할 수 있다.

유대인과 무슬림은 일상의 삶과 하느님이 밀접한 관계를 맺고 있다. 그들은 눈을 뜬 순간부터 잠자리에 들 때까지 먹어야 할 것과 먹지 말아야 할 것, 옷 입는 방법 등에서 항상 신을 생각한다. 어떤 무의미한 행동을 할 때에도 신의 말씀을 융통성 있게 해석하는 일이 허락되지 않는다. 개인의 판단과 생각은 허용되지 않으며, 무조건적인 순종만이 허용될 뿐이다. 행동의 자유가 부인되고, 필연성이 지배하며, 적법한 것과 부적법한 것을 구분하는 논리를 따져서는 안 된다. 자유의지를 포기하는 일이 충성스런 행동이자 경건한 삶의 증거라고 칭찬받는다. 온몸을 던져서 충성하라, 그리하면 낙원이 그대를 기다릴지어다!

정결과 강박관념

　　　　　적법한 것은 정결한 것이며 부적법한 것은 부정不淨
한 것이다. 그런데 무엇이 정결한 것이고 무엇이 부정한 것일까? 누
가 정결한 사람이고 누가 부정한 사람일까? 대체 어떤 사람이 그 기
준을 결정할까? 또 그 결정을 누가, 무엇을 기준으로 허락하며 정당
화시킬 수 있을까? 정결하다는 것은 불순물이 섞이지 않고 순수하다
는 뜻이며 혼합의 반대말이다. 일신교의 주장에 따르면 유일한 것,
하느님, 낙원, 이상, 정신이 정결한 것이며, 다양한 것, 복합적인 것,
세속의 세계, 현실세계, 물질, 육신, 살은 부정한 것이다. 세 일신교
는 세쌍둥이처럼 이런 세계관을 공유하면서 이승의 물질성을 형편없
이 깎아내린다.

　탈무드에서 부정한 것으로 규정된 것들은 나름대로 타당성을 가지
며 삶의 실질적인 지혜가 반영된 듯하다. 그들이 시체, 썩은 고기, 몸
의 배설물, 문둥병을 부정한 것이라 규정한 것은 나름대로 이해가 간
다. 상식적으로도 부패와 질병은 위험한 것으로, 공동체에 치명타를
안겨줄 수 있다는 정도는 이해하기 쉽다. 학질, 질병, 전염병, 성병
등은 효과적인 민중의학을 동원해서 예방해야 하는 것이 당연하다.
요컨대 병에 걸리는 않는 것이 재산을 지키는 지름길이다.

　부정한 것은 전염되는 법이다. 일정한 지역 내에서, 천막 안에서,
집안의 물건을 통해서 전염된다. 부정한 사람과의 접촉은 좋지 않은
영향을 받기 쉽기 때문에 정결과 세정洗淨을 통해서 공동체 전체가
위험에 빠지는 것을 막아야 하는 일이 당연하겠지만, 부정한 것들의
목록 중에는 이해가 되지 않는 것들이 있다. 달거리를 하는 여자와

나란히 걷는 일이 정말로 위험할까? 갓 출산한 여자의 옆에 눕는다고 무슨 문제가 있는 것일까? 물론 임질과 매독 등 위험한 질병을 의미하는 비정상적인 분비물을 두려워한 것은 충분히 이해되지만, 달거리와 출산에 따른 피까지 더럽게 여긴 것은 납득하기 어렵다. 달거리와 출산을 통해서 여자가 자식을 낳지 않을 수도 있다면, 여자도 임신 걱정 없이 자유롭게 섹스를 즐길 수 있을 것이다. 하지만 그것은 금욕적 삶을 이상으로 삼고 인구 변동을 눈곱만큼도 걱정하지 않는 랍비들이 받아들이기에는 어려운 가정인 듯 보인다.

무슬림도 많은 점에서 유대인과 비슷한 생각을 갖고 있다. 특히 정결에 대해서는 병적인 집착을 보인다. 그들의 생각을 한마디로 요약하자면, 몸은 존재한다는 자체로 부정한 것이며, 따라서 몸은 항상 깨끗하게 유지해야 한다. 거의 강박관념 수준이다. 그들에게 할례는 필수이고, 수염과 머리카락도 매일 말끔하게 관리해야 하며, 손톱과 발톱도 적당하게 짧아야 한다. 종교의식을 거치지 않은 음식의 섭취는 물론이고 개와의 접촉도 금물이다. 돼지고기와 술은 입에 대서도 안 된다! 오줌, 피, 땀, 침, 정자, 똥을 가까이 하는 것도 피해야 한다.

그들은 예방, 위생, 청결 등 합리적인 이유를 들먹이며 이 모든 것을 합리화시킨다. 하지만 낙타고기는 먹으면서 돼지고기는 금지하는 이유를 모르겠다. 그들에게 나쁜 기억을 안겨준 로마 군단의 문장이 돼지였다는 주장도 있고, 인간의 쓰레기를 무작정 먹어대는 잡식성 때문에 돼지고기를 금지한다는 주장도 있다. 그럼 개에 대한 혐오는? 개가 갑자기 달려들어 물어뜯을 위험도 있고 광견병도 조심해야 하기 때문이란다. 알코올의 금지는 이슬람 문화권이 주로 사막의 뜨거운 지역에 위치해 있으므로 빈둥대면서 휴식을 취해야 하고 수시로 물을 마셔야 하는 환경 탓이라 여겨진다. 하기야 예측할 수 없는 결과를 낳을 위험이 있는 술보다는 물이나 차를 많이 마시는 것이 훨씬 낫기는 하다. 이런 점에서 앞의 것들에 대한 금지는 나름대로 합리적인 이유를 갖는다.

그러나 이러한 사항들을 일반적인 관습으로 남겨두지 않은 이유가 무엇일까? 달리 말하면 상식적으로 납득할 수 있는 예방법들을 구태여 엄격한 규칙, 절대로 어길 수 없는 율법으로 만들어서 지키지 않으면 저주를 받을 것이라고 협박한 이유가 무엇일까? 깨끗이 씻어야 한다는 데 이의를 제기할 사람은 없다. 특히 수세시설, 흐르는 물, 위생적인 하수시설, 정화조, 소독 약품이 없던 시대와 지역에서는 더욱 그렇다.

그러나 하디스는 항문을 씻는 법까지 자세하게 규정하고 있다. 돌세 개 이상을 사용하지 마라. 찌꺼기(?)와 뼈(?)를 이용하지 마라. 도무지 무슨 뜻인지 정확히 알 수가 없다. 여기서 끝이 아니다. 메카 쪽으로 오줌을 누지 마라! 기도하기 전에는 몸을 깨끗이 닦아라. 전립선액, 방귀, 오줌, 똥, 월경의 피를 함부로 배출하지 말라고도 한다. 이슬람과의 관계를 끊는 원인이기 때문이란다. 월경 중인 여자와는 성관계를 갖지 마라, 항문성교도 하지 말라는 내용도 있다. 생식과는 관계없는 섹스이기 때문이란다. 어쨌든 이런 금지에서 합리적인 이유를 찾기란 어렵다.

죄로 얼룩진 몸

유대인과 무슬림이 앞을 다퉈 금지한 내용들은 서로 너무나 비슷하다. 그들에게 몸은 곧 부정不淨한 것이라는 생각이 없었다면 이런 금기들을 대체 어떻게 이해할 수 있을까? 더럽고 불결한 몸, 감염된 몸, 천한 몸, 음욕에 사로잡힌 몸, 더러운 냄새를 풍기는 몸, 끈적끈적한 몸, 병든 몸, 죽은 몸, 개처럼 아무 곳에나 굴리는 몸, 여자의 몸, 배설물로 가득한 몸, 동성애를 즐기는 몸, 아기를 낳지 못하는 몸, 혐오스런 몸……. 몸에 붙는 수식어들은 한결같이 이런 식이다.

하디스는 손과 몸을 씻는 세정식을 습관화하여 몸을 청결히 할 필요성을 역설한다. 세정식을 자주 할수록 영광의 몸이 되어 하늘나라로 갈 가능성이 높아진다고 주장한다. 그래야만 부활의 날이 이르렀을 때 기도용 매트에 엎드린 몸이 환히 빛나며 다시 태어난단다. 검은 살갗의 몸에 하얗게 작열하는 혼이라! '정결과 부정'을 '적법과 부적법'에 기계적으로 대입시키는 가련한 중생들에게 천국의 혼이 이처럼 멋지게 빛난다고 가르치고 있는데, 순박하기 이를 데 없는 영혼들 중 어느 누가 지상에서 죄로 얼룩진 몸을 갖고 싶어하겠는가? 몸을 더럽다고 생각지 않을 사람이 누가 있겠는가?

얄궂게도 정결 의식은 몸을 존중하는 기회를 제공한다. 순서까지 꼼꼼하게 정해놓은 기계적인 기도 방식에서 각 신체 기관은 고유한 위치를 갖는다. 알라를 속일 생각은 애초부터 버려야 한다. 어떤 것도 알라의 눈에서 벗어날 수 없다. 물, 돌, 모래, 흙 등 기도에 사용되는 물질에 특별한 역할이 부여되고 온 몸에 번호가 붙는다. 무조건 쓰여진 대로 해야 한다. 손가락, 손목, 앞 팔, 팔꿈치, 이렇게 세 번! 아참, 뒤꿈치도 잊어서는 안 된다. 그냥 넘겼다간 곧바로 지옥행이다.

　그만큼 몸의 청결을 강조한 것이라고 긍정적으로만 해석해도 되는 것일까? 옷에 오줌 자국이 묻지 않도록 조심하고, 화장실에서 쓰는 손과 식사 때 쓰는 손을 구분하라는 가르침에는 고개가 끄덕여진다. 하지만 신발 위에 발을 올려놓고 씻어도 괜찮고, 양말을 신은 채 발을 씻어도 괜찮다고 허락한 구절에서는 한 줌의 기대마저 허물어져 버린다. 요컨대 신은 순전히 위생만을 목적으로 청결을 요구한 것이 아니다. 거기에는 분명히 다른 목적이 있다!

　몸의 청결은 기도와 밀접한 관계를 갖는다. 이슬람교도들은 무슬림 성직자가 미나레트minaret 꼭대기까지 올라가 알리는 신호에 맞춰 하루에 다섯 번씩 기도를 해야 한다. 자기를 위한 시간이 아니다. 몸의 청결을 위한 시간은 더더욱 아니다. 잠을 자고 잠을 깨는 시간도 그 신호에 맞춰야 한다. 하루의 일과도 마찬가지다. 기도를 위해서는 모든 것을 중단해야 하기 때문이다. 게다가 다른 사람들과 줄까지 맞춰야 한다. 그것이 공동체의 질서와 조직, 그리고 화목을 의미하기 때문이다. 이런 의식에서 여자는 제외된다. 그리고 연장자가 앞줄을 차지한다. 무릎을 꿇고 엎드리는 방법도 엄격한 규칙에 따라야 한다. 이마, 두 손, 두 무릎, 두 발의 끝, 이렇게 일곱 군데의 뼈가 바닥과 닿아야 한다. 이맘을 괴롭힐 생각은 없지만 문득 이런 생각이 든다. 한 발이면 발가락이 다섯이고, 두 발이면 열인데, 엄지발가락은 바닥에 대는 걸까? 조금만 생각해도 일곱 뼈는 잘못된 듯하다.

　금지되는 자세도 있다. 인체공학적으로 적합지 않은 자세라서가 아니다. 절을 하고 무릎을 꿇을 때도 마찬가지다. 모든 몸짓이 규칙에 따라서 정확히 이뤄져야 한다. 인체공학과는 무관하다. 순종하고 복종하는 마음을 보여주는 것이 중요할 뿐이다. 이런 사소한 것도 즐겁게 따르는 모습을 열정적으로 보여주지 않으면 진정한 무슬림이라고 할 수 없다. 사소한 것들에도 알라가 깃들어 계시기 때문이다. 참, 천사는 마늘을 좋아하지 않는다는 것을 잊지 마라. 젤라바djellaba(북아프리카 아랍인이 주로 입는 옷으로, 모자가 달렸고 소매가 길다)에 마늘을 넣고 모스크 주변을 얼씬대거나, 마늘 냄새가 밴 뷔르누스burnous(모로코 전통의상)를 입고 모스크에 들어갈 생각은 꿈도 꾸지 마라!

2. 지적 판단의 화형식

비밀 작업실

일신교는 지적 판단과 지식을 증오하고, 생각하기에 앞서 순종하며, 적법·부적법, 정결·부정 등의 이분법적 논리로 자아에 대한 자유로운 의식보다 순종과 복종을 강요했다. 이 모든 것이 성문화되어 책으로 꾸며졌기 때문에 일신교는 '책'의 종교라 할 수 있다. 하지만 세 권의 책은 서로를 비방하고 헐뜯는 듯하다. 바울 신학의 신봉자들은 토라를 그다지 좋아하지 않고, 무슬림은 탈무드와 복음서를 달갑게 생각지 않는다. 모세 5경의 신봉자들은 신약성서와 꾸르안을 짝퉁으로 여긴다. 물론 세 책 모두 이웃을 사랑하라고 가르친다. 정말로 그들이 아브라함에 뿌리를 둔 종교의 형제들인지가 의심스런 지경이다.

이른바 '성서'라고 일컬어지는 책들은 역사의 매우 기본적인 법칙에 따라 만들어졌다. 또한 언어, 역사, 철학, 상징, 풍자의 눈으로도 접근할 수 있다. 영감을 받아 쓰여지고, 하느님의 말씀을 받아 적었다는 이 책들은 여러 가지 방법으로 접근할 수 있다. 하여간 어떤 책도 천계天啓의 책은 아니다. 그럼 대체 누가 이 책들을 만든 것일까? 페르시아의 우화나 아이슬란드의 무용담과 마찬가지로 이 책들도 하늘에서 뚝 떨어진 것이 아니다.

토라는 일반적인 속설처럼 오래된 책이 아니다. 모세는 실존 인물인지조차 불확실하다. 여호와가 자신의 말을 받아 적게 했다고? 하지만 모세 시대에는 그럴 만한 문자가 없었다! 복음서의 저자들은 예수를 직접 만난 적이 없으며, 이른바 정경正經은 정치적 결정의 산물이다. 콘스탄티누스 황제에게 전권을 위임받은 카이사레아의 에우세비오스Eusebios가 27편의 글로 한 권의 정전을 만들어냈으며, 그 뒤로 한 번도 바뀐 적이 없다. 요컨대 우리는 4세기 초에서 한 걸음도 내딛지 못한 셈이다. 게다가 신약성서에 포함된 글들보다 외경外經으로 분류된 글들이 더 많다. 꾸르안도 무함마드가 쓴 책이 아니다. 그가 죽고 나서 25년 후에야 탄생한 것이 꾸르안이다. 무슬림이 두 번째로 소중히 여기는 책인 하디스는 9세기에서야 세상에 선보였다. 예언자 무함마드가 이 땅을 떠난 지 두 세기가 훌쩍 지난 후였다. 세 신의 그림자에서 인간의 은밀한 준동이 있었음이 읽히는 대목이다.

책을 억누르는 '책'

꾸르안에 절대적인 권위를 부여하기 위해 메디나의 지배자이던 마르완은 세간에 나돌던 꾸르안의 모든 판본을 걸어 들여 한 판본만을 남기고는 모두 파괴하고 태워버렸다. 기록의 충돌을 피하고 인간이 조작한 흔적을 없애버리기 위한 야만적 행위였다. 하지만 한 판본이 화형식에서 다행히 살아남았고, 아프리카의 일부 나라에서는 아직도 소중히 읽히고 있다. 어쨌든 한 권의 경전을 남기기 위해 엄청난 책들을 불태워버렸던 것이다.

세 경전은 세 일신교 각각에서 유일한 경전이자 인간이 알아야 할 모든 것이 담겨 있는 책이라 여겨졌다. 백과사전처럼 본질적인 진리를 그러모아 놓은 세 경전은 다른 책들, 특히 다른 종교나 세속의 책들에서 진리를 구하지 말라고 다그쳤다. 그들의 경전이란 것도 실상은 세속의 진리를 긁어모은 것에 불과한데 말이다.

사도행전 19장 19절에서 위험한 책을 불사르라고 촉구한 바울의 가르침대로 책의 화형식을 먼저 시작한 쪽은 기독교인들이었다. 콘스탄티누스를 비롯해 여러 황제들, 그리고 귀를 닫은 사람들에게 하늘나라가 별다른 신호를 보낼 필요도 없었다. 기독교로 개종한 황제들은 철학을 추방하고 금지시켰으며, 다신교를 믿는 성직자들을 박해하고 사회적으로 매장시켰다. 갖가지 이유를 달아 토굴에 투옥하고 죽이는 일도 비일비재했다. 비기독교적인 서적에 대한 증오는 문명의 수준을 전반적으로 떨어뜨렸다. 16세기에는 종교재판 외에 '금서 목록'이 발표되면서 로마 교황청의 허락을 넘어서는 모든 것을 근절시키려는 시도가 완성단계에 이르렀다.

콘스탄티누스

비기독교적 서적에 종언을 고하려는 욕심, 그리고 사상의 자유에 대한 압력 때문

존 로크　　　　　　　　베르그송

에 유물론자와 사회주의자, 프로이트학파가 어떤 처지에 놓였는지에 대해서는 새삼스럽게 언급할 필요도 없다. 몽테뉴 시대의 위대한 철학자들부터 파스칼, 데카르트, 칸트, 말브랑슈, 스피노자, 로크, 흄, 버클리, 루소, 베르그송Henri Bergson 등을 거쳐 사르트르에 이르기까지 모든 철학자가 입을 다물거나 극단적으로 신중한 입장을 취했다. 아예 생각하기를 포기하는 철학자도 생겨났다. 성경은 모든 것을 담고 있다는 구실은 그 안에 담기지 않은 것을 억압하는 데 적용되었으며, 그렇게 오랫동안 인간에게 막대한 정신적 피해를 입혔다.

마하트마 간디

무슬림 학자들도 예외가 아니었다. 무신론적 입장을 옹호하지도, 꾸르안의 가르침을 부인하지도, 무함마드를 모독하거나 모욕하지도 않았는데 파트와 fatwa(어떤 사안이 이슬람법에 저촉되는지를 판단하는 종교적 답변)의 벼락을 맞은 무슬림 학자의 수는 매우 많다. 그저 단순하게 생각하고 자유로운 이론을 제기하는 것만으로도 그들은 파트와의 벼락을 맞아야 했다. 자유로운 생각은 예외 없이 추방, 박해, 따돌림, 비방, 심지어 암살에 이르기까지 호된 대가를 치러야 했다. 알리 압데라지크Ali Abderraziq, 무함마드 할라팔라Muhammad Khalafallâh, 타하 후세인Tāha Husain, 나스르 하미드 아부 자이드Nasr Hamid Abû Zayd, 무함마드 이크발Muhammad Iqbāl, 파즐루르 라흐만Fazlur Rohman, 마흐무드 모하메드 타하 Mahmoud Mohammed Taha 등이 그렇게 박해받거나 죽임을 당했다.

세 일신교의 성직자들은 인간이 스스로 생각하고 사색할 수 있는 존재라는 점을 부인한다. 그들은 뛰어난 말솜씨로 교묘한 원칙을 만들어내어 사람들의 정신을 혼미하게 만드는 언어의 마법사들에게 책을 쓰는 권한을 주었다. 철학으로 자신들을 포장한 스콜라 학자들이 기독교의 낡은 우화와 교황청의 교리를 말장난으로 미화시킨 것 이외에 한 일이 과연 무엇이었는가?

유대인, 기독교인, 무슬림은 기억 훈련을 좋아하는 듯하다. 그들은 성시를 낭송하는 충성스런 신도들을 특히 좋아한다. 그 가운데 무슬림은 아주 어린 시절부터 꾸르안의 수라를 암송한다. 그밖에도 정확한 발성으로 꾸르안을 읽고(타즈위드tajwid), 형식에 맞게 꾸르안을 낭송하는(타르밀tarmil) 법을 배운다. '타즈위드'는 쉴 곳에서 쉬어가면서 천천히 운율에 맞춰 읽는 낭독법이고, '타르밀'은 느릿하게 진행되는 암송이라 생각하면 된다. 전통적으로 이슬람 신학교들은 언어학적·음성학적 차이에 따라서 7가지 유형의 꾸르안 낭독법을 가르쳐왔다. 자음의 세기를 낮추거나 높이거나 또는 평이하게, 모음을 폐

색음으로 발음하거나, 앞 말을 대명사로 다시 받아 강조하거나, 글에
담긴 정신과 의미를 문자가 지닌 순수한 소리에 더하는 방식 등을 가
르쳐왔다.

탈무드 학교나 꾸르안 학교(주로 필로소피아Philosophia의 아랍어식 표
현인 팔사파Falsafah, 즉 철학을 억압하려는 목적에서 세워진 마드라사
Nadrasah)에서 새어나오는 연도連禱가 그 증거이다. 학생들은 큰 목소
리로 운율에 맞춰 선생을 따라 경전의 구절을 읊어나간다. 단조로운
가락이 여호와나 알라의 가르침을 암기하는 데 도움을 준다. 유대인
의 암기법은 문자와 탈무드에 담긴 내용을 관련시키면서, 알파벳과
읽기의 학습까지 연결된다.

이렇게 책은 완벽한 암기를 돕지만, 얄궂게도 암기가 끝난 뒤에는
책이라는 물질적 도구의 존재가치가 상실된다. 교묘한 수법이 아닐
수 없다. 토라나 꾸르안을 암기하고 나면 박해를 받거나 추방을 당해
도, 심지어 책을 갖지 못하는 상황이나 그밖의 돌발적 상황 앞에서도
사람들은 머릿속으로 경전을 떠올리면서 그 가르침을 기억하게 된다.

과학을 향한 증오

경전은 모든 것을 담고 있는 유일한 책임을 의심
하지 말아야 한다. 때문에 과학서적과 같은 비종교적인 책들은 멀리
해야 한다. 하지만 비종교적인 책이라고 해서 반드시 무신론적인 책
은 아니다. 일신교는 과학처럼 합리성을 추구하는 학문을 달가워하
지 않았다. 물론 이슬람교가 천문학, 대수학, 수학, 기하학, 광학光學

등을 소중하게 다뤘지만, 별의 위치로 메카의 방향을 계산하고, 종교적 행사를 위한 역법을 제정하고, 기도 시간을 정확히 알기 위해서였다. 이슬람교가 지리학을 사랑한 이유도 카바로 순례하는 전 세계 무슬림에게 편의를 제공하기 위해서였다. 의학을 발전시킨 이유는 불결함을 멀리하여 알라와의 관계를 돈독하게 하기 위한 것이었다. 이슬람교의 땅에서 문법과 철학, 법학이 발달했지만, 꾸르안과 하디스를 더 적절하게 해석하기 위해서였다. 이처럼 과학은 종교를 위한 도구에 불과했고, 때문에 이성은 신정정치에 종속될 수밖에 없었다. 요컨대 이슬람교의 땅에서 과학을 위한 과학은 없었으며, 과학은 종교의 확산을 위한 도구일 뿐이었다. 무슬림 문화가 정착된 이후로 과학계에서는 괄목할 만한 발명이나 연구가 없었다. 눈에 띄는 새로운 발견도 없었다. 과학을 배우려고 중국까지 건너간 것을 칭송하는 하디스가 있지만 종교의 이름으로 과학을 도구화한 것에 불과하다. 인간의 더 나은 삶을 위한 과학, 결국 사회의 발전을 위한 과학의 추구가 아니었다.

기독교도 다를 바가 없다. 그들은 교회의 바람직한 역할을 구현하는 데 필요한 모든 지식이 성경에 담겨 있다고 믿었다. 때문에 수 세기 동안이나 성인들이 남긴 글을 뛰어넘거나 의문을 제기하는 것이 용납되지 않았다. 반론을 제기하는 연구는 더더욱 그랬다. 이 모든 것이 성경의 이름으로 강요되었다. 기독교는 창세기의 구절에서 한 발짝도 물러서지 않은 채 서구 문명의 발전을 방해했고, 때로는 엄청난 피해를 남겼다. 그들이 보기에 지식은 바람직하지 않은 것이며, 과학은 본질인 하느님과 동떨어진 학문이었다.

기독교가 탄생한 이후, 더 정확히 말하면 2세기 초부터 비기독교적인 것은 총체적인 비난의 대상이 되었다. 비기독교적인 것은 거짓 신과 관련된 것이므로 가차 없이 버림받았다. 한마디로 비기독교적인 것은 마법이었고 잘못된 것이었다. 유클리드의 수학? 아르키메데스의 물리학? 에라토스테네스의 지리학? 프톨레마이오스의 세계 지도? 아리스토텔레스의 자연과학? 아리스타르코스의 천문학? 히포크라테스의 의학? 헤로필로스의 해부학? 모두가 비기독교적인 것이었다.

　아리스타르코스Aristarchos의 지동설을 비롯하여 그리스의 천재들이 이뤄낸 업적들은 신의 존재 유무를 떠나서 그 자체로 가치가 있다. 당시의 종교체제와 전혀 무관하게 탄생한 업적들로, 유체정력학의 법칙을 찾아내고, 자오선의 길이를 계산하고, 경도와 위도를 창안해내고, 지구에서 태양까지의 거리를 추정하며, 지동설을 주장하는 데 제우스를 비롯한 신들의 존재는 전혀 중요하지 않았다. 또한 주전원(프톨레마이오스가 주장한 행성들의 운동궤도)을 완벽하게 다듬고, 천궁도를 제작하고, 1년의 길이를 계산하고, 달의 인력과 조류 간의 관계를 설정하고, 신경조직을 찾아내고, 피의 순환을 가정하는 데도 신의 존재는 조금도 고려되지 않았다. 요컨대 하늘에 산다는 존재들과는 무관하게 찾아낸 진리들이었다.

　기독교는 이 모든 성과들에 등을 돌렸다. 아니, 이와 같은 연구 결과들이 애초부터 없었던 것처럼 모든 것을 원점으로 돌려놓았다. 그로 인해 다른 문명권은 미래를 향해 한 걸음씩 전진하고 있었음에도 불구하고 기독교 문명권은 답보상태에서 벗어나기는커녕 오히려 암흑 속으로 치달았으며, 당연히 그런 암흑에서 벗어나고자 해야 했던 문명의 존재 이유마저 퇴색시켰다.

유일신을 섬기는 종교들은 한결같이 빛을 거부했다. 그들은 그럴 듯하게 포장된 신화를 유지하기 위해서라도 인간의 정신을 어둠의 세계에 가둬두어야 했다.

물질의 거부

교황청은 과학이 이뤄낸 모든 발견을 줄곧 부인해왔다. 그들은 새로운 진실이 발견될 때마다 그 발견자를 괴롭히고 박해했다. 기독교와 과학 간의 관계를 되짚어보면 그야말로 어리석은 언동으로 점철된 역사였다. 지동설을 부인한 먼 옛날부터 유전공학을 규탄하는 요즘에 이르기까지 인류에게는 그야말로 악몽의 연속이었다. 유럽의 역사는 한마디로 과학의 학대사라 말해도 지나치지 않다.

이런 반反과학적 성향에서 비롯된 결과 중 하나는 유물론적 이론에 대한 집요하고 철저한 비난이다. 기원전 5세기, 레우키포스와 데모크리토스Dēmokritos는 천재적 발상으로 원자를 발견해냈다. 오늘날처럼 과학적 도구를 사용하지 않고 순전히 직관으로 원자의 존재를 가정한 것으로, 실로 놀라운 발견이었다. 당시에는 현미경은커녕 변변한 확대경이나 볼록렌즈도 없었다. 다만 투철한 실험 정신만이 있었다. 그는 햇살에 비친 먼지 알갱이를 보고, 눈으로는 보이지 않는 입자가 존재할 것이라는 추측을 하기에 이르렀다. 그리고 그 원자들이 적절하게 배열되어 모든 물질, 즉 세상을 만들어낸다는 결론을 내렸다.

레우키포스Leukippos 이후에 에피쿠로스, 루크레티우스Lucretius, 가

다라의 필로데무스Philodemus를 거쳐 오에난다의 디오게네스Diogenēs
에 이르기까지 끈질기게 명맥을 이어온 원자론은 고대 그리스와 로
마에서 거의 8세기 동안 그 전통을 이어갔다. 루크레티우스의 『만물
의 본성에 대하여』는 에피쿠로스 물리학의 정수라 할 수 있는데, 형
태, 속성, 무게, 수, 원자의 구성, 진공 상태에서의 배열, 경사 이론,
생성과 소멸 등은 세상을 설명하는 데 부족함이 없다. 그의 설명대로
세상의 모든 것이 물질로 이뤄졌다면 영혼과 정신도 물질로 이뤄진
것이어야 마땅하다. 신과 인간도 예외가 아니다. 이런 순수한 내재성
이론으로 허구와 신화의 시대가 막을 내렸으며, 종교들도 사라졌다.
더불어 도시민들의 몸과 영혼을 억압하던 수단들도 사라졌다.

　　고대 물리학은 시학의 표현법 가운데 하나로 시작되었으며, 시간
이 흐르면서 독립된 학문으로 자리매김했다. 그렇게 수 세기가 흘러
전자현미경, 입자가속기, 양전자, 핵융합, 물질의 핵까지 침투할 수
있는 첨단 기계가 사용되는 오늘날에 이르렀지만 데모크리토스의 직
관은 여전히 유효하다.

　　철학적 추론으로 찾아낸 원자에 과학의 옷, 특히 핵물리학의 옷이
입혀진 오늘날에도 교황청은 여전히 영성을 중시하고 있으며 반反물
질적인 입장을 굽히지 않는다. 그들은 아직도 영혼을 강조하며 유물
론적 세계관을 거부한다.

　　기독교가 유물론을 애초부터 눈엣가시처럼 생각한 것은 조금도 놀
라운 일이 아니다. 교황청은 현실 세계를 객관적으로 설명하는 유물
론의 평판을 떨어뜨리기 위해 온갖 술수를 일삼았다. 하기야 원자 물
리학으로의 접근을 막는 데 원자론자들의 도덕성을 폄하시키는 방법

보다 나은 방법은 없었으리라. 그들은
에피쿠로스학파의 윤리관을 중상모략하
기 시작했다. 에피쿠로스학파가 쾌락을
무감동이라고 정의했다고? 그들은 혼돈
에서 벗어나자는 에피쿠로스학파의 쾌
락에 대한 정의를 탈선으로 왜곡했으며,
동물적인 육욕에만 탐닉한다고 선전했
다. 그때부터 에피쿠로스 물리학은 나락
으로 떨어지기 시작했으며, 기독교인의

에피쿠로스

눈에만 위험스러워 보이는 철학이 아니었다. 에피쿠로스 물리학은
향락에 빠진 난봉꾼들이나 좋아하는 것으로 취급받았다. 그렇게 10
세기가 다 되도록 진실이 왜곡당한 에피쿠로스 물리학은 성 제롬saint
Jérôme과 같은 '사기꾼'에게나 적합한 것이 되었다.

이렇게 교황청은 유물론이 얼굴을 내미는 곳마다 가차 없이 학대
를 가했다. 조르다노 브루노Giordano Bruno는 1600년 캄포 데이 피오
리에서 화형당했다. 그것도 기독교인들에게! 무신론을 주장해서 화
형당한 것이 아니었다. 그는 하느님의 존재를 부인한 적이 없었다.
그의 유물론적 주장이 문제였다. 그는 하느님과 세계가 똑같은 외연
外延을 갖는다고 주장했을 뿐이지, 어디에서도 하느님을, 교황청의
하느님을 비난한 적이 없다. 단지 그 하느님이 외연적 세계에서 '존
재하지 않는다고 할 수 없다'라고 주장하고 글을 썼을 뿐이었다. 그
의 주장은 데카르트와 크게 다르지 않았다.

도미니코 수도자였던 조르다노 브루노는 영혼의 존재를 부인하지

않았다. 하지만 '불행히도' 영혼의 존재를 물리학적으로 원자의 수준에 두는 치명적 실수를 범했다. 그는 생명체의 중심이 입자라고 주장했다. 달리 말하면, 하느님과 영원히 공존하는 영혼이 있는 곳이 입자라 생각했다. 따라서 신성神性은 당연히 존재하는 것이었지만, 신성이 물질과 타협함으로써 그 비밀이 해체되고 말았다. 하느님의 화신인 교황청이 신성과 물질의 타협에 대해 인정하는 경우는 단 한 경우에 국한되었다. 동정녀와 목수의 후손인 예수에만 그런 타협이 용납될 뿐 원자에 신성이란 있을 수 없었다.

과학을 향한 교황청의 증오심과 신앙과 이성 간의 갈등을 적나라하게 보여준 갈릴레오의 경우도 마찬가지였다. 갈릴레오의 전설은 태양중심설의 역사를 축약해서 보여준다. 교황과 그 측근들은 『2대 세계체계에 관한 대화』를 쓴 갈릴레오를 신랄하게 비난했다. 그가 우주의 중심에 태양을 위치시키고 지구를 태양의 위성 가운데 하나로 전락시켰기 때문이다. 고발과 소송, 그리고 의견의 철회가 이어졌다. 하지만 오늘날의 우리는 브레히트Bertolt Brecht의 극을 통해, 갈릴레오가 법정을 나오면서 "그래도 지구는 돈다."고 중얼거렸다는 이야기를 알고 있다.

그러나 역사적 사실은 좀 다르다. 교황청이 갈릴레오를 심판대에 세운 진짜 이유가 무엇이었을까? 갈릴레오가 코페르니쿠스 천문학을 지지했기 때문이 아니다. 물론 태양중심설 역시 교황청이 지켜오던 아리스토텔레스의 입장과 모순되는 주장이기는 했지만, 교황청이 갈릴레오를 법정에 세운 진짜 이유는 그의 유물론적 철학 때문이었다. 당시의 법정은 태양중심설을 옹호하는 자에게는 평생 동안의 가택연

브레히트　　　　　　　　갈릴레오 갈릴레이

금형을 내렸지만, 원자설의 옹호자는 곧바로 화형대로 보냈다! 이런 상황에서 죽음으로 이끄는 원자론보다 상대적으로 가벼운 형벌로 끝나는 태양중심설을 자백하는 편이 낫지 않겠는가.

빵이지만 '빵'이 아니다

　　　　　　　　　　교황청이 원자론 옹호자들을 박해한 이유가 무엇일까? 첫째, 원자라는 물질의 존재가 다른 세계는 접어두더라도 하느님의 존재를 물질적인 것으로 전락시킬 위험이 있기 때문이다. 그렇게 된다면 영적이고 시간을 초월하며 비물질적인 하느님의 속성을 부인하는 결과를 불러올 수 있다. 그것은 유대인과 기독교인이 정성들여 조작해낸 무형의 하느님이란 존재를 무너뜨릴 위험이 있었다.

　그러나 다른 이유도 있다. 교황청이 화체설化體說(성찬의 포도주와 빵이 실제로 예수의 피와 살로 변한다는 설—옮긴이)을 신봉한다는 데서

착안하여 '빵장수의 이유'라고 이름 붙여도 괜찮을 듯하다. 즉 그들은 예수가 최후의 만찬에서 "이것이 내 몸이요, 이것이 나의 피다."(마태복음 26:26~28)라고 한 말을 근거로 삼아 그리스도의 살과 피가 무교병(누룩을 사용하지 않은 빵)에 실제로 존재한다고 주장한다. 상징적·우의적인 믿음이 아니다. 정말로 그렇다고 믿는다! 따라서 거양성체(사제가 빵과 포도주를 축성하고 나서 성체를 들어올리며 신자들에게 보이는 예식—옮긴이)를 시행할 때 사제는 두 팔로 그리스도의 몸을 '들어올린다'.

성령이 빵장수의 빵에 어떤 조작을 가하기에 그리스도의 살과 피가 지구 전체에 넘치도록 만들어질까? 정말로 세계 방방곡곡에서 사제가 미사를 집전할 때마다, 죽음에서 부활한 사람의 살이 깨끗한 상태로 나타나는 것일까? 2천 년이란 기나긴 시간이 지났는데도 말이다. 언어학에 심취한 까닭인지 그리스도는 주로 명령어를 사용하여, 말로써 자신의 실체를 창조해냈다. 그가 가볍게 던진 말조차 진리의 말씀이 되었다.

초기 교회만이 이런 기적을 믿었던 것이 아니다. 그 뒤로도 마찬가지였다. 16세기 판인 『가톨릭 교회의 교리서』에서도 성찬식에 그리스도의 실체가 나타난다는 것을 믿고 있다(1373조). 토마스 아퀴나스의 『신학대전』, 「신앙의 신비」(교황청이 회람 39호에 붙인 이름), 『불법을 행하는 자에 대한 첫 강해』에서 찾아볼 수 있는 것처럼, 고린도 사람들에게 "지식도 폐하리라."(고린도 전서 13:8)라고 전한 바울의 가르침에 기꺼이 동조한 요하네스 크리소스토무스Johannes Chrisostomus(349~407)의 글들은 트리엔트 공의회에 의해 그리스도의 실체가 무교병에 존재한다는 전설을 합리화하는 데 동원되었다. 무지함에서 일부러 벗어나지 않으려고 처음의 원칙을 죽도록 고수하는 걸까?

아직도 교황청은 한결같이 빵장수의 빵과 포도 재배자의 포도주에 그리스도의 몸과 피가 실체로 존재한다고 믿는다. 그러나 그러기 위해서는 지적이면서 무지막지한 왜곡이 필요했다. 바티칸은 사랑하는 철학자인 아리스토텔레스의 생각을 가득 담은 연장통으로 현란한 마술을 부렸다. 오늘날에도 아리스토텔레스의 형이상학적 접근법으로 작성된 회람을 끝없이 내려 보내며 마술을 부리고 있다.

무슨 뜻인지 구체적으로 살펴보자. 교황청의 공식 표현을 빌리면, 그리스도의 몸은 제물에 '틀림없이, 실제로, 실질적으로' 존재한다. 포도주에 함유된 헤모글로빈처럼! 신부의 발언과 동시에 빵의 '실체'는 사라진다. 다만 '감각적인 종류들', 즉 색과 맛, 온기와 냉기 등 '우연적인 것'들은 그대로 존속한다. 감각적인 것들은 신의 뜻으로 유지될 뿐이다. 그런 현상도 기적이라면 기적이다. 이런 기적이 오해를 불러일으킨다. 분명 빵의 맛을 가지고 있지만 빵이 아니다! 즉, 더는 빵장수의 빵이 아니다! 마찬가지로 포도주도 세상의 포도주와 생김새는 무척 비슷하다. 그리스도의 붉은 피처럼 붉은빛이다. 마셔도 취하지 않는다.

실제로 존재하는 것(빵과 포도주)은 존재하지 않고, 실제로 존재하지 않는 것(그리스도의 살과 피)은 정말로 존재하는 것으로 신도들이 믿게 만들려면 실체적인 것과 감각적인 것을 가지고 교묘한 마술을 부려야 한다. 그야말로 타의추종을 불허하는 형이상학적 마술이다! 신학이 마술과 손을 잡자 빵과 포도주 제조법, 심지어 영양학과 혈액

플라톤과 아리스토텔레스

학까지 무시되고 말았다. 그러나 기독교 역시 존재론적으로 애처로운 코미디를 벌여야 하는 운명으로 전락하고 말았다.

에피쿠로스는 성체의 빵을 좋아하지 않았다

에피쿠로스는 어땠을까? 빵을 좋아하는 에피쿠로스에게 한 덩어리의 빵과 약간의 치즈는 진수성찬이었으며, 그런 성찬을 수 세기 동안이나 이어받은 제자들이 있었다. 덕분에 그 성찬은 철학의 역사에 지워지지 않을 흔적을

남겼다. 그런 에피쿠로스가 기독교의
성체 이야기를 들었다면 낄낄대고 웃었
지도 모른다. 「헤로도토스Herodotos에
게 보낸 편지」에서 밝힌 원칙들에 따르
면, 제물로 바친 빵도 원자로 이뤄진 덩
어리에 불과하기 때문이다. 루크레티우
스Lucretius였다면 누룩 없이 밀가루와
물만 사용하여 맛없고 흐물거리며 입

데모크리토스

안에서 끈적대는 하얀 팬케이크를 만드는 법을 설명하려 했을 것이
다. 하여간 그들은 모두 허구인 화체설을 실제로 믿게 만드는 데 도
움이 되지 않는 사람들이었다. 물질 이외에는 아무것도 없다고 주장
하는 사람들이었으니까!

원자설과 유물론은 위험한 철학이었다. 교황청의 신학적 요설饒舌
을 형이상학적으로 깔아뭉갤 수 있는 철학이었다. 요즘의 핵물리학
기준에서도 에피쿠로스의 예측은 딱 들어맞는다. 적어도 둘 다 물질
임에 분명한 빵과 포도주에서는 그렇다! '실체'와 '감각적인 것들'이
란 이상한 개념을 들먹이며 조작해낸 거짓말이 에피쿠로스학파의 이
론에는 통하지 않았다. 따라서 데모크리토스의 제자들은 타파의 대
상이 되었다. 그들의 생활방식은 비방의 대상이 되었고, 그들이 윤리
관으로 내세운 금욕은 방탕과 음욕으로 왜곡되었다.

1340년, 니콜라 도트르쿠르Nicolas d' Autrecourt(영어식으로 니콜라우
스Nicolaus de Ultricuria)는 '빛의 미립자설'이라는 대담한 이론을 발표했
다. 그는 빛이 미립자로 이뤄진 것이라 믿었으며, 그것은 오늘날까지

도 유효한 이론이다! 그의 이론은 실체와 속성의 동일성을 전제로 한 것으로, 아리스토텔레스의 형이상학에 대한 중대한 도전이었다. 교황청은 지체 없이 니콜라 도트르쿠르를 심판대에 세웠고 그의 글은 모두 불태워졌다.

원자설에 조금이라도 근접한 과학적 연구에 대한 박해가 본격적으로 시작되었다. 1632년, 예수회는 그런 과학적 연구를 아예 금지시키기에 이르렀다. 『가톨릭 교회의 교리서』의 285조와 2124조에서 알 수 있듯이, 교황청은 오늘날까지도 유물론을 눈엣가시처럼 여긴다.

과학 발전을 가로막는 '쥐떼'의 편견

성경에 나열된 너절한 지식이 과학을 대신하기에 충분하다고 생각한 교황청은 과학자들이 거의 10세기 동안 이뤄낸 중요한 업적들을 거들떠보지도 않았다. 그러나 교황청이 아무리 발버둥쳐도 과학의 발전을 중단시킬 수는 없었다. 반항적이면서, 어떤 억압에도 굴하지 않으며, 단호하고, 신앙이라는 믿음보다 이성의 진리를 소중히 여기던 과학자들 덕분에 과학은 발전을 계속해나갈 수 있었다. 하지만 과학적 업적에 대한 교황청의 반응을 조금이라도 조사해보면 '쥐떼'들의 극성에 경악을 금치 못할 지경이다.

우선 '쥐떼'들은 아리스토텔레스의 이름으로 원자설을 부인했다! 그런 뒤에는 하느님만이 유일한 창조자라는 이유로 모든 기계장치를 멀리하는 편협함을 보였다. 창세기에 따르면, 하느님이 1주일 만에

다윈을 원숭이로 그려 넣어
그의 진화론을 비꼬았다

무無에서 세상을 창조했으므로, 이 같은 사실에 반하는 모든 것에는 무조건 바티칸의 벼락이 떨어졌다. 그들이 보기에 합리적인 인과관계, 이성적인 추론, 면밀한 관찰로써 이루어진 결론, 실험적 방법, 변증법적 추론 등은 모두 불필요한 짓이었다. 모든 것이 하느님의 뜻이며, 중요한 것은 오로지 하느님의 뜻이었다! 그 이상 필요한 것은 없었다. 창조설 이외에 다른 의견은 발붙일 여지가 없었다.

우주는 머나먼 옛날부터 존재했던 것이 아닐까? 우리가 사는 세계 이외에 다른 세계도 존재하지 않을까? 에피쿠로스학파의 명제였던 이런 의문은 당연히 허용되지 않았다. 하느님에 의해 무無에서 창조된 우주 이외에는 아무것도 존재할 수 없었다. 오직 하느님이 있을 뿐이었으며, 암흑과 혼돈뿐인 무질서를 바꿔 놓아야겠다는 하느님의 의지만이 있었다. 하느님의 뜻으로 빛, 낮과 밤, 궁창과 하늘, 땅과 물이 만들어졌고 어류와 조류, 파충류, 동물과 인간이 창조되었다. 이것이 교황청이 인정하는 공식적인 이야기로, 이른바 지구의 족보이다. 세상이 머나먼 옛날부터 존재했을 거라는 이론은 결코 인정될 수 없었다.

과학자들은 정확한 계산과 면밀한 관찰을 근거로 하여, '태양이 우리 세상의 중심에 있다'는 아리스타르코스Aristarchos(B.C.310?~B.C.230?)의 생각을 재확인했다. 교황청은 쓸데없는 소리라며 즉각 반발하고 나섰다. 그들이 보기에, 완벽한 하느님의 창조물이 중심, 즉 완벽한 곳에 있는 게 당연했다. 게다가 태양중심설은 태양신을 섬기는 이교도들에게 힘을 실어주는 이론이었다. 그러나 이교도들은 불완전을 상징하는 변방의 존재여야 했으며, 변방의 것이 과학적으로 증명된다는 것은 있을 수 없는 일이었다! 한마디로 현실 세계가 틀리고, 허구가 옳다는 우격다짐이었다. 태양중심설이라니, 용납될 수 없었다.

라마르크와 다윈이 차례로 '진화'라는 개념을 내놓았다. 라마르크는 종種이 스스로 변한다고 주장했고, 다윈은 종이 자연선택이라는 법칙을 따라 진화한다고 주장했다. 성경만을 접한 사람들은 그들의 주장에 고개를 설레설레 저었다. 사람이 원숭이에서 진화되었다는 생각은 더더욱 받아들일 수 없었다. 프로이트식으로 말하자면, 그러한 생각은 견디기 힘든 내면의 상처를 입혔다. 교황이 비비 원숭이와 사촌이라는 주장에 참담한 기분마저 들었으리라. 다시 말해, 변이설이나 진화론도 용납될 수 없는 과학적 업적이었다.

과학자들은 실험실에서 거듭된 연구를 통해 인류의 다원론을 확인하기에 이르렀다. 최초의 인간이 지리적으로 여러 곳에서 존재했다는 이론에 대해 교황청은 성경 말씀과 모순 된다며 분노를 감추지 않았다. 아담이 최초의 남자고 하와가 최초의 여자이며, 그들 이전에는 아무도 존재하지 않았다. 아담과 하와가 최초의 부부이자 원죄를 지은 부부다. 그래야 우리가 원죄를 저질렀음을 시인하고, 그리스도의 대속으로 구원받을 수 있다는 논리가 성립할 수 있었다. 그런데 아담과 하와가 원죄를 짓기 전에 다른 남자와 여자가 있었다면 어찌 되겠는가? 아담 이전의 인간이라니, 인정받을 수 없었다.

지질학자들은 돌과 화석을 조사해서 지구의 연령을 계산해냈다. 산과 지층에서 발견한 패류貝類를 근거로 지구의 연표를 작성했다. 그런데 그들이 찾아낸 연표가 성경에 나와 있는 신성한 수와 일치하지 않는 문제가 발생했다. 기독교인들은 지구가 더도 덜도 아니고 꼭 4천 년의 연령을 가졌다고 믿었다. 그런데 과학자들이 기독교인들 세계 이전에 다른 세계가 존재했다는 사실을 증명해낸 것이었다. 뭐라고? 그럴 리 없다, 과학이 틀렸다! 지질학이라니, 신용할 수 있는 학문일 리 없다!

제아무리 선의의 사람이라도 죽음과 질병을 이겨낼 수는 없다. 병을 물리치기 위해서 과학자들은 사람의 몸을 해부해보려고 했다. 죽은 시신에서 교훈을 얻어 산 사람을 위해 쓰고 싶어했다. 죽음이 생명을 구한다는 그들의 생각에 교황청은 합리적인 이유가 아닌, 신학적 이유를 대면서 강력히 반발했다. 교황청은 주장하기를, 재난과 죽음은 원죄를 저지른 하와에게 모든 원인이 있다고 했다. 고통과 질병은 신의 뜻이자 신의 결정이었다. 주님의 뜻을 인간이 헤아릴 수는 없다. 오직 신만이 알고 있는 계획에 따라 모든 일이 진행되는 것일 뿐이다. 그러함에도 병에 어떤 물질적 원인이 있다고? 그래서 병인학이란 것이 있다고? 교황청에 인정받을 수 없는 주장이었다.

1900년경, 빈의 한 의사가 소파에 앉아서 곰곰이 생각하던 중에 '무의식'이란 것을 발견했다. 성적 억압과 승화, 죽음의 본능, 꿈의 역할 등 수많은 개념들을 새로 제시하면서 그때까지 걸음마 단계에 불과하던 심리학을 완전히 뒤바꿔 놓았다. 그는 신경증, 정신질환, 정신장애 등을 완화시키고 치유하는 방법을 제시했으며, 『착각의 미래』에서는 모든 종교가 '환각적 정신장애'와 밀접한 관계가 있는 '강박관념적 신경증'에서 시작된 것이라 증명하기도 했다. 교황청은 즉각 그의 이론에 반발하며 그를 기독교의 적으로 삼았다. 그의 모든 저서는 금서 목록에 포함되었다. 교황청이 보기에, 무의식에 존재하는 어둠의 힘이 인간을 조종한다는 것은 너무나 위험한 이론이었다. 기독교도들이 원죄라는 잘못을 범했음을 납득시키는 데, 또 최후의 심판이 있다는 논리를 합리화시키는 데 반드시 필요한 자유의지라는 개념에 큰 타격을 가하는 이론이었다. 프로이트가 발견한 개념들이라고? 정신분석학이라고? 그런 것은 인정받을 수 없었다.

20세기에 들어서자 유전학자들이 유전자 지도를 발견해냈다. 그들은 유전자들을 통해 질병을 진단하고 예방할 수 있는 가능성의 세계, 질병을 더 정확하게 치료하고 병의 원인을 미리 차단할 수 있는 가능성의 세계를 향해 조심스레 나아갔다. 의학의 혁명이라 할 수 있는 예방의학의 도래를 위해 노력했다. 그러나 바티칸은 '의료인 헌장'을 공포하며 유전학자들에게 비난을 퍼부었다. 고통과 아픔을 피하겠다고? 원죄로 인한 대가를 모면해보겠다고? 인간다운 의학을 원한다고? 그런 의학은 교황청의 용납을 받을 수 없었다.

참으로 자신의 잘못을 인정하지 않는 무지막지한 고집불통이 아닐

수 없다. 진실을 속이고 거부하는 완
강함, 과학의 역동적 발전에 대항하며
죽음으로 인간을 위협하는 집요함은
오늘날에도 여전하다. 원자설, 유물론
적 해석, 태양중심설, 지구의 지질학
적 연령 측정, 변이설과 진화론, 정신
분석학, 유전공학 등 과학적 진실들과
대항하여 교회는 조금도 물러서지 않
았다. 그야말로 과학을 죽이려 했던
바울의 승리, 아니 바울의 기대를 훨

중세 시대의 금서 목록

씬 뛰어넘은 대단한 승리였다.

이런 획기적인 성공을 거두기 위해서 교황청은 유례없이 단호한
입장을 취해야 했다. 박해, 금서 목록, 화형, 종교재판, 투옥, 재판 등
이 끊일 새가 없었다. 게다가 성직자를 중재자로 두지 않고 성경을
직접 읽는 것조차 수 세기 동안 금지되었다. 이성적 · 분석적 · 비판
적으로 성경에 접근하는 것은 불가능한 일이었다. 역사적 · 언어학
적 · 지질학적 · 과학적으로 성경을 읽는 것도 금지되었다.

17세기, 리샤르 시몽Richard Simon이 처음으로 구약성서와 신약성서
를 비판적 시각에서 해석했다. 이에 대해 보쉬에와 교황청은 신랄한
비판과 박해를 가했다. 그러나 지식나무의 열매는 그들의 입에 오랫
동안 씁쓰레한 맛을 남겼다.

3. 죽음을 염원하라

'보이지 않는 세계'를 조작하다

　　　　　　　　일신교는 지성과 책, 지식과 과학을 좋아하지 않는다. 게다가 물질과 실재하는 것, 즉 내재성을 지닌 모든 것을 혐오한다. 경전經典을 가진 세 종교도 예외가 아니다. 무지와 순박함, 어떤 것도 의심하지 않는 순수함, 순종과 복종을 찬양하는 그들은 세상의 조직과 형태와 권력을 달갑게 생각지 않는다. 이 세상은 이상적인 나라가 될 자격이 없다. 종말이 올 때까지 인간의 세상은 원죄의 무게에 짓눌려 있어야 한다.

　물질에 대한 증오를 변명하기 위해서 일신교의 성직자들은 온갖 조각들을 합해서 반反물질의 세계를 창조해냈다. 유일한 하느님을 신봉하는 교조론자들은 고대 세계에서 피타고라스와 플라톤을 끌어와 형체가 없는 도시를 조작해냈다. 이런 지적 놀음에서 이데아는 온갖 묘기를 보여주었다. 이데아는 하느님의 복제나 다름 없어서 영원·영구한 것이었다. 한계도 없고, 시간에 구애도 받지 않았다. 이데아

는 생성되고 소멸되는 것이 아니었다. 감각
적이고 물질적인 구속이나 자연 현상을 초
월하기 때문에, 존재하고 존재를 유지하는
데 다른 것은 전혀 필요하지 않았다. 한마디
로 그 자체로 존재하는 것이었다! 이데아의
본질은 여호와, 하느님, 알라의 본질과 꼭
들어맞았다. 하나의 신성神性으로 세 일신교
는 에스파냐에 굳건한 성을 세우고, 구체적

플라톤

이고 내재적인 실체를 지닌 다른 모든 것의 가치를 폄하시켰다.

여기에서 일신교의 정신분열증이 시작되었다. 그들은 다른 곳을
들먹이며 '지금 이곳'을 판단하고 재단했다. 하늘의 도시를 기준으로
땅의 도시를 평가했다. 인간을 걱정하긴 했지만 천사를 기준으로 삼
았다. 내재성은 초월성을 설명하는 밑바탕 역할을 할 때만 인정되었
다. 감각적 실체를 걱정하는 듯했지만 그 실체의 관념적 모델과 어떤
관계인지를 추정하기 위함일 뿐이었다. 땅을 소중히 여겼지만 하늘
의 대용품일 뿐이었다. 그러자 하늘과 땅이라는 두 모순덩어리의 틈
새에서 균열이 생겼다. 결코 치유될 수 없는 존재론적 상처에서 인간
의 불안감이 싹텄다.

이런 형이상학적 틈새를 원자론적 일원론과 유물론적 단위론으로
메울 수 있었다. 실재하는 것을 물질로 이뤄진 것이라 생각하고, 실
재하는 것은 감각적이고 현상적이며 세속적인 것들로 환원될 수 있
다고 생각하는 사람들은 정신적으로 방황할 이유가 없었다. 진정으
로 유일한 세계와 담을 쌓을 이유가 없었다. 그러나 피타고라스와 플

라톤 그리고 기독교의 이원론 추종자들은 하늘과 땅을 나누어, 하늘의 낙원을 꿈꾸고 땅을 업신여겼다. 내세의 희망, 즉 보이지 않는 세상으로 가겠다는 염원은 필연적으로 '이곳과 지금'에서의 절망을 낳았다. 그리고 말구유에 넋을 놓고 기뻐하는 어리석음까지 낳았다.

한없이 행복하기만 한 극락조

보이지 않는 세계는 두 가지의 이상야릇한 것을 만들어냈다. 천사와 낙원이었다. 천사는 인간을 초월하는 존재의 원형이고, 낙원은 이 세상을 초월하는 세계의 원형이었다. 이런 이유에서 일신교는 인간에게 이승에서의 삶을 증오하고 실재하는 것을 경멸하라고 가르쳤다. 그리고 다른 영적 존재를 동경하라고 다그쳤다. 천사의 날개는 이 땅에서 겪는 인간의 노역을 상징적으로 빗댄 것이고, 낙원의 존재는 지겨운 이상향을 꿈꾸며 가정법을 남발하는 과민반응의 전형이다.

유대인들은 날개 달린 천사들을 마음껏 만들어냈다. 케루빔은 에덴 동산의 입구를 지키는 천사이고, 세라핌은 케루빔을 보호하는 천사로, 아브라함을 찾아간 천사다. 또한 야곱과 씨름을 한 천사이기도 하다. 세라핌은 하늘의 궁전에서 하느님을 찬미하는 일을 한다. 인간의 편협함을 모르는 하느님은 자신을 찬미하는 것을 좋아하기 때문에 탈무드와 카발라Kabbalah(중세 유대교의 신비주의)는 하느님의 찬양으로 넘쳐난다. 또 세라핌은 하느님의 심부름꾼이면서, 이스라엘 자손과 정의로운 사람들을 보호하고, 세라핌은 하느님의 뜻을 인간에게 전하기 위해 간혹 하늘을 떠나 지상으로 내려온다. 그리스 신화의 헤르메스와 비슷한 역할이지만, 헤르메스는 그렇게 먼 길을 다니지 않았다. 물론 그에게도 날개 같은 것이 있었지만 벙거지 모자와 신발에만 날개를 달았을 뿐이다.

천사는 빛으로 이뤄진 순수한 혼(그렇다고 깃털이나 날개를 갖지 못하는 것은 아니다. 영적이고 빛을 내는 날개를 가지면 된다)으로 성별의 구분이 없다. 남자도 아니고 여자도 아닌 그들은 남성성과 여성성 모두를 조금씩 가진 반음양적 존재다. 심지어 유아의 모습으로 묘사되기도 한다. 어쨌든 성교의 고통(?)에서 벗어난 존재다. 날개를 가진 행복한 존재인 천사는 성性의 조건에 대해서는 무시하고 살아간다. 욕망도 없고 성욕도 없다. 한없이 행복한 가금嘉禽의 존재인 천사는 배고픔도 모르고 갈증도 모른다. 하느님이 주는 양식인 만나로 모든 것을 해결한다. 그래서일까? 천사는 대변을 보지 않는다. 항상 즐거운 새인 천사는 부패와 타락과 죽음을 모른다.

하느님에게 반항해서 은총을 잃고 타락한 천사도 있다. 그들은 순종하지 않는 창조물로서, 에덴 동산에는 악마와 사탄이 있었다. 『리트레』사전에서 '중상하고 모략하는 자'로 풀이되는 악마는 아는 것을 인간에게 가르친다. 거역하고 순종하지 않으며, '아닙니다!'라고 말할 수도 있다는 것을 인간에게 가르친다. 한편 『리트레』사전에서 '비난하고 반대하는 자'로 해석되는 사탄은 오로지 순종만이 가능하여 모두가 노예 상태에 빠져 있던 더러운 세상에 최초로 자유의 숨결을 불어넣어 주었다.

이처럼 악마는 악의 화신이 아니다. 그저 선악의 경계를 넘어선 존재로 자유의 절대성을 주장할 뿐이다. 악마는 인간에게 자신과 세상을 지배할 힘을 되돌려 주었고, 어떤 형태의 감시도 거부했다.

타락한 천사들이 일신교도의 미움을 산 것은 당연하다. 하지만 무신론자들에게는 뜨거운 박수를 받는다.

불만족이 없는 세계

천사처럼 도저히 있을 수 없는 몸뚱이들이 살아가는 곳 역시 상식적으로 존재가 불가능하다. 그러함에도 이른바 낙원이라는 곳이 조작되었다. 『리트레』 사전은 낙원을 '울타리가 둘러진 곳'이라 풀이한다. 유대교의 모세 5경, 기독교의 창세기, 이슬람교의 꾸르안은 낙원의 존재를 발작적으로 역설하는데, 가장 자세하게 낙원을 묘사하는 쪽은 무슬림이다. 낙원은 공들여 묘사하기에 부족함이 없는 곳이기 때문이란다. 시냇물, 정원, 꽃, 샘, 꽃이 만발한 화단, 희귀한 열매, 커다란 눈망울을 가진 아름다운 천녀들, 동정녀와 아름다운 젊은이들, 포근한 침상, 화려한 옷, 눈부신 옷감, 색다른 장신구, 황금, 진주, 향유, 값비싼 식기류 등등, 풍족한 삶을 사는 데 부족한 것이 없다.

낙원은 어떻게 정의할 수 있을까? 그곳은 반反세계, 즉 현실 세계와 정반대인 곳이다. 의식儀式과 관례를 소중히 여기는 무슬림은 살아 있는 동안에는 적법한 것과 부적법한 것, 정결한 것과 부정한 것을 구분하는 준엄한 법을 준수하면서 신과 하나가 되려고 애쓴다. 하지만 낙원에서는 그 모든 것이 사라진다. 의무도 없고 의식도 없으며 기도도 없다. 천상의 연회에서는 술과 돼지고기가 허용된다. 노래를 부르고, 살아 있을 때는 금지되었던 금붙이를 몸에 지니는 것이 가능해진다. 귀금속으로 만든 접시와 병에 음식물들을 담아 먹는 등, 이 승에서는 금지되던 일들이 가능해진다. 또한 벌레의 배설물로 만든 것이라며 금기하던 비단옷을 입는다. 천녀들을 희롱하고, 보석들로 꾸며진 침대에서 영원한 동정녀들을 품기도 한다. 사막의 천막 안에서는 카펫이 고작이고, 기껏해야 세 명의 부인만이 허락된다. 다시 말해, 이승에서 금지되던 모든 것이 낙원에서는 허락된다.

사막의 야영지에서는 질그릇 식기가 전부지만 낙원에서는 보석 식기로 밥을 먹는다. 천막에서는 거친 털로 짠 카펫에 앉아 낙타 젖과 양고기, 박하차 등 매일 힘겹게 얻은 소박한 음식물을 나누지만 천국에서는 먹을 것과 마실 것이 초록빛 공단에 풍성하게 차려진다. 부족의 천막에서는 땀, 찌든 때, 연기, 기름, 짐승의 가죽과 털 등에서 고약한 냄새가 나지만, 무함마드와 함께하면 장뇌, 사향, 생강, 유향, 몰약, 육계, 계피, 레바논 오일 등 향긋한 냄새만이 있다. 이승에서는 모닥불 주위에 옹기종기 모여 앉아 취기에도 무릅쓰고 술을 마시곤 하지만, 무슬림의 천국에서 취하는 경우란 없다. 기껏해야 약간의 두통이 전부다. 따라서 절제하지 않고 많이 마셔도 죄를 범할 가능성이 없다.

이처럼 낙원은 힘겨운 현실 세계를 견디게 해줄 만큼 황홀한 반反 세계로 묘사되어 왔다. 이슬람교는 애초부터 뜨거운 태양빛이 사정없이 내리쬐는 사막에서 탄생한 종교이기 때문에 낙원은 언제나 아늑한 봄으로 묘사되었다. 그곳에는 뜨거운 태양빛도 달도 없으며, 낮과 밤이 없지만 언제나 환하다. 동쪽에서 불어오는 사막의 열풍인 시로코는 피부를 검게 태우고, 서쪽에서 불어오는 하르마탄은 살 속까지 검게 태운다고 하지 않았던가. 하지만 이슬람교의 하늘에서는 사향 냄새를 담은 향긋한 바람이 젖과 꿀, 포도주와 물이 흐르는 강물에 부드러움을 더해주고, 그 포근함을 사방으로 실어 나른다. 사막에서는 행운이 따라야 열매를 만난다. 그나마도 감질 나는 수준이다. 물기 많은 열매를 보기란 하늘의 별 따기만큼이나 어렵고, 대추야자는 손가락으로 헤아릴 지경이며, 무화과도 드물다. 그러나 무함마드의 품에서는 탐스런 포도알이 넘쳐흐른다. 까마귀가 포도밭을 한 바퀴 도는 데에만 한 달은 족히 걸릴 것이다. 끝없이 이어진 사막의 모래에서 시원한 그늘을 기대하기란 어렵지만, 죽은 무슬림이 안식을 취하는 곳은 아무리 빠른 말도 바나나나무 그늘을 벗어나는 데에만 100년은 족히 걸린다. 대상隊商들은 끝을 알 수 없는 모래밭에서 지친 몸을 이끌고 느릿느릿 한 걸음씩 떼어 놓아야 하지만, 예언자의 마구간에는 빛의 속도로 날아다닌다는, 붉은 루비로 만들어진 천마天馬가 있다.

몸에 대해서도 똑같이 말할 수 있다. 몸은 일정한 양의 물, 적절한 양분, 욕정의 충족을 끊임없이 요구한다. 따라서 생리적 욕구의 노예가 되어 예언자와 기도에서 벗어나고픈 충동이 생기게 마련이다. 하지만 천국에서 인간의 신체는 물질로 되어 있지 않아 빛을 발하고, 배가 고프면 언제라도 배불리 먹을 수 있다. 예수는 빵과 포도주, 물고기를 먹었지만 한 번도 배설하지 않았다. 배에 가스가 찼다거나, 방귀를 뀌었다는 소리를 들은 적이 없다. 이승에서 방귀는 고약한 냄새를 풍기지만 하늘나라에서는 땀내조차 사향 냄새처럼 향긋하다!

후손을 잇기 위해 아기를 낳을 필요도 없다. 피곤을 모르기 때문에 잠도 자지 않는다. 코를 풀지도 않고 가래를 뱉지도 않는다. 종말이 올 때까지 질병이란 것도 없다. 하늘나라의 사전에는 슬픔, 두려움, 굴욕 등과 같은 단어가 없다. 하늘나라에서는 더는 바랄 것이 없다. 플라톤이 말했듯이, 욕망은 고통과 결핍에서 비롯되는 것이기 때문이다. 하늘나라에서는 욕망을 느끼면 곧바로 채워진다. 열매를 욕심스레 바라보기만 해도 그 맛과 과육, 향내를 입 안에서 느낄 수 있다.

누가 이런 세계를 거부할 수 있겠는가? 이런 꿈같은 세계에 유혹당한 수많은 무슬림이 예언자 무함마드가 나흘라에서의 첫 약탈을 저지를 때부터 오늘날의 이라크 전쟁에 이르기까지 전쟁터로 나섰고, 팔레스타인의 자살폭탄 테러리스트들이 이스라엘의 카페테라스에 죽음의 씨를 연이어 뿌리며, 항공기 납치범들이 민간 항공기를 뉴욕의 쌍둥이 빌딩에 돌진시켰다. 마드리드에서 사람들이 가득 찬 아침 출근 기차에 플라스틱 폭탄으로 구멍을 낸 테러리스트 역시 그 같은 헛된 꿈에 유혹당한 무슬림이었다. 지성인이라 자처하는 사람들까지 마비시켜 버리는 허황된 이야기에 현혹되는 사람들이 아직도 있다.

모든 것은 여자 탓이다

유대교와 기독교, 이슬람교는 공통적으로 여자를 증오한다. 이런 증오는 지성의 증오에서 비롯되는 당연한 결과다. 그들의 경전으로 돌아가보자. 원죄, 실수, 앎에 대한 의지는 여자인 하와의 잘못된 결정에서 시작되었다. 멍청한 아담은 순종하고 복종하는 데 급급했는데, 뱀(꾸르안에서는 이블리스. 메카에 있는 원시적 형태의 신성한 돌, 즉 카바를 순례하는 수많은 무슬림이 수 세기 전부터 '이블리스'에게 돌을 던졌으니, 악마인 이블리스도 지금쯤은 죽었을 것이다)이 이렇게 말했다. 뱀이 말을 했다고 놀랄 것은 없다. 모든 뱀은 말을 한다. 하여간 뱀이 여자에게 말을 건네면서 둘은 대화를 시작했다. 뱀은 유혹을 했고, 여자는 유혹을 당했으며, 그때부터 여자는 영원히 유혹하는 존재로 돌변했다. 여자에게 그 경계를 넘기란 식은 죽 먹기보다 쉬웠다.

여자에 대한 증오는 지성에 대한 증오의 형태 가운데 하나다. 여기에 여자가 남자를 대신해서 갖는 모든 것, 즉 욕망과 쾌락과 삶에 대한 증오가 더해진다. 호기심까지! 그래서 『리트레』 사전은 '호기심'

아담과 하와

을 '하와의 딸'에 비유한다. 호기심은 탐욕을 낳지만 생명을 낳기도 한다. 호기심 때문에 우리는 원죄의 사슬에서 영원히 벗어나지 못한다. 아우구스티누스는 원죄가 아버지의 정자를 거쳐 어머니의 뱃속에 전해지는 것이라고 믿었다.

일신교는 여자보다 천사를 몇 천 배 더 좋아한다. 이런 의미에서 일신교는 여자의 세계라기보다 세라핌, 좌천사, 대천사 등의 세계다. 적어도 천사와 여자가 뒤범벅된 세계로, 성性의 구분이 없다. 여자에서 자연스레 연상되는 살과 피, 리비도(성욕) 등에 대해서 유대교, 기독교, 이슬람교는 하나같이 불결한 것이란 이유로 부정하고 비난하는 태도로 일관한다. 매력적이고 풍만한 몸, 임신의 위험에서 해방된 여자의 피, 쾌락주의적 힘과 벌이는 전쟁이 시작된다. 성경과 꾸르안은 이런 것들을 저주하는 데서 기쁨을 찾는다.

'책'의 종교들인 세 일신교는 여자를 혐오한다. 그들은 어머니와 신부新婦만을 사랑한다. 어머니와 신부를 여자에서 제외시키려면 다음의 두 가지 해결책밖에 없다. 원래는 한 가지 해결책에 불과한데 시간적으로 둘로 나눠진 것으로, 남자와 결혼시키고, 아이를 낳게 하는 방법이다. 남편에게 헌신하고 요리를 하며 가정의 문제를 도맡아 처리하고, 아이를 양육하고 돌봐주며 교육을 시키는 신부와 어머니에게 여성성이 끼여들 여지는 없다. 그렇게, 신부와 어머니가 여자를 죽여야 한다! 랍비, 사제와 목사, 이맘은 남성의 평안을 위해서 그렇게 믿고 싶어한다.

유대교와 기독교는 아담의 갈비뼈에서 하와가 덤으로 창조되었다고 믿는다. 꾸르안에서는 하와가 아담의 부인이라고 하지만 제대로 된 이름조차 없다. 이렇게 이름도 없는 여자는 헤아릴 수 없이 많다! 여자는 최초의 몸에서 떨어져 나온 무가치한 조각이었다! 먼저 남자가 있었고, 그런 뒤에 올록볼록하게 떨어져 나온 조각이 여자였다. 이것이 창조의 순서이고, 존재의 양식이다. 잘못의 책임이 모두 연약한 여자에게 뒤집어 씌워졌으며, 여자는 호된 대가를 치러야 했다.

여자의 몸은 저주받았다. 그것도 온 몸이! 수정되지 않은 난자는 어머니를 거부하는 증거가 되어 여성성을 위기로 몰아넣는다. 때문에 월경은 불결한 것이 된다. 월경의 피는 불임기간을 뜻하기도 한다. 유일신교에서 아기를 낳지 못하는 여성은 용납되지 않는다. 월경 기간은 임신할 위험이 없다는 의미이며, 따라서 어머니가 될 염려가 없다는 뜻이다. 이때는 두려움 없이 성관계를 즐길 수 있고, 성관계를 위한 성관계가 가능하다. 임신에서 자유로운 성관계, 순전하며 순수한 성관계라니. 당연히 절대악이다!

같은 원리에서 세 일신교는 동성애를 극도로 증오한다. 동성 간의 성관계는 전통적인 의미에서의 아버지와 어머니, 신랑과 신부의 관계를 애초부터 차단하기 때문이다. 또한 자유로운 개인이라는 절대적 가치를 가장 중요하게 여기기 때문이다. 그래서 탈무드는 독신자를 미완성의 인간이라 말하고, 꾸르안도 이에 맞장구를 친다. 타르수스의 바울도 독신의 삶이 음욕에 빠질 위험이 크다고 경고하면서 결혼을 권했다. 결혼이야말로 욕정을 해소할 수 있는 최선의 길이라면서.

낙태에 대해서 세 종교는 비슷한 입장을 띤다. 가족은 공동체의 근간으로 누구도 넘볼 수 없는 공간이다. 어린이에 대해 무슬림은 예언자가 준 축복의 증거라고 생각하고, 유대교는 민족의 생존 조건이라 여기며, 기독교는 어린아이들이 나날이 많아지고 성장하는 것을 보고 싶다고 말한다. 이런 이유로 세 일신교는 가족 구성원에 당연히 어린아이가 있어야 한다고 말한다. 이런 형이상학적 인구 증가를 방해하는 모든 요인은 일신교의 분노를 사는 게 당연하다. 그들의 하느님은 가족계획을 그다지 좋아하지 않는다.

유대교에서 갓 해산한 어머니는 불결한 사람으로 취급받는다. 하기야 계속 피를 흘려대니까. 그나마 아들을 낳으면 40일 동안 성소聖所 출입이 금지되지만, 딸을 낳으면 60일로 늘어난다. 레위기에는 이렇게 적혀 있다. 유대인 남자들은 아침마다 "오, 하느님이시여! 저를 노예로 태어나지 않고, 유대인으로 태어나게 하신 것에 감사드립니다. 더구나 여자로 태어나지 않게 하신 것에도 깊이 감사드립니다."라고 기도한다고. 꾸르안도 예외가 아니다. 꾸르안도 딸의 아버지가 된 것을 부끄럽게 여기며 "이 아이를 그냥 길러야 할까, 아니면 먼지에 묻어버릴까?"라고 의문을 품었던 이슬람 이전 부족의 전통을 명시적으로 나무라지 않는다(플레이아드 판 꾸르안은 주석까지 덧붙이며 그 같은 야만적 행위가 가난 때문이었다는 자의적 해석을 내린다).

585년 마콩 공의회에서 기독교인들은 알시달루스 발레우스Alcidalus Aleus가 쓴 『여자가 인간적 피조물이 아니라는 사실을 입증하려는 역설적 논문』을 회회낙락하며 토론에 붙였다. 기독교 성직자들을 충실한 독자로 확보하고 있던 알시달루스의 논문에 비난이 쏟아지는 일보다 모순적인 일은 없었을 것이다. 굳이 알시달루스를 언급할 것도 없다. 여성에게 지독한 저주를 퍼부은 바울의 가르침을 믿는 것만으로도 충분했으니까. 여하튼 여자를 경계하는 교회의 태도는 오늘날에도 변한 것이 없다.

누가 고자를 욕하는가

오리게네스Oregenes(185년경~254년경)는 마태복음을 문자 그대로 받아들여 스스로 거세去勢했다고 주장했다. 마태는 고자에 대해, "어머니의 태로부터 된 고자도 있고 사람이 만든 고자도 있고 천국을 위하여(하늘나라를 위해서) 스스로 된 고자도 있도다."라고 고자의 유형을 나눈 뒤에 "이 말을 받을 만한 자는 받을지어다."(마태복음 19:12)라고 결론지었다. 이에 약삭빠른 오리게네스는 자신의 고환을 단칼에 잘라냈다. 그런 뒤에야 욕정이 돈으로 해소할 문제가 아니라 뇌의 문제라는 것을 깨달았을 테지만 이미 없어진 것을 어찌하랴.

일신교를 옹호하는 책들은 리비도를 죽이고 욕정을 억제하라고 가르친다. 대신 금욕을 찬양하고, 순결을 절대적인 것인 양 추켜세운다. 그러고는 약간 발을 빼면서, 남자는 신도 아니고 천사도 아니기 때문에, 요컨대 동물에 가깝기 때문에 결혼한 뒤에 정절을 지키라고 가르친다. 유대교나 무슬림은 여러 명의 부인을 허용하지만, 여하튼 성관계는 출산을 위한 것일 뿐이다. 가족, 결혼, 정절, 그리고 거세에 대한 설왕설래……. 대체 오리게네스는 무슨 생각으로 그런 짓을 했을까?

레위기와 민수기는 남녀의 주체성에 관련된 원칙을 세밀하게 나열하고 있다. 그 내용을 열거해보자면, 외도는 금물이다. 일부다처제가 가능하며, 체면을 차리지 않는 자유로운 이혼도 가능하다. 부인에게 이혼하자고 편지 한 장만 보내면 충분하다. 이민족과 결혼은 안 된다. 유대인의 적통은 어머니를 통해서 전해진다. 하기야 어머니는 아홉 달이나 뱃속에 아기를 담아 아이의 어머니임을 검증할 수단을 갖지만, 아버지는 아무런 수단도 없지 않은가. 그밖에도 토라의 학습이 여자에게는 금지되지만 남자에게는 의무다. 하와의 후손, 즉 여자에게는 기도문을 암송하고 어깨걸이를 걸치는 것이 허락되지 않는다. 여자는 쇼파르(이스라엘의 전통 악기로 산양의 뿔로 만들어졌다)를 불어서도 안 되고, '숙카'라 불리는 초막을 짓는 데도 기웃거려서는 안 된다. 기도하는 데 필요한 열 명의 최소 인원에도 낄 수 없다. 관리나 재판관이 될 수도 없다. 재산을 가질 수는 있어도 그 재산을 관리할 수는 없다. 이런 차별들도 하느님이 여자가 아닌 남자를 그의 형상대로 만들었다는 증거가 된다.

꾸르안을 읽어보면 유대교와 이슬람교가 무척 비슷하다는 것을 어렵지 않게 확인할 수 있다. 이슬람교는 남자가 여자보다 우월함을 노골적으로 말한다. 하느님이 남자를 여자보다 훨씬 좋아하니까! 따라서 다음과 같은 절대적 명령이 가능하다. 이를 테면, 여자가 외출할 때 머리카락을 내놓으면 안 된다. 팔과 다리의 살을 내보여서도 안 된다. 남편이 여러 부인을 거느려도 남편 이외의 남자와 성관계를 맺는 것은 금지된다. 물론 여자가 여러 남편을 갖는 중혼重婚은 말도 안 되는 일이다. 여자에게 순결을 강요하는 것은 당연하다. 비무슬림 남자와 결혼하는 것도 금지되며, 여자가 남자의 옷을 입는 것도 금지된다. 모스크에서 남녀가 함께 있을 수 없으며, 여자는 장갑을 끼지 않은 채 남자와 악수할 수 없다. 결혼은 의무이며, 독신은 종교의 이름으로 용납되지 않는다. 결혼에서는 사랑보다 가족과 부족, 즉 공동체의 행복이 무엇보다 우선한다. 결혼한 여자는 남편의 성적 욕망을 채

워주는 데 한 치의 소홀함도 없어야 한다. 꾸르안의 비유에 따르자면, 남자는 부인을 자신의 땅처럼 마음대로 다룰 수 있다. 부인의 행실이 의심스러우면 매질할 수 있으며, 그 때문에 남편이 처벌받지는 않는다. 한마디로 여자는 존재론적·법적으로 미약한 존재이며, 언제라도 쉽게 버릴 수 있다. 여자의 증언이 갖는 가치는 남자의 절반에 불과하다. 아기를 낳지 못하는 여자와 결혼 전에 처녀성을 잃은 여자는 '무가치한 존재'라는 점에서 똑같다.

거세한 남자를 찬양하는 이유는 무엇일까? 여자가 너무 '많기 때문이다.' 여자가 많기 때문에 욕망도 많고 쾌락도 많아 무절제해지기 쉬우며, 그런 이유로 열정은 넘치고, 성관계가 난무하며, 흥분상태에 곧잘 빠진다. 이처럼 여자의 존재는 남성성을 위험에 빠뜨린다. 하느님, 묵상, 기도, 관습, 계율의 준수, 그밖에도 일상생활에서 신경 써야 할 사소한 것들이 많은 남자들은 여자로 인해 방해받는다. 이 땅보다 하늘나라를 꿈꿔야 하는데…….

이 땅보다 더 고약한 것이 있으니, 그것은 바로 육신이다! 특히, 먼 옛날부터 줄곧 유혹하는 존재로 낙인찍힌 여자의 몸이다. 여자는 남자의 상징, 즉 남자가 존재의 부적처럼 달고 다니는 당당한 남근을 위협한다. 따라서 하느님의 보호를 받으며 살아온 남자들은 거세를 심각하게 고민한다.

할례는 당연한 의무

유대인들은 할례에 놀라울 정도로 집착했다. 이런 관습을 무슬림이 따랐고, 할례는 몸의 다른 부분에도 행해졌다.

기독교인들이 할례의 기원을 두고 뜨겁게 논쟁을 벌인 적이 있었다. 그때 타르수스의 바울은 할례받은 몸이었지만 마음의 할례, 정신의 할례, 하여간 남근보다 입술, 혀, 눈, 귀 등 신약성서에 나열된 곳을 더 좋아한 까닭인지, 소중한 살을 아끼려는 기독교인들의 편을 들어주었다. 덕분에 이집트의 기독교인인 콥트족Copt을 제외하고는 오늘날의 기독교인들은 귀두를 부끄럽게 밖에 내놓아야 할 의무에서 벗어나게 되었다.

서구세계에서 어린 소녀의 음핵 절개excision(할례circision와 더불어 두 단어가 여러 언어에서 동일하게 쓰이고 있다는 점은 흥미롭다)는 이미 사라진 지 오래지만, 어린 소년의 포경수술은 아직도 당연한 일처럼 여겨진다. 마치 절대적인 합의라도 이루어진 듯한 사회 분위기로, 어떤 의학적 이유도 없이 어린아이의 몸에서 '성스런' 부분을 툭 잘라내는 외과수술이 거리낌 없이 시행되고 있다.

이 모든 행위는 법률적 용어로 '절단'이라고 말할 수 있는데, 이에 대해 캐나다의 철학자인 마가렛 소머빌Margaret Somerville은 논리적인 근거를 제시하며 문제를 제기한 적이 있다. 그녀는 절단 행위의 해부학적이고 과학적인 근거를 비롯하여 신경병리학적·심리학적 결과를 제시하며, 절단과 관련된 관습을 비교·분석했다. 그것은 캐나다인들의 무차별적인 비난을 불러일으켰으며, 캐나다 전역에서 한바탕 소동이 벌어졌다. 그녀는 자신의 분석 작업을 고집스레 계속하면서도 최종적인 판단은 미루었고, 결국에는 종교적인 이유 때문에라도 할례를 합법화해야 한다는 데 동의했다. 덧붙이자면, 현재 미국 남자의 60퍼센트, 캐나다 남자의 20퍼센트, 오스트레일리아 남자의 15퍼센트 정도가 종교적인 이유가 아니라 위생이란 그럴싸한 이유로 할례를 받았다.

전족을 하는 중국인, 고리를 끼워 목을 길게 늘이는 파다웅족, 이를 줄질하고 코나 귀, 입술에 구멍을 뚫는 아마존의 부족, 불에 달군 기구로 신체에 흉터를 내거나 문신하는 폴리네시아 부족, 두개頭蓋를 깨뜨리는 페루 원주민 등의 풍습은 아프리카 부족의 음핵 절제나 음부 봉쇄, 또는 유대인과 무슬림의 할례와 마찬가지로 주술적 믿음에서 비롯된 것이다. 종교적 이유로 몸에 흔적을 남기고, 공동체의 일원이 되기 위해 고통을 참아내는 등, 신의 은총을 구하려는 원시적인 관습들을 이해하는 데 굳이 정신분석학까지 들먹일 필요는 없다. 상식적인 생각이면 충분하다.

고환에 쐐기를 박은 오세아니아인이나 18세기부터 1920년대까지 러시아에서 거주하였으며 종교적 이유로 스스로를 거세한 스콥치(성경 중 이사야에 바탕을 둔 광신자 교파로서, '거룩한 고자'로 살기 위해 스스로를 거세했다.—편집자) 이외에도 귀두에서 음낭까지 요도를 따라 절개된 남근을 보면 빙긋이 미소가 떠올려지는 이유가 무엇이겠는가? 논리적인 추론과 존재론적인 전제 이외에 주술적 생각까지 더해지기 때문이다. 몽테뉴가 이미 말했듯이 남의 일이라는 이유로 야만적으로 받아들이는 게 아니라면, 우리 식의 절개는 당연한 것으로 인정하면서 다른 종족의 절개는 그렇지 못하다고 받아들일 이유가 무엇인가?

포경수술이 공공연하게 행해지고 있기 때문이다. 우선 포경수술은 법적으로 공인되었다. 법은 분명한 근거를 가진 병리학적·의학적 이유 없이는 어떤 형태의 외과적 수술도 금지하고 있다. 포경수술은 병리적 현상을 전혀 보이지 않은 포피包皮를 제거하는 외과 수술이다. 생리학적 분야에서도 포경수술은 공인된 관습이다. 제거된 포피는 남근을 덮는 외피의 절반 또는 3분의 2 정도에 해당된다. 성인 남자의 경우에 평균적으로 32제곱센티미터의 면적을 갖는 이곳에는 2천 개 이상의 말단신경이 집중되어 있다. 따라서 포경수술은 인간의 몸에서 신경분포가 가장 밀집된 곳 중 하나를 절개하는 수술이다.

그렇게 잘라낸 포피를 원시부족들은 땅에 묻거나 먹었으며, 말려서 가루로 만들거나, 소중히 보관하기도 했다. 여하튼 포피가 사라지면서 생긴 상처는 시간이 지나면서 각질화되게 마련이며, 속옷과 계속해서 마찰하면서 딱딱해지고 감각을 잃어간다. 이렇게 성기의 앞부분이 부드러움을 상실하면서 남자는 물론이고 파트너인 여자에게서 성관계의 편안함을 빼앗아간다.

신은 상처받은 삶을 사랑하신다

꾸르안은 할례를 권하지도 의무화하지도 않지만 그렇다고 나무라지도 않는다. 오히려 전설에 따르면 무함마드도 할례를 했다고 한다. 꾸르안은 음핵 절제나 음부 봉쇄를 명령하지 않는다. 그러나 이런 관습이 행해지는 아프리카 동쪽 끝단에서는 음핵의 덮개를 절제하는 행위에 대해 '온건한 순낫'이라 칭하고 덮개의 끝부분을 절제하는 행위에 대해서는 '변형된 순낫'이라 칭한다. '순낫'은 '예언자 무함마드의 관례이며 길'이란 뜻이다.

유대인들도 이런 절제의 흔적을 공동체의 일원이라는 증거로 여긴다. 특히 할례에 따르는 엄격성은 모골이 송연해질 정도다. 아브라함은 하느님의 명령에 따라 무려 99세에 할례를 감행했다. 게다가 아브라함은 집안의 모든 남자, 심지어 노예에게도 할례를 권했다. 그리고 생후 8일째에 할례하는 것을 원칙으로 정했으며, 선택받은 민족을 하나로 맺어주는 증거로 삼았다. 유대인에게 할례는 대단히 중요한 행사다. 심지어 안식일에도 할례는 시행된다. 포피를 절제하지 못한 채 아기가 죽었을 때는 할례 시술자인 모헬mohel이 할례를 시행한 후에 장례를 치른다.

몽테뉴는 『여행기』에서 할례에 대한 이야기를 남겼다. 그 내용에 따르면, 할례 시술자는 아기 어머니의 베개 아래에 미리 묻어둔 칼을 사용하는데, 이는 나름대로 최선의 배려를 한 셈이다. 그는 아기의 고추를 힘껏 잡아당겨 살을 잡고 귀두를 밀어넣은 뒤에 마취도 하지 않은 채 생살을 잘라내 포피를 제거한다. 그러고 나서 입에 담고 있던 포도주를 한 모금 꿀꺽 삼킨 후 상처에서 흘러내리는 피를 빤다. 이런 의식적 행위를 '메지자'라 하는데, 탈무드에 따르면 피가 상처에 남는 것을 방지하기 위한 조치다. 할례 시술자는 피를 세 번 빨고 세 번 뱉는다. 이렇게 고통스런 할례 의식을 치른 후에야 아기는 공동체의 일원이 되고, 그때서야 이름이 생긴다. 몽테뉴 이후로, 메지자를 포함한 할례 의식은 조금도 변하지 않았다.

이런 원시적 의식과 관련해서는 물론이고, 그런 의식이 수 세기 동안이나 계속되었다는 사실에 대해서 온갖 주장이 제기되어 왔다. 전기학자들에 따르면, 할례에 대한 나쁜 기억에 시달렸다는 프로이트를 포함하여 많은 정신분석학자가 남성에서 여성성을 제거(할례)하는 행위는 여성에서 남성성의 상실(음핵 절개)시키는 행위와 마찬가지라고 주장해왔다. 또한 아버지의 전조 또는 거세의 위협에서 비롯되는 오이디푸스적 욕망에 대한 경계로 분석했으며, 탯줄의 절단을 반복한다는 뜻에서 새로운 탄생을 상징하는 것으로 해석하기도 했다. 할례가 정체성을 확립하고 공동체의 소속감을 높여주는 의식적 행위이기도 하지만, 정신분석학자들의 주장도 귀담아 들을 만하다.

그러나 유대인 철학자 두 사람, 즉 알렉산드리아의 필론은 『창세기의 의문』에서, 모세스 마이모니데스는 『길을 잃은 사람을 위하여』에서 할례에 대해 다른 해석을 제기했다. 즉 할례는 성적기관을 약화시키는 데 목적이 있으며, 하느님을 찬양하는 데 사용되어야 할 힘이 추잡스런 생각에 허비되지 않도록 한 개인의 본질까지 검열한다는 상징적 의미를 갖는다는 것이다. 또한 그들의 해석에 따르면, 할례는 음욕을 약화시키고 쉽게 희열에 도달하게 한다. 나는 여기에 몇 가지를 덧붙이고 싶다. 할례는 성적능력을 약화시키고, 순수한 즐거움을 방해하며, 욕망과 성욕, 생명에 대한 증오심을 살에 새겨놓은 행위다. 또한 할례는 삶의 욕구가 용솟음치는 곳에 죽음을 안겨주는 행위이며, 자신의 행복을 위해 타인에게 죽음의 충동을 떠넘기는 행위라고 해석하고 싶다.

기독교 교리와 바울의 결정으로 할례는 정신적인 과제가 되었다.

더는 살에 표식을 남길 필요가 없게 되었으며, 현실적인 의미를 갖지 못하게 되었다. 그렇기 때문에 마음의 할례만이 중요해졌다. 이런 할례를 위해서는 육욕에서 비롯된 모든 죄를 몸에서 씻어낼 수 있어야 한다. 그래서 세례가 필요하다. 하지만 그리스도가 고통과 수난을 받았던 것처럼 우리는 일상의 삶에서 그리스도를 닮으려 애쓰며 금욕해야 한다. 결국 바울 덕분에 기독교인은 남근을 온전하게 지킬 수 있게 되었지만 대신에 몸 전체를 잃고 말았다. 할례 시술자가 포피를 제거하는 것과 같이 남자들은 몸 전체와 결별해야 했다. 요컨대 기독교 교리와 더불어, 죽음의 충동이 온 세계를 뒤덮기 시작했다.

3부
기독교

1. 예수의 탄생

위조의 역사

예수가 이 땅에서 살았던 것은 분명할까? 그러나 그가 언제 어디에서 물리적인 몸으로, 즉 뼈와 살을 가진 사람으로 살았느냐는 중요하지 않다. 율리시스나 차라투스트라와 마찬가지로 예수도 이 땅에서 살았다는 역사적 증거가 없다. 예수에 대한 당시의 자료나 고고학적 증거가 없다. 그의 탄생을 중심으로 기원전과 기원후로 나눠야 할 만큼 예수가 정말로 이 땅에서 살았다고 말해줄 증거는 아무 데서도 찾을 수 없다.

무덤도 없고 수의壽衣도 없으며 기록도 없다. 하기야 콘스탄티누스 황제의 어머니인 헬레나가 325년에 발견했다고 주장하는 무덤이 있기는 하다. 게다가 헬레나는 골고다 언덕을 찾아내고, 예수의 재판이 기록된 목판 조각인 '티툴루스titulus' 까지 발굴했다. 정말 대단한 여자이지 않은가! 하지만 탄소 14로 연대를 측정한 결과에 따르면, 그녀가 발견한 무덤에서 나온 천 조각은 기원후 13세기의 것으로 밝혀졌다. 따라서 그것이 천 년을 훌쩍 넘는 세월을 뛰어넘어 그리스도의 시신을 감싸려면 엄청난 기적이라도 있어야 할 판이다. 오래된 문헌 가운데에는 플라비우스 요세푸스Flavius Josephus, 수에토니우스Gaius Suetonius Tranquillus, 타키투스Publius Cornelius Tacitus 등이 남긴 옛 문헌에 서너 번 정도 예수의 수난과 관련된 이야기가 애매하게 언급되는 게 전부다. 하지만, 그로부터 몇 세기가 지난 후, 특히 예수의 이름을 빙자한 사기꾼들이 성공을 거둔 후에는 예수와 관련된 문헌이 봇물처럼 쏟아져 나왔다. 이런 상황에서 설사 예수가 관념적으로만 존재했더라도 과연 그의 실존을 부정하는 게 가능했을까?

혜라클레이토스의 불, 엠페도클레스의 우정, 플라톤의 이데아, 에피쿠로스의 쾌락처럼 예수는 죄로 가득 찬 과거와 구원이 있는 미래라는 세계관에서 훌륭한 역할을 수행하고 있다. 어쨌든 예수의 실존 여부는 쉽게 결론내릴 수 있는 문제가 아니므로 토론 좋아하는 사람들에게 맡겨놓기로 하고, 우리는 더 중요한 문제들을 살펴보기로 하자. 예수라는 인물은 어떻게 조작되었을까? 그리고, 왜 그런 일이 벌어졌을까? 무슨 목적에서? 어떤 이익단체를 위해서였을까? 누가 그런 조작을 했을까? 그렇게 만들어진 신화가 어떻게 구체화되었을까? 그리고, 그 신화는 어떻게 변해왔을까?

헤라클레이토스

이런 의문들에 적절한 답을 구하려면 히스테리 환자이자 열세 번째 사도인 타르수스의 바울과 '외부 일을 도맡은 주교'를 자처했으며 성공한 쿠데타의 주역인 콘스탄티누스 1세, 그리고 그의 뒤를 이어 황제에 오른 뒤 기독교인들을 부추겨 약탈하고 고문하고 살상하고 심지어 도서관까지 불태우도록 한 유스티니아누스, 테오도시우스, 발렌티니아누스에 이르기까지 많은 사람을 살펴봐야 한다. 눈에 보이지 않는 심령체에 불과하던 예수라는 '유령'이 한 제국에서 시작하여 결국 전 세계의 실질적인 권력자로 부상하는 역사는 서구 문명의 발달사와 크게 다르지 않다. 예수의 이야기는 팔레스타인에서 어렴풋이 시작되어 로마로 이어졌고, 비잔티움에서 황금시대를 맞았다. 게다가 교황청이 정치적 폭력을 휘두르며 모순과 반발을 잠재운 덕분에, 도무지 믿기지 않는 이야기에 세뇌된 수많은 사람들의 머릿속을 오늘날에도 여전히 지배하고 있다.

기존의 문헌들 대부분은 교묘하게 조작된 거짓말이다. 도서관을 불태우고, 무지한 파괴자들이 약탈을 거듭하고, 우연을 가장하여 불이 나고, 기독교인들이 박해당하고, 지진이 일어나고, 갑작스럽게 파피루스 대신 양피지가 등장하면서 필사지에 혁명적인 변화가 일어나고, 무작정 그리스도만을 신봉하는 종파주의자들이 생겨나고, 지켜야 할 자료와 없애버려야 할 자료가 구분되고, 옛 고대 문헌을 새롭게 편집하던 수도사들이 자의적 해석에 따라 터무니없는 것들을 슬쩍 끼어넣은 등의 일들은 진정한 철학을 질식시키기에 충분했다.

남아서 전해지는 문헌들을 그대로 믿기란 어렵다. 특히 기독교 관련 고문서들은 이념적 조작물이다. 이미 1세기경에 그리스도와 그를 따르는 신도들이 존재했다고 언급하고 있는 플라비우스 요세푸스, 수에토니우스, 타키투스 등의 문헌조차 지적 속임수에서 벗어나지 못하고 있다. 로마군에 체포당해 결국 로마 황제의 협력자로 전락한 유대인 역사학자 플라비우스 요세푸스의 『유대 고대사』를 옮겨 적게 된 이름 모를 수도사가 그 책 이외에도 수에토니우스의 『12황제전』과 타키투스의 『연대기』 등에 당연히 있을 것이라고 믿은 역사적 기록들을 실제로는 찾아볼 수 없다는 사실에 놀란 나머지 아무런 죄의식도 없이 선의로 몇몇 구절을 덧붙인 것 같다. 그 수도사는 그런 짓을 하면서도 자신의 행동이 얼마나 나쁜 짓인가 하는 복잡한 생각은 전혀 떠올리지 않았을 것이다. 하기야 진실을 알려는 사람들, 원전과 저작권을 소중히 여기던 사람들은 그런 책에 접근조차 못하던 시대이기에 가능한 일이었을 것이다. 덕분에 오늘날의 우리는 수 세기가 지난 뒤에야 다시 쓰여진 필사본이나 역사의 흐름에 맞춰 기독교 관련 내용을 슬쩍 끼워넣은 필사본으로 고대의 문헌들을 읽어야 하는 신세가 되었다.

히스테리에서 시작된 조작

프로스페르 알파리크Prosper Alfaric나 라울 바네겜Raoul Vaneigem과 같은 지독한 합리주의자들은 예수의 역사적 실존 자체를 부인했다. 하지만 우리에게 남겨진 문헌과 자료 등의 정보가 워낙 부족한 탓에 지난 수십 년 동안 온갖 억측이 난무했음에도 예수의 실존에 대한 결론은 나지 않은 상태다. 따라서 보편적으로 인정할 만한 공론도 없다. 어쨌든 예수의 정체에 관해서는 가공의 인물에 불과하다는 주장에서 하느님의 아들이라는 주장까지 종잡을 수 없다. 그 때문에 로마 교황청의 비밀결사라는 의혹을 받는 오푸스 데이Opus Dei에 가입하는 것만큼이나, 합리주의 연맹Union rationalsite의 공격적이고 전투적인 무신론도 합리화된다.

이런 혼돈은 당시의 시대 상황에서 비롯된 듯하다. 예수가 등장한 시대에는 예수처럼 구세주를 자처하거나, 시대 상황에 분노한 예언자, 또는 계시를 받았다고 주장하는 미치광이, 괴상한 진리를 들먹이는 히스테리 환자, 그리고 종말론자들이 우글댔다. 당시의 역사는 마치 활화산처럼 뜨겁게 달궈져 있었다. 수많은 사건들이 벌어지고 아무도 앞날을 예측할 수 없는 변화의 소용돌이 속에서 불안과 두려움이 비롯되었다. 그 불안과 두려움이 한층 강화된 지복천년설과 광기에서 그노시스파Gnosticism 철학자들도 잉태되었다. 옛 것들은 삐걱거리면서 금방이라도 붕괴될 듯했고, 그런 징조는 사람들에게 더 큰 두려움을 주었다. 이때 더 할 나위 없이 비합리적인 감언이설로 무지몽매한 사람들의 주목을 끈 사람이 있었다.

요르단 강가, 예수와 제자들이 살았다는 그곳에 테우다스(성경에는 '드다')라는 사내가 자신이 구약에서 예고된 구원의 예언자라며 여호수아Josué를 자칭하고 나섰다. 여호수아는 어원적으로 예수Jésus와 다를 바가 없다. 4천 명의 추종자들을 이끌고 로마 정권과 승부를 겨루고 싶었던 이집트 출신의 테우다스는 강물을 갈라서 로마군을 무찌를 군사를 보내겠다고 떠벌렸다. 하지만 자신의 능력을 보여줄 틈도 없이, 로마군에게 붙잡혀 광장에서 참수형을 당했다.

역시 예수의 이야기에 자주 등장하는 갈릴리에서는 기원후 45년에 유다의 아들인 야곱과 시몬이 아버지가 기원후 6년에 그랬던 것처럼 폭동을 일으켰지만 실패로 끝나고 말았다. 로마의 오합지졸이 폭동의 가담자들을 체포해 십자가의 제물로 삼았다. 한편 독립운동가를 끊임없이 배출한 가문의 자손인 메나헴은 조상들의 전례에 따라 66년에 반란을 일으켰고, 그것은 이른바 유대 전쟁으로 발전했지만 70년에 예루살렘이 함락되면서 종지부를 찍었다.

1세기 전반기에는 예언자, 구세주, 복음의 예고자가 넘쳐났다. 그들 중 일부는 신이 보내는 증거를 보자며 추종자들을 사막으로 인도하기도 했다. 이집트 출신의 한 신비주의자는 무려 4만 명의 추종자들을 데리고 감람산에 올랐다는 기록이 있다. 감람산도 기독교 문헌에서 자주 언급되는 곳이다. 이 신비주의자는 목소리만으로도 예루살렘의 벽을 무너뜨려 로마에 항거해서 일어선 반도叛徒들에게 길을 열어줄 수 있다고 주장했다. 하지만 그의 추종자들도 로마군들에 의해 뿔뿔이 흩어지고 말았다. 이처럼 유대인은 종교적이고 신비주의적인 말이나 구약성서에서 예언된 복음이 실현될 것이라는 예언 등을 유일한 무기로 삼아 로마군에 대적하려 했다. 그런 유대인들의 의지를 보여주는 역사적 기록들은 매우 많다.

그들의 저항은 당연한 것이었다. 로마어, 로마법, 로마의 풍습을 무력으로 강요하는 점령군을 자신의 땅에서 몰아내고 싶은 그들이 로마에 저항하고 반발하는 것은 당연했다. 로마를 거부하며 칼로 저항했던 것도 합리화될 수 있다. 그러나 전장에서 온갖 일을 겪으면서 세계에서 가장 강력한 위용을 갖춘 군대, 체계적으로 훈련받고 막강한 무기로 무장한 군대에 믿음이라는 열정만으로 대항해서 승리한다는 것은 불가능한 일이었다. 따라서 유대인의 독립전쟁은 시작하기도 전에 패배한 전쟁이나 다름없었다. 깃발처럼 펄럭이는 하느님도 로마군단 앞에서는 무력하기 짝이 없었다.

따라서 하느님의 이름으로 행한 행동과 굳은 의지만으로 의기양양하게 시작한 투쟁에서 결국 승리하리라는 믿음, 즉 당시의 시대적 히스테리가 예수라는 이름에 집약된 것이라 할 수 있다. 파성추破城椎와 같은 군사 무기가 아니라 목소리로 성벽을 무너뜨리고, 배가 아닌 말로 물길을 열며, 전투 경험이 풍부한 군인들을 창과 칼 대신 찬송가와 기도와 부적으로 대적하겠다는 외침은 로마 점령군에 위협적이지 못했다. 그것은 제국이란 커다란 가죽에 생긴 작은 흠집에 불과했다.

예수라는 이름이 로마 제국에 맞서 헛되어 낭비되던 힘들을 결집시켰다. 그리고 하느님이 자신들을 식민의 구렁텅이에서 해방시켜주는 기적을 보일 것이란 믿음을 유일한 무기로 삼아서 로마의 점령을 거부하던 모든 유대인들에게 예수라는 이름은 상징적 의미가 되었다. 하느님이 정말로 존재하고 백성을 사랑한다면, 그처럼 부당한 로마법 아래에 그들을 내던져 놓지 않을 것이다! 하느님이 부당한 로마법을 인정하며 자신의 백성을 억압받게 할 이유가 무엇이겠는가?

애초부터 존재하지 않은 가공의 인물이든 아니든 간에, 예수는 목수와 동정녀의 아들로 나사렛에서 태어났다. 어려서는 율법학자들에게 따끔하게 설교했고, 성인이 된 후에는 티베리아스 호수가에서 어부와 장인匠人등과 같은 소시민들에게 가르침을 주었다. 그런 예수에게는 로마도 적이었지만 유대인 공동체가 더 큰 적으로 여겨졌다. 간헐적으로 일어나서 아무런 성과도 없이 끝나는 폭동에 지친 예수는 그 시대를 지배하던 모든 것, 즉 서기 1세기의 역사를 통합시키고 결집시켜 숭고한 가치를 부여했다. 이렇게 예수는 로마의 지배를 거부하던 유대인에게 상징적인 인물이 되었다.

'예수'는 어원적으로 '하느님이 구원하고 구원하셨고 구원하실 것이다'라는 뜻이다. 고유명사 자체가 그 운명을 뜻하고 있으니, 상징적 의미를 어떻게 더 명확히 표현할 수 있겠는가! 예수라는 이름에는 하늘의 한 구석에 이미 새겨진 미래가 담겨 있으며, 그때부터 역사는 매일같이 하늘의 계시를 기다리게 되었고, 종말론이 되었다. 예수의 이름으로 세례를 주는데 계시의 징조가 없으리라고 어찌 상상할 수 있겠는가? 그렇지 않다면, 그 이름을 존재론적 유인책으로 이용하려는 목적에서 예수라는 존재가 치밀하게 조작되었다고 말하는 편이 훨씬 낫지 않을까?

기적을 만들다

메시아를 바라는 시대의 열망이 예수라는 이름에 결집되었다. 경이로운 사람을 지칭하는 데 사용되던 이전의 모든 표현들이 그 이름에 집약되었다. 따라서 예수는 하늘에서 내려온 천사로부터 구세주를 잉태할 것이란 이야기를 들은 동정녀의 몸에서 태어난 존재가 되었다. 또 예수는 기적을 행했고, 그의 카리스마는 헌신적인 제자들을 낳았고, 죽음에서 다시 살아났다는 믿음도 생겨났다.

이런 이야기는 고대의 문헌들에서 얼마든지 찾아낼 수 있다. 복음서를 성서聖書로 생각하는 순간부터 비교연구는 허락되지 않는다. 고결하고 경이로운 이야기를 상대화시켜, 과거의 초자연적인 사건들과

수태고지

똑같이 취급할 염려가 있기 때문이다. 그렇게 된다면, 바울의 예수는 호메로스의 율리시스, 피로스트라토스의 아폴로니오스, 페트로니우스의 엔클로피우스와 다를 바가 없는, 소설 속의 영웅으로 전락할 위험이 있다.

예수를 창조해낸 사람은 누구일까? 마가다! 마가는 예수라는 사내의 경이로운 행적을 처음으로 기록한 복음서의 저자다. 타르수스의 바울이 선교 여행을 하는 동안 동행한 것으로 보이는 마가는 70년경에 마가복음을 썼다. 하지만 그가 예수를 직접 만났다는 증거는 어디에도 없다. 하기야 그가 예수를 어찌 볼 수 있었겠는가! 만약 그가 예수를 정말로 만났다면 마가복음에 그 이야기를 쓰지 않았을 리 없다.

하지만 예수를 직접 만났다고 하면 자신의 거짓말이 들통날까봐 두려웠을 것이다. 따라서 사람들이 사막의 뜨거운 열기 속에서 환영으로 나타난 종려나무와 오아시스를 진짜로 착각하듯이, 마가도 예수라는 인물을 그렇게 봤던 것이다. 당시의 히스테릭한 분위기에 사로잡힌 마가는 진실이라 믿으며 선의로 거짓을 꾸며냈다.

마가는 다른 사람들을 개종시키기 위해 복음서를 썼다. 그 대상은 누구였을까? 설득해야 할 사람들, 즉 그리스도의 메시지에 무덤덤한 반응을 보이는 사람들을 포섭할 목적으로 쓰여진 마가복음은 프로파간다의 냄새를 물씬 풍긴다. 프로파간다는 상대방에게 호감을 주고 동의와 확신을 끌어내기 위해서 기만책도 마다하지 않는다. 때문에 경이로운 기적이 언급된다. 하기야 평범한 사람의 진부한 이야기에 누가 관심을 갖겠는가? 평범하게 살다가 죽어가는 보통 사람의 이야기로 어떻게 대중의 관심을 끌겠는가? 이런 이유로 복음서들은 옛 선조의 글쓰기 수법을 그대로 모방했다. 누군가를 영웅으로 둔갑시키기 위해서 관련된 이야기들은 미화시키던 과거의 글쓰기 방식과 조금도 다르지 않다.

이것은 신약성서에서 가장 널리 알려진 몇몇 구절들과 디오게네스 라에르티오스Diogenēs Lāertios가 쓴 책으로 저명한 철학자들의 삶과 주장을 담은 『유명한 철학자들의 생애 · 가르침 · 격언』을 비교해보면 알 수 있다. 두 글의 글쓰기 수법은 같다. 두 글 모두에서 성령의 감화를 받은 흔적은 보이지 않는다. 대신 구태의연한 글쓰기 수법을 사용하여 독자에게 감동을 주고, 예외적이고 위대한 인물에 대한 그들의 생각을 읽는 이에게 강요하려는 듯한 흔적이 보일 뿐이다. 한마디로 피타고라스, 플라톤, 소크라테스, 예수 등이 마치 똑같은 눈으로 관찰되고 기록된 것 같다. 복음서를 읽으면 고대의 문헌을 읽는 듯한 기분마저 든다.

디오게네스 라에르티오스와 마가가 그려낸 세계는 너무나 비슷하다. 문학적으로는 똑같은 세계라고 말할 수밖에 없을 지경이다. 마법과 기적을 표현해내는 수사적 기법이나, 독자의 감동을 끌어내기 위해 주제를 유난스레 강조하는 기법 등이 같다. 마가는 사람들이 예수를 사랑하게 만들고 싶었다. 디오게네스 라에르티오스도 사람들이 고대의 위대한 철학자들을 사랑하게 만들고 싶었다. 그래도 마가는 신화 같은 사건들로 가득한 한 사람의 삶에 대해 이야기하고 있지 않느냐고? 하지만 디오게네스

동정녀 마리아

라에르티오스도 기상천외하고 파란만장한 삶을 산 사람들의 이야기로 책을 가득 채우고 있다. 그토록 위대한 철학자들이 어떻게 평범한 사람들과 마찬가지로 태어나고, 말하고, 생각하고, 죽어갈 수 있겠는가?

좀더 자세히 살펴보자. 예수의 어머니인 마리아는 처녀의 몸으로 임신했다. 이른바 성령의 힘으로 잉태했다.

오직 성경에서만 접하는 이야기라고? 잘 몰라서 하는 말이다. 플라톤도 한창때임에도 처녀막을 유지한 어머니의 몸에서 태어났다. 가브리엘 대천사가 목수의 부인에게 남편과 동침하지 않아도 아기를 낳게 될 것이라 알렸고, 착한 남편은 그 말을 듣고도 얼굴 한 번 찌푸리지 않고 선뜻 받아들였다고? 플라톤의 경우에는 아폴로 신이 몸소 행차해서 마찬가지의 소식을 전했다고 한다. 요셉의 아들이 하느님의 아들이라고 하는 것은 어떻게 설명하겠냐고? 문제 없다. 피타고라스의 제자들도 자신들의 스승이 북방낙토에서 몸소 이 땅으로 내려온 아폴로 신이라 생각했다. 예수가 장님의 눈을 뜨게 해주고, 죽은 사람을 되살려내는 등 기적을 행했다고? 엠페도클레스도 저승의 문턱을 넘은 사람을 되살려냈다. 예수가 탁월한 예언가였다고? 아낙사고라스는 운석의 낙하를 정확히 예측했다.

내친 김에 더해보자. 예수가 자신보다 훨씬 위대하고 강한 분에게 영감을 받았으며, 그분의 목소리로 말했다고? 소크라테스의 머리에서는 다이몬(신에 가까운 존재, 또는 신과 인간 사이의 중간적 존재—옮긴이)이 늘상 곁에 있었고, 심지어 다이몬은 아예 소크라테스의 몸에서 살았다고 한다. 예수가 뛰어난 웅변력을 발휘하여 무지한 제자들을 새로운 사람으로 탈바꿈시켰다고? 견유학파에서 에피쿠로스학파까지 고대의 모든 철학자들도 비슷한 능력을 과시했다. 예수와 그가 가장 사랑한 제자인 요한의 관계가 그랬으며, 에피쿠로스와 그의 제자인 메트로도로스의 관계가 그랬다. 나사렛 예수는 은유적으로 말하고 수수께끼처럼 행동했다고? 피타고라스는 그야말로 수수께끼 같은 인물이었다. 하지만 예수는 단 한 편의 글도 쓰지 않았다고? 막대

소크라테스

소크라테스의 죽음

기로 모래 위에 단 한 번 끼적거린 게 전부라고? 부처와 소크라테스도 그랬다. 그들도 입으로만 가르쳤으며, 말로 사람들의 가슴을 위로했다. 예수가 그 사상 때문에 죽은 것은 어떻게 설명하겠냐고? 소크라테스도 자신의 믿음을 지키려다 죽었다. 겟세마네 동산에서 예수는 최후의 날을 알고 기뻐했다고? 소크라테스도 포티다이아에 어둠이 내릴 때 그런 희열을 맛보았다. 마리아는 꿈을 통해 성모가 되리라는 운명을 알게 되었다고? 소크라테스는 백조를 꿈꾼 다음날 플라톤을 만났다. 그밖에도……, 예수는 먹지만 소화시키지 않아 배설하지 않았다고? 보통 사람처럼 변덕스럽지 않은 초월적 몸을 지녔다고? 그래서 메시아는 배고프지 않았고 목마르지도 않았으며 잠도 자지 않았다고? 조금 전에 말했듯이 똥도 누지 않고 섹스도 하지 않으며 웃지도 않았다고? 미안한 일이지만 소크라테스도 그랬다! 플라톤이 『소크라테스의 변명』에서 술을 마셔도 변함이 없고 피곤을 모르고 잠도 자지 않았다고 서술한 사람이 누구인지를 기억해보라. 게다가 피타고라

부처

스도 시간과 엔트로피에 구애받지 않는 인간으로 묘사되었다.

예수와 마찬가지로 플라톤은 죽은 뒤의 삶, 비물질적이고 영원히 죽지 않는 영혼의 존재를 믿었다. 갈릴리의 예수는 십자가에 못 박혀 죽은 후 인간세계로 다시 돌아왔다. 하지만 예수보다 훨씬 앞서서 피타고라스도 그랬다. 다만 예수는 죽은 지 사흘 만에 돌아왔지만, 아마포에 싸인 피타고라스는 죽은 지 207년이 지난 후에야 그리스 땅으로 돌아왔다. 그밖에도, 마가가 독자를 감동시켜 예수의 품에 안기게 하려고 인용한 수많은 우화들을 그리스 철학자의 전기에서 어렵지 않게 찾아볼 수 있다.

역사를 넘어서

기적은 역사를 왜곡하게 마련이다. 두꺼비나 철못이 하늘에서 비 오듯 쏟아지고, 죽은 사람이 관에서 일어나 식구들과 저녁식사를 했다는 기적들의 진위 여부를 놓고 다툴 필요는 없다. 합리적인 사람이라면 누구나 답을 알 테니까 말이다. 마법의 지팡이를 휘두르자 몸이 마비되거나 부종이 있는 사람, 출혈증에 걸린 여자가 건강을 회복했다. 때로는 "나아라!"라는 말 한 마디에 침대에서 벌떡 일어

난 환자도 있었다. 우리가 이성적
으로만 생각한다면 도무지 그 뜻
을 헤아릴 길이 없는 기적들이다.

모세 5경

　이런 기적들을 이해하려면 상
징적 · 비유적인 노력이 필요하다.
고대의 낭만적인 산문이나 호메로
스의 시에 접근하는 방식으로 복
음서에 접근해야 한다. 문학적 감
흥을 찾으려는 수고를 던져버리고, 비판 정신을 포기해야 한다. 헤라
클레스의 행위는 엄청난 힘을 뜻하고, 율리시스의 계략은 그의 교활함
과 재주를 보여주는 것이다. 예수의 기적도 마찬가지다. 예수의 기적
을 대하면서 확인된 사실史實로 해석하는 것이 아니라, 그것에 담긴 상
징적 의미를 찾아야 한다. 즉 예수의 기적에서, 예수보다 훨씬 큰 세계
를 주관하는 분의 무궁무진한 힘과 초월적 능력을 읽어야 한다.

　오스틴John Langshaw Austin의 용어를 빌리면, 복음서는 '행위유발
적performatif' 성격을 띤다. 오스틴은 언술행위 자체가 진리를 만들어
낸다고 말했다. 따라서 복음에 담긴 이야기들은 진리냐 진리가 아니
냐와 상관없이, 화자가 단언함으로써 만들어내는 언어행위의 힘을
드러낸다. 예를 들면, 신혼부부의 성혼成婚을 선언하는 주례가 전형
적인 행위유발자라 할 수 있다. 성혼선언문을 낭독하는 행위에서 비
롯되는 결과가 성혼을 뜻하는 단어들의 합과 정확히 일치하기 때문
이다. 마찬가지로 예수는 복음서를 진리로 만들기 위해 필요한 인물
이었다. 따라서 역사를 따를 필요가 없었다.

복음서의 저자들은 역사를 경멸했다. 기독교의 변증을 위해서라도 어쩔 수 없는 선택이었다. 그들에게는 복음서의 이야기들이 실제 사건일 필요가 없었다. 실제의 사건이 그 사건에 대한 진술과 일치해서 도움 될 것도 없었다. 말이 목표로 한 결과를 거두게 되면 그것으로 충분했다. 즉 독자를 개종시키고, 예수라는 인물과 그의 가르침에 대해 독자의 동의를 끌어내면 충분했다.

복음서의 저자들이 의도적으로 이런 신화를 창조해낸 것일까? 아마도 그렇지는 않을 것이다. 그들은 결코 의도적·의식적으로 이런 신화를 만들어내지 않았다. 마가, 마태, 요한, 누가 등은 의식적으로 독자를 속이려 하지 않았다. 바울도 예외가 아니다. 오히려 그들이 속았다! 그들은 자신들이 믿던 것을 진실이라 말했고, 자신들이 말한 것이 진실이라고 믿었다. 그들 중 누구도 예수를 실제로 보지 못했다. 하지만 모두가 그 가공의 인물을 실존인물이라 믿었다. 상징적 인물인 줄은 꿈에도 생각지 못했다. 그들은 자신의 입으로 말하는 것을 진실이라고 믿었다. 이른바 지적인 자기도취였고, 무분별하기 이를 데 없는 존재론적인 자기세뇌였다.

그들은 꾸며낸 이야기를 사실로 믿었다. 그들이 말하는 거짓 신화가 진실이라 믿었기 때문에 그 신화를 더욱 그럴 듯하게 꾸며갔다. 진실이 존재한다는 증거를 찾으려는 노력은 종종 오류의 반복으로 이어졌지만, 그 오류들도 결국에는 진실로 바뀌어갔다. 수 세기에 걸쳐 시시콜콜하게 이야기되던 한 인간이 어쩌면 존재조차 않았을지도 모른다는 우려에서 신화가 만들어졌으며, 그것을 집단, 도시, 국가, 제국, 결국에는 온 지구가 믿고 따르기에 이르렀다. 복음서의 저자들은 거짓말을 되풀이하면서 진실을 만들어냈다. 그런 뒤에 바울의 공격적인 선교와 더불어, 콘스탄티누스의 쿠데타, 발렌티니아누스와 테오도시우스의 탄압이 뒤를 이으면서 기독교는 세계적인 종교가 되었다.

완전한 경전 속의 숱한 모순

신화를 완성하는 데는 수 세기에 달하는 기간과 많은 사람이 동원되었다. 그들은 복음서들을 옮겨 썼고, 그런 과정에서 몇몇 내용들을 덧붙이거나 삭제했다. 의도적인지 아닌지는 알 수 없지만, 생략되고 왜곡된 부분도 있었다. 덕분에 우리는 서로 모순되는 글들로 이뤄진 두툼한 책 한 권을 갖게 되었다. 오직 하나의 이야기를 이 한 권에 몽땅 담아 넣으려던 이데올로기의 산물이다.

그것이 불어온 결과는 자명했다. 복음서는 진리다! 따라서 예수라는 성인의 이야기가 거북스럽다거나, 책의 진실성이 의심스럽다고 하는 사람들은 배척받아 마땅했다. 그로 인해 정경正經과 외전外典이 구분되었고, 심지어 학자들에 의해 형이상학적 치외법권이란 야릇한 지위가 부여된, '구약과 신약 사이에 쓰인 글'도 있다.

예수가 채식주의자였다면 식탁에 오른 구운 수탉을 부활시켰을까? 어린 예수는 어린 새들의 목을 졸라 죽였다가 부활시키는 신나는 놀이를 했을까? 목소리로 시냇물의 흐름을 바꾸거나, 점토로 새를 빚어 진짜 새로 변화시키는 기적을 행했을까? 예수는 열 살이 되기 전에 어떤 기적을 보여주었을까? 예수는 독사에게 물린 상처 부위에 입김을 불어넣어 뱀의 독기를 빼냈을까? 예수의 아버지인 요셉이 111세

예수의 죽음을 확인하기 위해 창으로 찔러보았다는 성경의 내용을 형상화한 그림

에 죽었을 때는 어떤 이야기가 있었을까? 예수의 어머니인 마리아의 죽음에 대해서는 어떤 이야기가 있었을까? 예수는 웃음을 터뜨린 적이 있었을까? 수천 쪽에 달하는 기독교 외전에는 우리에게 알려지지 않은 많은 이야기가 담겨 있다. 그런데도 외전이 배척당하는 이유는 무엇일까? 예수에 대해 한 목소리로 말하지 않기 때문이다. 그렇다면, 오늘날 우리가 보는 성경을 구성하고, 거기에 정경이라고 이름붙인 사람은 누구일까? 바로 4세기 말의 교황청과 공의회들이었다.

선별 작업도 복음서에서 무수하게 발견되는 모순과 사실성이 의심되는 모호한 사건들을 완전히 걸러내지는 못했다. 예를 들어보자. 요한복음에 따르면, 예수가 유죄인 이유가 적힌 목판 조각(티툴루스)은 십자가에 못 박힌 그리스도의 머리 위에 붙어 있었다. 그런데 누가복음에 따르면 목판 조각은 그리스도의 목 옆에 있었다고 하며, 마가는 딱 잘라 말하지 못하고 두루뭉술하게 넘어간다. 또 요한복음에 따르면 예수는 골고다 언덕까지 혼자서 십자가를 메고 올라갔다고 하는데, 왜 다른 저자들은 시레네의 시몬이 예수를 도왔다고 말하는 것일까? 죽은 예수가 다시 나타나는 장면에 대한 묘사도 서로 다르다. 어떤 복음서는 한 사람에게, 또 다른 복음서는 여러 사람에게, 또 많은 사람 앞에 예수가 나타났다고 말하는 복음서도 있다. 그렇다면 예수가 여러 장소에 나타났다는 뜻일까? 하여간 교황청이 하나의 목소리로 하나의 신화를 꾸며서 정경이라고 이름붙인 복음서들에서도 이런 모순들이 빈번하게 발견된다.

모순만 있는 것이 아니다. 도저히 있을 법하지 않은 일이 버젓이 기록되어 있는 경우도 눈에 띈다. 예컨대 사형선고를 받은 죄인과 로마 제국을 대리한 본디오 빌라도 총독이 어떻게 대화를 나눌 수 있었을까? 비슷한 사례를 보면 총독이 죄인을 직접 심문하는 경우는 한 번도 없었다. 언제나 총독의 부하들이 심문을 맡았다. 당시는 예수가 그리스도도 아니었고, 아직 그를 그럴 듯한 영웅으로 미화시킨 신화도 없었기 때문에 본디오 빌라도가 예수를 구태여 만날 까닭이 없었다. 예수는 점령군의 감옥에 갇힌 다른 죄수들과 마찬가지로 보통법의 적용을 받았으며, 총독 정도 되는 고위 공직자가 '작은 동네 깡패'와 대화를 나눠야 할 이유가 없었다. 게다가 본디오 빌라도는 라틴어를, 예수는 아람어를 사용했는데도 요한복음에 쓰인 대로 두 사람이 통역관도 없이 편하게 대화했다는 게 가능했을까? 이 정도면 복음서가 날조된 이야기라는 증거로 충분하지 않은가!

복음서에 따르면, 빌라도는 검사가 아니라 유대 총독이었다. 게다가 검사라는 직책은 50년경에야 처음 등장했다. 또한 복음서의 저자들이 예수를 죽음으로 몰아넣은 유대인들을 질책하고 로마권력에 아첨하기 위한 의도가 아니라면, 예수를 대하는 로마 총독의 모습을 그처럼 부드럽고 정중하며 호의적으로 표현했을 리 없다. 오히려 유대 총독은 잔혹하고 냉소적인 사람, 포악하고 억압적인 사람으로 표현되었어야 마땅하다. 여기에서도 날조의 냄새가 물씬 풍긴다.

십자가에 못 박힌 정황도 역사적 사실과 다르다. 역사적 증거에 따르면, 당시 유대에서는 죄인을 돌로 때려죽이기는 했지만 십자가에 못 박지는 않았다. 사람들이 예수에게 씌운 죄가 무엇이었는가? 바로 유대의 왕을 자처했다는 죄다. 그런데 로마는 그와 같은 메시아 신앙을 경멸했다. 그들은 로마의 권위에 도전하며 위협한 죄인을 처형할 때나 십자가를 이용했다. 하지만 예수가 로마 권력에 명시적으로 도전한 적은 없었다. 예수가 십자가에서 처형당한 게 사실이라고 인정하더라도, 십자가에서 처형당한 죄인은 그대로 매달아 두는 것이 원칙이었다. 이때 십자가의 높이는 2미터를 넘지 않았기 때문에 십자가에서 처형당한 죄인은 맹금류와 늑대들의 밥이 되기 쉬웠고, 야수들에 물어뜯긴 몸은 결국 공동의 묘혈에 던져졌다. 그렇게 죽은 죄인이 무덤에 묻힌다는 것은 생각할 수도 없는 일이었다. 이 부분에서도 날조의 냄새가 풍긴다.

무덤에 관해서도 도무지 이해가 되지 않는다. 복음서에 따르면, 예수가 몰래 키운 제자인 아리마대의 요셉이 빌라도에게 사정해서 예수의 시신을 얻어 무덤에 안장했다. 그런데 시신을 손질했는지 여부가 분명치 않다. 시신을 손질하지 않은 채 무덤에 안장하는 일은 유대인에게는 상상할 수도 없다. 복음서 저자들 중 한 사람만이 향료, 몰약, 알로에를 무려 30킬로그램이나 사용해서 시신을 닦고 천으로 시신을 칭칭 감았다고 했다. 마치 이집트인들이 시신을 방부처리하듯이! 하지만 다른 세 저자는 이 부분에 대한 언급을 건너뛰었다. 이런 모순은 요셉의 고향 이름에 담긴 뜻에서 해결되는 듯하다. 아리마대는 '죽음 후'를 의미하며, 따라서 아리마대의 요셉은 죽음 후에 와서 그리스도의 몸을 염려한 사람을 가리킨다. 어찌 생각하면 요셉은 최초의 신도였다. 그런 요셉도 조작된 사람이란 냄새가 나지 않는가?

복음서들을 비교해서 읽다보면 다른 많은 의문이 생긴다. 예컨대 예수가 십자가에 못 박힌 날에 제자들은 어디에 있었던 것일까? 스승이 사형당하는 충격적인 사건이 있은 후에도 그들은 아무 반응을 보이지 않았으며, 어떤 모임도 갖지 않았다. 스승의 유업을 계속 이어 갈 생각조차 하지 않았다. 어떻게 그럴 수 있었을까? 예수가 죽은 뒤 제자 모두가 원래의 직업으로 돌아가버릴 뿐, 예수의 얼굴조차 보지 못한 바울처럼 멀리까지 복음을 전파할 생각을 하지 않은 까닭은 무엇일까? 이와 같은 의문을 어떻게 설명해야 할까? 이런 모순들, 결코 있을 법 하지 않은 일들을 어떻게 설명해야 할까? 복음서의 글을 읽다보면 예수의 이야기를 후대의 사람들이 서정적이면서도 공격적으로 조작·날조한 흔적들이 곳곳에서 눈에 띈다. 성스런 글들을 역사적 안목에서 읽는 것이 교황청에 의해 오랫동안 금지된 이유가 이해되는 대목이다. 플라톤이나 투키디데스Thukydides의 글을 읽듯이 복음서를 읽는 일은 너무나 큰 위험이 따랐다!

결론적으로, 예수는 개념적 인물이다. 예수라는 이름이 갖는 의미에 그의 실체가 감춰져 있다. 예수는 분명히 존재했다. 하지만 역사적 인물로 존재했던 것이 아니다. 아니, 너무나 불확실하기 때문에 그의 실존 여부는 그다지 중요하지 않다. 어쨌든, 그는 당시의 예언적 열망을 결집시킨 결정체로 존재했다. 그리스 철학자들이 이뤄낸 경이로운 기적들의 결정체로 존재했으며, 복음서의 저자들이 하나의 이야기로 꾸며냈다. 그 이야기를 통해서, 그들은 한 사내의 과거보다 한 종교의 미래를 말했다. 그들은 신화를 창조해냈고, 신화를 통해 자신들도 재창조되었다. 그런 뒤에 신자들이 그들의 피조물을 만들어냈으며, 그 피조물을 숭배의 대상으로 승화시켰다. 이른바 소외의 원리다.

2. 바울에게 더럽혀진 예수

히스테리 환자의 망상

바울은 예수라는 개념적 인물을 독점하여 제멋대로 옷을 입히고 갖가지 사상을 덧씌웠다. 예를 들자면, 예수는 인간다운 삶을 무시하라고 말한 적이 없다. 마가복음의 두 구절(7:15, 10:7)에서 보듯이, 예수는 결혼을 반대하지 않았으며, 금욕적인 삶을 강요하지도 않았다. 예수가 몸에 대해 언급하며 성욕을 억누르라고 말했다는 증거는 없다. 어디에도 없다! 예수가 보여준, 일상생활과 관련된 것들을 향한 상대적인 관대함은 온유한 삶을 살라는 그의 가르침과도 통한다. 그러나 타르수스의 바울은 육신을 증오하고 여자와 함께하는 세속적인 삶을 혐오하라고 선포하면서, 이 부분에 대한 예수의 침묵을 제멋대로 바꿔놓았다. 요컨대 기독교의 반反쾌락주의적 성향은 바울에서 시작되었다. 정작 예수는 이에 대해서 아무 말도 하지 않았다.

이 히스테릭한 유대인은 원래 기독교인을 박해하는 데 희열을 느끼고, 기독교인들끼리 다투는 것을 지켜보면서 빙긋이 미소 짓던 사내였다. 광신자들이 스테파노(성경에서는 스데반)를 돌로 쳐서 죽일 때, 그들 틈에 끼어 함께 돌을 던지던 사내이기도 했다. 그런 그가 34년에 다마스쿠스로 가는 길에 갑자기 회심한 것은 순전히 병적인 히스테리의 발작 때문이었다. 그는 말 그대로 벌렁 나자빠졌다. 카라바조를 비롯한 르네상스 시대의 화가들이 그린 것처럼 말에서 떨어진 것이 아니었다. 그는 강한 빛에 눈이 멀고, 예수의 목소리를 들었으며, 사흘 동안 아무것도 볼 수 없었고, 먹지도 마시지도 못했다. 하느님의 뜻에 따라 지방 감찰사로 내려간 기독교인인 아나니아의 안수를 받은 뒤에야 바울은 시력을 되찾을 수 있었다. 그렇게 기력을 회복한 바울은 지중해 지역을 떠돌며 오랫동안 복음을 전파했다.

바울의 증세를 보면 어렵지 않게 의학적 처방을 내릴 수 있다. 바울은 다른 사람들 앞에서 갑자기 발작을 일으키는 듯하다. 그밖에도 낙상落傷, 히스테리성 실명 또는 일시적 흑내장, 감각기능의 일시적 중지로 인한 사흘 동안의 청각과 후각의 상실, 거짓말을 늘어놓는 과장증(예수가 그에게 직접 나타나 말했다고?), 감동을 과장해서 표현하는 연극증이나 도덕적 과시증(세상을 바꾸려고 하느님이 선택해서, 그가 받아들인 가공의 인물을 30년 동안이나 선전하고 다녔다) 등등. 이런 발작 증세들은 정신분석학 입문서에서 신경증과 관련한 내용 중 히스테리를 설명한 부분과 비슷하다. 아니, 완전히 똑같다! 따라서 바울은 히스테리로 회심한 사람이라 할 수밖에 없다.

카라바조의 「성 바울의 개종」

세상 사람 모두를 신경쇠약 환자로

바울은 신경증을 안고 어떻게 살았을까? 세상 사람들 모두가 본받아야 할 모델을 조작하는 한편으로 세상 사람들 모두를 신경쇠약 환자로 만들어가면서 살았다. 바울은 자기의 형상대로 세상을 만들어갔지만 그것은 통탄할 만한 것이었다. 광신적이고 병적이며 여자를 혐오하고 매저키스트적 성향을 띤 형상으로, 바울은 기독교인뿐 아니라 비기독교인까지 그런 식으로 바꿔놓으려 했다. 그렇게, 죽음의 충동에 사로잡혔던 사람의 면면이 오늘날까지도 우리의 세상을 짓누르고 있다! 기독교 세계는 그런 식으로 살아가고 행동하는 데 희열을 느껴왔기 때문이다. 이데올로기의 잔혹성, 지적인 편협, 허약함의 숭배, 쾌락을 원하는 몸에 대한 증오, 여성의 경멸, 자학적 고통의 찬양, 이 땅에서의 삶을 무시하고 조작된 내세를 강조하는 가르침 등이 증거다.

대머리인 데다 턱수염을 덥수룩하게 기른 타르수스의 바울은 몸집까지 왜소했다. 그는 그의 병을 상징적으로 말할 뿐 자세하게 말하지 않았다. 키르케고르의 표현을 빌리면, 바울은 "사탄이 그의 살에 날카로운 가시를 박았다."라고 고백했을 뿐이다. 어느 날 그가 갈라티아(성경에서는 갈라디아) 사람들 앞에 후줄근한 모습으로, 아니 누군가에게 흠씬 두들겨 맞은 듯한 모습으로 나타났다고 말한 것 이외에는 아무 언급이 없다. 따라서 '가시'가 무엇일까에 대해 수 세기 동안 설왕설래가 있었다. 자크 프레베르Jacques Prévert와 같은 초현실주의 시인의 도움을 받아 '가시'의 정체에 대해 추측해보자. 중풍, 신장 산통疝痛, 건염腱炎, 좌골신경통, 통풍, 심장이 갑자기 마구 뛰는 심계항진, 협심증, 온몸 가려움증, 옴, 피부 소양증, 탄저병, 절종, 치질, 항문이 찢어진 열항, 습진, 문둥병, 대상포진, 흑사병, 광견병, 단독丹毒, 복통, 간헐적인 심한 복통, 결석結石, 만성 중이염, 축농증, 기관지염, 오줌이 잘 나오지 않는 요폐증, 요도염, 몸살, 사상충병, 말라리아, 백선, 두통, 탈저병, 종기가 곪아 고름이 생긴 화농, 농양, 만성 딸꾹질, 경련, 간질 등등. 다시 말해 관절, 힘줄, 신경, 심장, 피부, 위, 내장, 항문, 귀, 누관, 방광, 머리 등 몸의 모든 부분이 거론된다.

단 하나 거론되지 않은 것이 있다면 바로 성기에 관련된 병이다! 그런데 히스테리의 원인은 성기능의 약화 또는 완전한 상실이라 하지 않는가! 성기능의 상실은 많은 문제를 불러오지만, 그렇다고 해서 모든 것을 성적으로 생각하는 경향은 심각한 문제가 아닐 수 없다. 바울의 글에서 몸에 달린 것에 대한 끝없는 혐오, 경멸, 불신 등을 지겹도록 읽다보면 그런 생각을 하지 않을 수가 없다. 바울은 성관계를 혐오하며 순결을 지나치게 강조했다. 금욕을 찬양하고 독신의 삶을 칭찬했다. 실제로 바울은 혼자 살면서, 고린도 사람들에게 편지를 보내 자기처럼 살라고 권하기도 했다. 결혼을 적극적으로 권한 적은 한 번도 없었다. 설상가상으로, 몸을 포기하는 것이 최선의 길이라고 떠벌리기도 했다. 히스테리 증세가 점점 뚜렷해졌던 징후가 아닐 수 없다.

이런 가정이 있은 후에야 다른 부분들에 대한 설명도 설득력을 얻는다. 바울은 위통이나 류마티스성 관절염으로 인한 고통을 별 생각 없이 고백했다. 피부병이나 멈추지 않는 딸꾹질의 괴로움도 호소하지만, 유독 '무력한 성기능'에 대해서는 '가시'라는 은유적 표현 속에 감춰버린 듯하다. 성기능을 상실한 바울은 성욕을 사회적으로 무

프로이트

력한 존재인 어머니와 여성에게 쏟아냈다. 프로이트적 의미에서 본다면 일종의 성도착性倒錯이 아닐 수 없다. 프로이트는 히스테리의 원인을 성욕의 억압으로 인한 고통과의 싸움에서 찾으며, 그 고통이 경우에 따라 '회심conversion'이란 형태로 나타난다고 말했다. 물론 프로이트는 정신분석학적 의미에서 회심이라 말했지만, 바울은 다른 방향으로 회심한 것이 아닐까? 성적 관계를 죽도록 혐오하는 방향으로 말이다.

언젠가부터 하나의 법칙이 온 세상을 지배하고 있는 듯하다. 위대한 라 퐁텐La Fontaine의 넋을 기리는 의미에서, "체면을 잃지 않으려면 해야 할 일을 자진해서 해야 한다."라는 법칙을 '여우와 포도 콤플렉스'라고 해보자. 운명의 장난이었는지 삶은 바울에게 성기능을 허락하지 않았다. 성욕을 해소할 길이 없던 바울은 자신의 운명에 대한 반발을 택했다. 그는 자신에게 주어진 가혹한 운명을 초월할 수 있다고 믿으며, 성욕에서 자유로워질 수 있다는 환상을 품었다. 그리고 그것이 스스로 선택하고 결정한 길이라 주장했다.

성생활을 원만하게 해나갈 수 없었던 바울은 성과 관련된 모든 것이 덧없다고 선언했다. 이런 선언을 자신에게만 적용시키지 않고 세상 모든 사람들에게도 강요했다. 세상 사람들에게 성욕을 죽이라고 강요해서라도 세상 사람들과 같아지고 싶었던 것이 아닐까! 그가 정한 법칙에 인류 모두가 따르기를 바랐던 것이리라.

조산아의 복수

바울의 논리는 고린도 사람들에게 보낸 두 번째 편지
에서 분명히 읽힌다. 이 편지에서 바울은 "내가 그리스도를 위하여 약
한 것들과 능욕과 궁핍과 박해와 곤고를 기뻐하노니 이는 내가 약한
그 때에 강함이라."(고후 12:10)고 말했다. 다마스쿠스로 가는 길에 일
으킨 히스테리성 발작을 얼버무려 보려는 냄새가 물씬 풍긴다. 초췌
한 모습이 된 바울은 자신과 비슷한 사람들을 위해 싸웠다.

자신에 대한 증오는 세상 사람들, 즉 삶과 사랑, 욕망, 쾌락, 감각,
육신, 환희, 자유와 자율을 즐기며 사는 사람들을 향한 증오로 발전
했다. 바울이 매저키스트적 성향을 보인 이유는 조금도 이상하지 않
다. 그는 거의 평생을 짜증나게 살았다. 그는 숱한 어려움을 겪으며
살아야 했지만, 스스로도 문젯거리의 등장을 좋아했다. 심지어 문젯
거리가 생기기를 바랐고, 문젯거리가 없으면 만들어내기도 했다. 그
가 굴욕감마저도 좋아한다고 인정한 편지에서는 세상 사람들에게 복
음을 전하면서 견디고 참았던 것들을 나열했다. 그 내용을 살펴보자
면, 그는 39대씩 다섯 번의 태형을 당했고, 남근을 세 번이나 맞았으
며, 아나톨리아의 루스드라에서는 돌세례로 온몸이 피투성이가 되어
죽은 듯이 땅바닥에 쓰러져 있어야 했다. 또 풍랑을 만나 세 번이나
조난되었고, 한 번은 얼음처럼 차가운 물 속에서 하루를 보내야 했
다. 육로에서 강도들을 만나고, 강을 건널 때마다 목숨을 걸어야 했

으며, 따가운 햇살과 싸우며 지칠 때까지 걷고, 빈번히 밤을 지새우고, 굶주리고, 갈증에 시달려야 했다. 여기에 감옥 생활, 2년 동안의 구류, 추방까지 합친다면, 매저키스트로서 더는 바랄 나위가 없었을 것이다!

간혹 그는 창피하고 굴욕적인 상황을 맞았다. 예컨대 아테네의 아고라에서는 스토아학파와 에피쿠로스학파의 철학자들을 기독교로 개종시키려고 육신의 부활을 설파했으나 제논과 에피쿠로스의 제자들에게서 코웃음만 살 뿐이었다. 그들의 빈정대는 소리에 바울은 아무 대꾸도 못했다. 또, 바구니에 몸을 감춘 채 다마스쿠스 지방장관의 분노를 피해서 도망친 일도 있었다. 이렇게 조롱을 이겨내면서 바울은 살아남았다.

바울은 자아에 대한 증오를 세상을 향한 증오로 바꿔갔다. 그는 세상을 증오하며 살았으며, 그런 증오심을 잊기 위해서라도 세상을 증오해야 했다. 그 전까지 그를 괴롭히던 것들이 그때부터 거꾸로 세상을 괴롭히기 시작했다. 한참 모자란 육신으로 인해 몸에 대한 혐오감을 갖게 된 바울은 그 증오를 모든 몸, 모든 살, 모든 사람을 향한 불신으로 발전시켰다. 고린도 전서에서 그는 "내가 내 몸을 쳐 복종하게 했다."(고전 9:27)라고 고백하며, 세상 사람들에게도 "너희 몸을 죽이고 노예로 만들라! 나처럼 하라!"고 강요했다.

바울이 독신의 삶, 순결, 금욕을 찬양한 것은 당연하다. 하지만, 우리의 생각과 달리 예수는 결코 그런 말을 하지 않았다. 따라서 바울이 고린도 사람들에 보낸 첫 번째 편지에서 밝혔듯이, 조산아의 복수라 할 수밖에 없다. 바울은 여자에게 접근조차 할 수 없었던 것일까?

여하튼 그는 여자를 싫어했다. 그는 성무능력자였을까? 어쨌든 그는 여자를 경멸했다. 바울에 의해 유대교는 여성 혐오를 되살려낼 절호의 기회를 맞이했으며, 기독교와 이슬람교 역시 그런 기회를 놓치지 않았다. 성경의 첫 권, 그것도 앞 부분에서 여자를 경계해야 할 존재라고 말하지 않았던가. 창세기는 분명한 목소리로 여자를 비난한다. 최초로 죄 지은 사람이자 악의 근원이라고! 바울은 이 불온한 사상, 없어져야 마땅할 사상을 되살려냈다.

　바울의 서신과 행전에는 금지해야 할 것들로 넘쳐흐르는데, 여자 문제에 관련한 바울의 충고와 조언은 없느니만 못하다. 그는 남자들에게 말없이 순종하는 것이 여자의 운명이라면서, 하와의 딸들에게 남편을 두려워하고 남자를 섣불리 가르치려 하거나 지배하려 해서는 안 된다고 말했다. 또, 유혹의 원죄를 지닌 여자는 구원을 바랄 수 있지만 거기에는 한 가지 조건이 따른다고 했다. 바로 어머니가 되어야 한다는 것이었다. 조산아의 신경쇠약 때문에 여자들은 무려 2천 년 동안이나 애꿎은 고통을 참아내야 했다.

무조건 순종하라

　　　　바울은 기독교가 언젠가 승리할 수 있는 방법을 제시하는 데 있어서도 매저키스트적 성향을 유감없이 보여주었다. 즉 순종하고 복종하며 순순히 따르는 즐거움을 누리라고 했다. 모든 권력은 하느님에게서 나오는 것이며, 가난과 불행 역시 하늘의 뜻이자 하느님의 의도라는 말도 안 되는 구실을 내세우며, 강한 사람의 노예가 되는 기쁨을 누리라고 가르쳤다.

인자하고 자비로운 하느님은 환자에게는 질병을 원하고, 가난한 사람에게 가난을 원하며, 고문받는 사람들에게 고통을 원하고, 아내에게는 순종을 원한다! 그러는 한편으로 바울은 로마에 손발이 닳도록 아첨했다. 로마 제국의 중심부까지 달려간 바울은 사람들을 향해 로마의 행정관들에게, 관리들에게, 황제에게 순종할 것을 강조하며 기회주의자의 전형을 보였다. 또한 빚은 돌려주는 것이 의무라고 말하며, 세리에게 세금을 내고, 군대와 경찰과 고관에게 두려움을 느끼고, 원로원과 장관과 왕족에게 존경심을 보여야 한다고 가르쳤다.

왜? 모든 힘은 원래 하느님의 것으로, 하느님에서 나오기 때문이다. 따라서 누구라도 불복종하는 것은 하느님에 반항하는 짓으로, 명령에 순종하고 권위체에 복종해야 한다. 이렇게 교회는 권력자의 뜻을 따르기 위해, 가난하고 불행한 사람을 합법적으로 착취하기 위해, 칼을 든 사람들에게 아첨하기 위해 정부와 손을 잡았다. 교회는 탄생한 순간부터 오늘날까지 폭군과 독재자의 편에 서기 위해 안간힘을 다해왔다.

성적 무능력이 세계를 지배하는 힘으로 변하고, 여자에게 얼씬도 못하던 무력감이 여자에 대한 증오로 발전하고, 자아에 대한 경멸이 자신을 학대하던 사람들을 향한 사랑으로 변질되고, 히스테리는 사회적 신경쇠약으로 승화되었다. 정신과 의사들에게 이보다 더 흥미로운 연구대상은 없을 것이다! 이렇게 예수는 바울의 볼모가 되고 말았다. 나사렛의 예수마저도 사회, 섹스, 정치 등에 관련해서는 무력하고 하찮은 인물로 전락하고 말았다. 신화는 이렇게 조작되어 갔다.

바울은 복음서를 읽은 적이 없었다. 또, 예수를 본 적도 없었다. 마가가 첫 복음서를 쓸 무렵은 바울이 죽기 직전이거나 죽은 뒤였다. 1세기가 시작될 무렵부터 타르수스의 바울은 수많은 사람을 만나며 예수와 관련된 신화를 선전했다. 수많은 사람들에게 허무맹랑한 전설을 떠벌리며 수십 나라를 떠돌아다녔다. 소크라테스 이전의 철학자들을 탄생시킨 소아시아 중에서도 플라톤과 에피쿠로스의 아테네를 비롯하여 디오게네스가 탄생한 코린토스 등에서 활동했는가 하면, 이탈리아에서는 에피쿠로스학파가 득세하던 캄파니아, 스토아학파가 지배하던 로마, 엠페도클레스를 배출한 시칠리아, 아리스티포스가 쾌락주의를 설교한 키레네, 필론의 도시 알렉산드리아 등지까지 돌아다녔다. 그가 가는 곳마다 그의 히스테리적 질병이 퍼져나갔다. 바울의 질병은 머지 않아 제국 전체를 휩쓸었다.

지식을 혐오하라

자아에 대한 증오, 세상에 대한 증오, 여자에 대한 증오, 자유에 대한 증오……. 이런 증오의 판에 바울은 지식에 대한 증오까지 덧붙였다. 하기야 지식에 대한 증오는 창세기부터 시작되었다. 대대손손 이어질 정도로 용서받지 못할 실수인 원죄를 잊어서야 되겠는가! 지식 나무의 열매를 따먹은 것이 원죄의 시작이었다. 더 많은 것을 알기를 원하고, 행복한 삶을 위해서는 하느님이 요구한 법에 순종해야 한다는 원칙을 따르지 않았기 때문에 원죄는 영원히 용서받지 못할 잘못이었다. 또한 하느님을 과학으로 설명하려 하고,

순종하는 사람의 어리석음보다 교양과 지식을 더 높게 평가하는 것
도 무시하지 못할 죄였다.

　바울의 교양이라고? 바울에게 교양이랄 것이 있었을까? 있었다면
구전으로만 전해지던 구약성서의 내용이 고작이었을 것이다. 바울이
교육받았을 가능성은 있지만, 그가 학교에서 뛰어난 성적을 거뒀다
거나 오랫동안 학업에 정진했다는 기록은 없다. 그래도 랍비 교육 정
도는 받지 않았을까? ……하지만 그의 직업은 유목민을 위해, 유목
민을 상대로 장사하는 상인들을 위해 천막을 만드는 것이었다. 그가
썼다는 편지는 어땠을까? 머리가 지끈지끈 아플 정도로 난삽했다. 게
다가 바울은 그리스어에 능숙하지 못했다. 따라서 실제로 그는 딴짓
을 하면서 다른 사람에게 편지를 받아쓰게 했을 가능성이 크다. 이런
이유로 바울이 문맹이었을 것이라고 주장하는 학자들도 적지 않다.
하여간 바울과 동시대를 산 철학자인 알렉산드리아의 필론과는 지적
인 면에서 비교가 되지 않았다.

　무지한 까닭에 아테네 광장에서 스토아 철학자들과 에피쿠로스 철
학자들에게 손가락질을 받은 바울은 '해야 할 일은 자진해서 해야 한
다' 라는 원칙에 사로잡혀, 자신의 무지함을 탓하는 대신에 교양과 지
식을 증오했다. 그는 고린도 사람들과 디모데에게 철학의 '광적이고
어리석은 탐구' 와 '실속 없는 기만책' 을 경계하라고 가르쳤다. 바울
이 세네카와 편지를 주고받았다는 것 자체가 그럴 듯한 거짓말이기
도 하지만, 글조차 모르는 무지렁이가 위대한 철학자에게 무슨 말을
할 수 있었을까? 기껏해야 철학자인 척 하는 사람들과 편지를 주고받
은 게 전부였을 것이다. 바울이 상대한 사람들, 즉 그가 지중해 지역

을 휩쓸고 다니면서 만난 사람들 중에는 지식인도 없고 철학자도 없으며, 글을 제대로 아는 사람도 별로 없었다. 철학자 켈수스가 『기독교인에 대한 반론』에서 나열한 대로 직조공, 염색공, 장인, 목수와 같은 하층민을 만났을 뿐이다. 그런 사람들을 만나는 데 특별한 교양은 필요 없었다. 선동적인 말솜씨면 충분했다. 그리고 바울의 평생 동지인 지식에 대한 혐오감까지 노골적으로 드러내면 하층민들로부터 더욱 큰 박수갈채가 터져 나왔을 것이다.

3. 전체주의 체제로 변해간 기독교 세계

기독교의 확장

데카르트가 구체화시킨 세 가지 꿈에서 프랑스 합리
주의가 시작되었듯이, 점성술 등과 같은 가장 이교도적인 잡다한 미
신들과 더불어 기독교는 요란한 모습으로 인간의 역사에 입성했다.
당시는 312년으로, 콘스탄티누스가 로마로 진격한 때였다. 정적政敵
인 막센티우스Maxentius와 일전을 벌여서라도 이탈리아를 차지하고
싶었던 콘스탄티누스는 반도의 북부를 신속하게 정복해나갔다. 토리
노, 밀라노, 베로나 등지가 손쉽게 그의 손에 떨어졌다. 콘스탄티누
스는 절대자와 직접적인 관계를 갖는 데 익숙한 사람이었다. 소문에
따르면, 보쥬 산맥에 위치한 대신전의 주인인 아폴로 신이 콘스탄티
누스에게 직접 나타나 30년 동안의 통치를 약속했다고 한다. 콘스탄
티누스는 이런 비기독교적 믿음을 서슴없이 받아들였으며, 심지어
'무적의 태양신'에게 제물을 바치기도 했다.

이탈리아를 정복해나가던 중에 별자리가 바뀌었다. 바울이 다마스

쿠스로 가는 길에 발작을 일으켰던 것처럼, 콘스탄티누스는 밤하늘에서 이상한 징조를 보았다. 막센티우스와의 전쟁에서 승리를 예견하는 별자리였다. 그런 상황에서는 사소한 것도 중요한 의미를 갖는 법이다. 그날, 그의 군대는 다함께 모여 밤하늘의 신성한 징조를 확인했다. 콘스탄티누스의 곁에는 에우세비오스가 있었다. 카이사레아의 주교인 그는 타의추종을 불허하는 날조자였으며, 둘도 없는 기독교 변증론자였다. 그런 에우세비오스가 징조의 뜻을 자세히 해석해주었다. 그 별자리가 태양 위에서 빛나는 십자가의 승리를 뜻한다고! 그리고 콘스탄티누스가 그 별자리에 기도하면 막센티우스와 벌이게 될 전쟁에서 승리할 것이라는 말도 덧붙였다. 좋은 징조는 하나보다 둘이 나은 법! 다음날 밤, 에우세비오스는 꿈에 예수가 나타나 황제와 에우세비오스가 십자가를 몸에 지니면 모든 전투에서 승리하리라고 말했음을 전했다. 이 정도면 콘스탄티누스가 로마에서 정식 황제가 되고, 기독교를 공인한 후 점성술과 마법 및 이교도들을 축출할 이유로 충분했다. 콘스탄티누스에게도 합리성을 따지는 철학은 골치 아픈 것이었다.

　며칠 후, 콘스탄티누스는 승리를 거두었다. 막센티우스는 밀위스 다리에서 떨어져 전사했다. 나사렛 유령의 도움으로 이탈리아의 새 주인이 되어서 로마에 입성한 콘스탄티누스는 막센티우스의 친위대를 해산시키고 밀티아데스 교황에게 라테라노 궁전을 제물로 바쳤다. 기독교의 주장에 따르면, 그들의 왕국은 이 세상에 있지 않다. 그럼에도 그들이 온갖 영화와 황금, 돈과 권력, 그리고 목수의 아들이 남긴 메시지에서 추론할 수 있는 모든 것을 흔쾌히 받으면서도 애써

무시하는 척하는 이유는 무엇일까?

콘스탄티누스의 승리를 예견한 별자리는 정말로 그리스도가 보낸 메시지였을까? 아니면 집단 환각이었을까? 하늘에 새겨지고 이 세상의 사소한 것까지 지켜보는 눈을 가진 예수의 메시지였을까? 아니면 고뇌가 넘치고 균열된 세계는 신들에 위임받은 히스테리 환자들과 집단 신경쇠약자가 득세하기에 유리한 환경이라는 징조였을까? 개혁과 쇄신의 징조였을까? 아니면 타락의 징조였을까? 기독교가 첫 걸음을 내딛는다는 징조였을까? 아니면 비기독교의 최후를 알리는 징조였을까? 신을 잊은 인간은 불행하다고 하지만, 하느님을 얻은 인간은 더욱 큰 불행에 빠져들었다.

오늘날 그 징조는 합리적으로, 지나치리만큼 합리적으로 해석된다. 즉 점성술이 아니라 천문학으로 해석되는데, 당시의 히스테릭한 해석, 즉 종교적인 해석을 요즘의 천문학자들은 매우 단순한 인과관계로 풀이해버린다. 말하자면, 312년 10월 10일, 즉 콘스탄티누스가 막센티우스에게 승리를 거두기 18일 전인 이 날에 화성과 목성과 금성은 에우세비오스의 기상천외한 해석이 그럴 듯하게 들릴 만큼 로마의 하늘에서 야릇한 배치를 이루고 있었다. 여기에 인간의 이상한 망상이 끼어들면서 역사가 뒤틀리고 말았다.

콘스탄티누스는 책을 열심히 읽고 탄탄한 교양을 쌓는 사람이 아니었지만 영민한 전략가였고 노련한 정치인이었다. 그런 그가 별자리의 힘을 정말로 믿었을까? 아니면 그것을 교묘하게 이용해서 황제의 자리를 되찾는 기회로 삼았을까? 기독교로 개종하기 전의 콘스탄티누스는 마법에 길들여지고 점성술을 믿었던 이교도였다. 따라서 그는 권력에 순종하고 따르는 기독교 무리들, 명령과 권위자에게 결코 반항하지 않는 기독교 무리들과 더불어 그의 군대에서 기대할 수 있는 이익이 무엇인지를 충분히 알고 있었을 것이다.

일찍이 그의 아버지인 콘스탄티우스 클로루스는 갈리아에서 그리스도교에게 관용정책을 펼쳤으며, 그것을 후회하지 않았다. 그렇다면 콘스탄티누스는 기독교 모사꾼들의 조언을 받아 아버지의 정책을 되살리려 했던 것일까? 앞날을 내다보는 능력이 있었던 그가 제국 통일이라는 목표를 위해서 기독교 집단이란 흥미로운 세력을 받아들여 이용했던 것은 아닐까? 어쨌든 바울이 온갖 방법으로 선전하고 다녔던 예수는 4세기 초에 새로운 제국의 탄생을 알리는 상징적 도구가 되었다.

콘스탄티누스의 쿠데타

콘스탄티누스는 쿠데타를 멋지게 성공시켰으며, 덕분에 우리는 아직도 그 서글픈 유산을 떨쳐내지 못한 채 살아가고 있다. 콘스탄티누스는 바울의 가르침을 따르는 사람들에게 얻어낼 수 있는 것이 무엇인지를 잘 알고 있었다. 바울은 사람들에게 세속의 권력에 순종하고, 이 땅에서의 불행과 가난을 기꺼이 받아들이며, 제국의 관리들과 지배자들에 복종하고, 하느님을 향해 불평하고 욕하는 불순종적인 태도를 금하며, 노예 같은 삶이나 사회적 불평등을 감수하라고 가르쳤다. 그 패거리들은 박해받으면서도 믿음을 위해 순교하기도 했다. 그런 모습은 국가를 다스리는 권력자가 보기

성 베드로 성당

에 잘만 구슬리면 이용가치가 있어 보였다.

콘스탄티누스는 바울의 추종자들에게 우정의 손짓을 보였다. 달리 말하면, 그는 그들을 샀다! 시장에서의 거래와 다를 바가 없었다. 콘스탄티누스는 기독교인들을 만족시키고 금욕적 삶을 공식화하는 새로운 규정을 로마법에 추가했다. 그는 자유분방한 성관계, 원형경기장의 결투, 이교도적 축제인 주신제 등과 같은 동로마 제국의 풍습을 금지했으며, 이혼절차를 까다롭게 만들고, 축첩을 금지했으며, 매춘을 금지시켰다. 게다가 독신자는 유산을 물려받지 못하던 법을 폐지함으로써 교회를 위해 일하는 사람들도 부자인 아버지로부터 합법적으로 유산을 물려받을 수 있게 되었다. 그리스도 추종자들이 강력하게 요구했음에도 불구하고 노예제도는 금지되지 않았지만, 다소 완화되기는 했다. 대신 마법이 금지되고, 검투사들의 경기도 금지되었다.

여기에서 그치지 않고 콘스탄티누스는 성 베드로 성당과 부속 성당들을 건설하라고 명령했다. 마침내 자신들의 왕국이 이 땅에 세워진 것이라 믿게 된 기독교인들에게서 웃음이 그칠 날이 없었다.

그때 콘스탄티누스의 두 번째 부인인 파우스타의 이간질이 있었다. 그녀는 첫 번째 부인의 아들이 자신을 유혹하려 했다고 콘스탄티누스에게 고자질했다. 콘스탄티누스는 고자질의 진위를 확인해보지도 않은 채 자객을 보내 친아들과 음모에 연루된 조카를 고문한 뒤에 목을 잘랐다. 파우스타가 거짓말했다는 사실을 나중에야 깨달은 콘스탄티누스는 또다시 자객을 보내 펄펄 끓는 물로 황후와 갓 태어난 아기를 살해했다. 어린 아기와 아내를 죽이도록 교사한 황제는 기독교인임을 자처하며 새로운 선물로 구원을 샀고, 교황청은 침묵했다. 교회는 선물에 현혹되어 황제의 살인 행위를 덮어버렸다. 대체 그 선물이 무엇이었을까? 교회 소속의 영지에 대한 세금 면제와 넉넉한 지원금이었다. 게다가 새로운 성당을 세우겠다는 약속까지 했다. 성 바울 성당과 성 로렌초 성당이 그렇게 해서 건설되었다. 이웃을 사랑하라는 가르침은 이런 식이었다!

황제의 비호 아래 산해진미와 호사스런 생활, 두둑한 선물을 받은 교황청은 325년에 열린 니케아 공의회에서 황제에게 절대 권력을 답례로 주었다. 그때 교황은 건강을 이유로 공의회에 참석하지 않았고, 콘스탄티누스는 '열세 번째 사도'를 자처했다. 마침내 타르수스의 바울이 무력을 갖춘 충성스런 신하를 두게 된 셈이었다. 하지만 무력이란 것이 무엇인가! 기독교 신자인 까닭에 반교권주의, 무신론, 좌파적 학자라고는 결코 생각할 수 없는 역사학자 앙리 이레네 마루Henri-

Irénée Marrou(1904~1977)가 '전체주의 국가' Etat totalitaire라 칭한 체제
는 교황청과 국가의 합심을 통해 이뤄졌다. 최초의 기독교 제국은 이
렇게 탄생했다.

도끼와 끓는 물로 살인을 저지른 아들을 구원할 길을 찾아보려고
콘스탄티누스의 어머니인 헬레나는 팔레스타인으로 여행을 떠났다.
기독교 신자인 그녀는 하늘의 영감을 받았던지 팔레스타인에서 세
개의 나무 십자가와 하나의 티툴루스를 찾아냈다. 그녀는 그것이 그
리스도의 재판을 기록한 티툴루스라고 확신했다. 하늘은 스스로 돕
는 자를 돕는다고 했던가! 아프로디테 신전 아래에서 골고다 언덕도
발견되었다. 따라서 신전은 허물어져야 마땅했다. 당시 80세였던 헬
레나는 콘스탄티누스에게 엄청난 돈을 받아 신전을 허문 자리에 새
교회를 세우고, 각각의 교회에 성분묘, 감람산, 예수의 탄생이란 이
름을 붙였다. 발굴된 그리스도의 유물은 그 교회들에 소중히 보관되
었다.

그곳이 정말로 그리스도가 십자가에 못 박힌 곳이라는 역사적 검
증도 없었지만 예배와 순례의 발길은 멈추지 않았다. 엄청난 역사役事
를 이뤄낸 대가로, 교황청은 하느님이 아들의 죄를 용서하시고 어머
니를 신화의 여주인공으로 만들어주실 것이라며 화답했다. 어쨌거나
헬레나는 성녀로 시성되었고, 죽음의 연구소처럼 기독교인 시신을
잔뜩 모아둔 '판테온'에 최초로 안장되는 영예를 누린 로마 황후가
되었다.

337년 성령강림절, 콘스탄티누스는 죽음의 침상에 누운 채 아리우
스파의 한 주교에게 세례를 받았다. 아리우스파라니? 니케아 공의회

에서 황제가 자기 입으로 이단으로 낙인찍은 교파가 아니었던가! 콘스탄티누스의 천재성을 유감없이 보여준 정치적 결정이었다. 이런 정치적 행위로 그는 정통과 이단을 재결집시켜 교황청의 구조를 개편해서라도 그의 사후까지 도모하려 했다. 요컨대 그는 죽어서도 로마 제국의 통일에 이바지하고 싶었던 것이다.

후계자를 미리 준비하지 못한 모든 독재자와 마찬가지로, 콘스탄티누스가 죽자 로마 권력에 공백이 생겼다. 국가와 교회의 고위층은 불안에 떨어야 했다. 그래서 5월 22일부터 9월 9일까지, 무려 석 달이 넘게 정치원로와 군부 및 성직자는 매일 모임을 가지며 황제 시신의 처리 방법에 대해 논란을 벌였다. 뜨거운 여름에 매일 모임을 가지는 것도 이만저만한 고생이 아니었으리라. 어찌 되었든 그들이 신경쇠약에 걸릴 만도 했다. 죽은 황제와 그 시신과 유물을 처리하는 방법에 대한 전례가 없었을 테니까.

박해받던 사람이 박해자가 되다

기독교가 박해를 당한 것은 사실이다. 하지만 라틴어 성경에서 주장하는 것처럼 가혹하지는 않았다. 최근에 기독교 변증론적 입장에서 벗어나 양심적으로 과거를 밝히고자 하는 역사학자들의 연구에 따르면, 원형 경기장에서 사자밥이 된 기독교인의 수는 그동안 알려져 있던 것보다 현격하게 줄어든다. 콘스탄티누스의 책사였던 에우세비오스의 기록에 따르면 사자에 물려 죽은 기독교인의 수가 수만 명에 달하지만, 최근의 연구에 따르면 3천

명 안팎에 불과하다. 3천 명도 많다고? 하지만 트라야누스Trajanus가 107년에 오늘날의 루마니아 지역에 해당하는 다키아Dacia를 정복한 기념으로 검투사 시합을 개최했을 때 동원된 검투사의 수가 무려 1만 명이었던 것에 비한다면 결코 많은 수가 아니었다.

콘스탄티누스의 후계자들이 만들어간 기독교 제국은 오늘날의 전체주의 체제와 모든 면에서 똑같다. 억압과 박해와 고문, 예술과 문화의 파괴, 도서관과 상징적 건물의 파괴, 살인범의 면죄, 프로파간다, 지배자의 절대 권력, 지배 이데올로기에 따른 사회 구조의 개편, 반대자의 제거, 합법적으로 자행되는 폭력과 커뮤니케이션 수단의 독점, 개인적 공간과 공공 공간의 경계 철폐, 사회의 전반적인 정치화, 다원주의의 말살, 관료조직, 확대정책 등 전체주의의 모든 특징이 기독교 제국에서 고스란히 확인된다.

테오도시우스Theodosius 1세는 380년에 기독교를 국교로 공포했고, 그로부터 10년 후에는 비기독교적 종교의식을 공식적으로 금지시켰다. 니케아 공의회의 결정이 위력을 발휘하기 시작했던 것이다. 449년, 테오도시우스 2세(비잔티움 제국의 황제)와 발렌티니아누스 3세(로마 제국의 황제)는 하느님의 분노를 불러일으킬 가능성이 있거나 기독교인의 영혼에 상처를 줄 수 있는 것은 모조리 파괴하라는 명령을 내렸다! 그 범위가 너무나 포괄적이어서 이 땅에 존재하는 모든 것이 없어질 지경이었다. 관용, 이웃 사랑, 죄의 용서에도 한계가 있을 테니까……

이런 조치는 콘스탄티누스 시대부터 시작된 것이었다. 330년 콘스탄티누스는 니카고라스, 헤르모제네스, 소파트로스 등과 같은 철학자들과 절교를 선언했다. 심지어 소파트로스는 마법을 행했다는 이유로 처형당했고, 신新플라톤파인 포르피리오스Porphyrios의 모든 저작물은 불더미 속에 던져지고 말았다. 그후에도 철학적 저작물의 소각 행위는 계속되었다. 네스토리우스Nestorius의 저작도 화마火魔를 피할 수 없었다. 몬타누스파, 아리우스파의 신학도 예외 없이 불길 속에서 사라졌다. 특히 신플라톤파의 여성 철학자인 알렉산드리아의 히파티아(370년경~415년)는 기독교식의 이웃 사랑을 뼈저리게 경험해야 했는데, 수도자들은 그녀를 추적해 찾아내서 배를 갈라 죽이는 참살을 저질렀다. 그래도 분이 풀리지 않은 수도자들은 그녀의 시신을 알렉산드리아 거리 이곳저곳으로 끌고 다녔고, 결국에는 새까맣게 불태워버렸다.

법의 이름으로

기독교는 비열한 사람들에게 법의 이름으로 공권력을 부여하는 데도 소홀하지 않았다. 로마의 법학자들은 교회의 약탈과 범죄, 박해와 학살을 법의 이름으로 정당화했다. 테오도시우스 법전을 읽어보면, 권력과 결탁한 소수 집단이 법의 허락 아래 다수를 지배하는 전형을 읽을 수 있다. 미국 남북전쟁이 끝난 직후에 여러 주에서 시행된 흑인 단속법과 프랑스가 독일에 지배당하던 시기의 비시 정권의 법에서도 마찬가지의 내용을 확인할 수 있다.

좀더 자세히 살펴보자면, 380년부터 로마법은 비기독교인의 공민권을 박탈하였으며, 그들의 시민권도 인정하지 않았다. 따라서 비기독교인은 교육자가 될 수 없었고 공직에도 진출할 수 없었다. 또한 성직자의 신체와 재산, 성소에 위해를 가하는 사람은 사형에 처해졌다. 한편 기독교인들은 법의 이름으로 이교도들의 사원과 재산을 파괴하거나 약탈했다. 이 모든 것이 법으로 허락된 합법적 행위였다.

비기독교적 종교의식을 금지하는 동시에 교황청의 입맛에 맞지 않는 모든 이단을 상대로 전쟁이 벌어졌다. 허락받지 않은 모임은 모두 금지되었다. 마니교도 금지되었다. 유대인들은 다시 박해받기 시작했으며, 마법적 행위와 풍기문란은 엄격하게 처벌되었다. 법의 이름으로 밀고密告를 권했다. 유대인과 기독교인 간의 결혼도 법으로 금지되었고, 비기독교인의 재산은 법의 이름으로 압수 또는 몰수되었다. 사도행전에서 바울이 마법의 책을 불사르는 장면을 목격했다고 말했듯이, 이런 만행은 이미 예고된 것이었다.

콘스탄티누스의 어머니가 몸소 실천해 보여준 것처럼, 기독교인들은 이교도의 신전을 허물어버린 자리에 성당을 세웠다. 유대인 회당과 그노시스파의 성소가 곳곳에서 화염에 사라졌다. 예술적 가치를 지닌 소중한 석상들이 깨지고 부서지거나, 기독교 기념물의 일부가 되었다. 이교도의 사원을 철저하게 파괴해서 얻은 돌덩이로는 도로를 깔거나 다리를 지었다. 콘스탄티노플의 아프로디테 신전은 마차 보관소로 전락하는 비운을 맞았고, 성수聖樹들은 뿌리째 뽑혔다.

356년에 쓰인 기록에 따르면, 우상을 섬기며 제물을 바친 사람들은 사형에 처해졌다. 그 시대에 사람을 사형에 처한 것은 놀랄 만한 일이 아니었다. 안티오크(오늘날의 안타키아)와 디디마의 기독교인들은 아폴로 신의 대리인을 사로잡아 심문하고 고문했다. 팔레스타인의 스키토폴리스Scythopolis에서는 집정관인 도미티우스 모데스투스가 안티오크와 알렉산드리아에서 잡아들인 대표적인 정치인과 지식인을 심문하는 일에 직접 나서기도 했다. 그 기독교인 도살자는 지식인의 씨를 하나도 남기지 않겠다고 공언할 정도였다. 신플라톤파의 많은 철학자가 이런 폭압을 견디지 못하고 죽어갔다. 크리소스토무스는 『조상彫像에 대하여』에서 그 같은 물리적 폭력을 합리화하며, "기독교인들은 공공질서의 파수꾼이다."라고 말했다.

389년 알렉산드리아에서 기독교인들은 세라피스 신전과 미트라교의 사원을 공격하는 한편, 비기독교인들이 모시는 신의 조각을 거리에 내놓고 조롱하는 만행까지 저질렀다. 비기독교인들도 당하고만 있지는 않았다. 특히 '철학자'들의 반발이 거셌다. 폭동이 그치는 날이 없었고, 수많은 사람이 죽어갔다. 5세기 초, 북아프리카의 수페스에서는 도시의 수호신인 헤라클레스 석상을 우상이란 이유로 쓰러뜨리는 기독교 수도자들과 지역 주민들 사이에 충돌이 발생해 60여 명이 사망하는 참극이 벌어졌다. 이밖에도, 크리소스토무스의 부추김에 자극받은 수도자들은 페니키아 산악지대의 성소들에 도적떼처럼 들이닥쳐 무차별적인 약탈을 저질렀다. 교양과 학문, 책과 지식 등을 경멸하고, 믿고 순종하는 데에만 힘쓰라는 바울의 가르침이 마침내 완성되어 가고 있었다.

죽음의 문화

기독교인들은 바울의 가르침을 구실로, '지식은 하느님께 다가가는 것을 방해한다'고 주장했다. 따라서 지식의 근원인 책은 불태워져야 마땅했다. 이단으로 의심받은 철학자들, 특히 아리우스파와 마니교도가 남긴 책들이 주요 대상이었다. 네스토리우스파도 불화살을 피할 수 없었다. 신플라톤학파의 저서들, 마법으로 낙인찍힌 예언서들, 심지어 그런 책들을 소장한 사람들의 서재까지 모조리 잿더미가 되었다. 370년 안티오크에서는 박해와 위협을 견디지 못한 사람들이 눈물을 머금고 자신의 책을 직접 불살라 버리기도 했다. 391년, 알렉산드리아의 주교가 세라피온(세라피스 신전의 도서관)을 없애버리라고 명령함에 따라, 도서관은 불길에 사라졌다.

529년, 아테네의 신플라톤파 학교가 폐쇄되고, 소유재산은 기독교 제국에 몰수되었다. 그리스의 수도인 아테네는 먼 옛날부터 다신교를 숭배하던 곳이었으며, 플라톤의 가르침은 10세기 동안이나 계승되어 온 것이었다. 아테네의 철학자들은 기독교의 탄압을 피해 페르시아로 망명했다. 이로써 약 500여 년 전, 철학의 도시에 복음을 전하려다 스토아학파와 에피쿠로스학파의 철학자들에게 조롱당한 바울이 마침내 승리를 거두는 순간을 맞이했다. 하느님의 조산아인 바울의 히스테리가 궁극적인 승리를 거둔 셈이었다. 또한 죽음의 문화, 증오의 문화, 경멸과 편협의 문화가 거둔 승리였다. 592년의 콘스탄티노플에서 기독교인들은 '헬레네스(그리스인)'를 체포해서 길에 끌고 다니며 웃음거리로 만들었다. 그리고 케네지온 광장에 커다란 불을 피워 그리스인들의 책과 신들의 형상을 불길 속에 집어 던졌다.

유스티니아누스 대제

　유스티니아누스 1세는 이단에 대한 정통파의 승리를 확실히 못 박
았다. 비기독교인은 재산을 물려받지도, 성직자를 법정에 고소하지
도 못했다. 또, 아무도 기독교인을 노예로 부리지 못했다. 529년에는
양심의 자유마저 인정되지 않았다! 따라서 비기독교인도 의무적으로
기독교 교리를 배우고 세례를 받아야 했다. 그렇지 않으면 추방당하
거나 재산 몰수를 각오해야 했다. 이른바 '사랑의 종교'로 개종한 사
람은 다른 종교로 돌아갈 수 없었다. 기독교 교리가 아닌 다른 종교
나 철학을 가르칠 수 없었고, 그런 학교를 운영할 수도 없었다. 이때
부터 거의 1천 년 동안이나 죽음을 각오하지 않고는 철학은 엄두도
내지 못했다. 마침내 신권정치의 시대가 용트림하기 시작했다. 민주
정치와 정반대인 신권정치가 드디어 막을 올렸다.

4부
신권정치

1. 경전, 유일하고 완벽하도다

역사여, 나를 건들지 마라

　　　　　　　세 일신교가 저마다 경전을 갖고 있다는
사실은 널리 알려져 있다. 하지만 그 글들이 언제 쓰였고, 누가 썼으
며, 아무도 비판할 수 없는 한 권의 책으로 구성될 때까지 어떤 우여
곡절을 겪었는지 등을 아는 사람은 거의 없다. 토라, 구약성서, 신약
성서, 꾸르안 등은 광란의 시간을 거친 뒤에야 역사의 족쇄에서 벗어
나 하느님의 말씀이 될 수 있었다. 달리 말하면, 이성적 분별력과 지
성적 판단을 무시하고 오로지 믿음만으로 무장한 사람만이 '종이 성
전'의 뜻을 이해할 수 있었다.

　한 가지 예를 들어보자. 종교사史에서 세 일신교의 경전이 언제 탄
생했으며, 그 경전을 이루는 글들이 언제 쓰여졌는지를 추적하는 것
은 쉽지 않다. 이성적 판단력을 지닌 역사학자들도 그 글들이 언제
어떤 조건에서 쓰여졌는지에 관해서는 무관심한 듯하다. 글들을 올
바로 이해하려면 당시의 조건을 파악하는 것이 중요한 데도 말이다.

예컨대 창세기는 언제 쓰여졌을까? 시대적으로 어떤 작가가 어떤 책을 쓰고 있을 즈음에 쓰여졌을까? 『길가메시 서사시』가 쓰여졌던 때일까, 『일리아스』가 쓰여졌던 때일까, 헤시오도스의 『신통기神統記』가 쓰여졌던 때일까, 아니면 『우파니샤드』나 공자의 『논어』가 쓰여졌을 때일까?

우리는 토라, 구약성서 등이 성경의 원전原典이라고는 하지만 실제로 그런지는 알려고 하지 않으며, 거기에서 어떤 결함을 찾으려고도 하지 않는다. 다른 신성한 글들과 마찬가지로 이 글들도 역사에서 치외법권적 지위를 누린다. 이런 이해할 수 없는 특권 때문에, 그 글들은 어느 특정한 날에 인간의 손으로 쓰여진 게 아니라 하늘에서 툭 떨어진 것이라고 하거나, 시간과 엔트로피를 초월하는 신의 숨결에 영감을 받은 누군가가 쓴 것이라는 주장에 고개를 끄덕이는 사람도 적지 않다. 그야말로 수수께끼가 아닐 수 없다.

오랫동안 성직자들은 경전을 직접 읽는 것조차 금지했다. 경전의 내용에 대해 역사적 의문을 제기하면 성직자들은 인간적인 시각으로, 지나치게 인간적인 시각으로 경전을 이해하려 하지 말라고 나무랐다. 성직자들의 이런 독선은 오늘날에도 여전하다. 경전은 구전되어 오던 엄청나게 긴 역사적 시간의 이야기들을 수많은 사람들이 기록한 글들이다. 때문에 그것을 지적·상식적 시각으로 읽게 되면 어렵지 않게 모순들을 찾아낼 수 있다. 종교로 밥을 빌어먹고 사는 성직자들이 그런 사실을 모를 까닭이 없다. 하기야 조작에 대한 최소한의 거리낌도 없이 그저 우직한 심성을 가졌거나, 또는 의도적인 속셈을 가진 사람들에 의해 수없이 많이 베껴진 책이 바로 경전이지 않은

가! 경전이란 것을 보통의 평범한 책처럼 읽는다면, 그것을 성스런 책이라고 생각할 사람은 거의 없을 것이다.

2,700여 년에 걸친 작업

구약성서는 언제 쓰인 것일까? 에밀 오스티 Emile Osty와 조제프 트랭케 Joseph Trinquet는 구약성서가 기원전 12세기부터 기원전 2세기 사이에 쓰였을 것이라 추정했다. 이집트에서 '지혜의 서'가 마지막으로 쓰였을 때(말하자면, 서생인 아니가 활동하던 무렵)부터 카르네아데스가 '신新아카데메이아'의 학장을 지냈던 시기이다. 한편 유명한 신화 파괴자인 장 솔레르 Jean Soler는 기원전 5세와 1세기, 즉 소크라테스와 루크레티우스의 사이일 것이라고 주장했다. 그 기간을 대폭 줄여서 기원전 3세기와 2세기 사이에 쓰였을 것이라 주장하는 학자도 있다.

이처럼 구약성서의 탄생 시기를 추정하는 데 거의 10세기의 편차가 있다. 이쯤 되면 역사학자로서 접근하기가 난감해지고, 사회적 · 정치적 · 철학적인 맥락에서 접근하기도 곤란하다. 의도적이었든 아니었든 간에 역사적 흔적을 지워버리고 감추려던 노력이 그런대로 효과를 거둔 셈이다. 어쨌든 우리는 누가 그 책들을 썼고, 어떤 내재적 조건에서 그 책들을 쓰게 되었는지를 모른다. 이런 이유로 하늘에서 떨어졌다거나, 신의 영감을 운운하는 터무니없는 주장이 제기되는 것도 당연하다.

신약성서에 포함된 글조차 언제 쓰였는지가 불분명하다. 예수가 죽은 지 반세기가 지난 뒤에 쓰여졌다는 설이 가장 빠른 것이다. 어떤 경우든 복음서의 네 저자는 그리스도를 실제로 만난 적이 없다. 따라서 아무리 호의적으로 생각해도 그들이 예수에 대해 알고 있던 것은 구전되어 오던 신화와 전설 등의 내용과 크게 다르지 않았을 것이며, 그것들이 50년(바울의 편지)부터 1세기 말(요한 계시록) 사이에 글로 옮겨졌을 가능성이 있다. 그러나 복음서는 2세기 이전이나 3세기 초까지 전혀 존재하지 않았다. 따라서 앞의 추정은 복음서에 쓰인 내용을 아무런 검증 없이 사실이라 믿고 연대를 추정한 결과일 뿐이다.

복음서는 마가, 누가, 마태, 요한 등이 썼다고 알려져 있다. 따라서 과거의 어느 때엔가 그들이 글을 썼을 것이다. 하지만 네 복음서 중 가장 오래된 것도 실제로는 훨씬 나중에야 쓰여졌다는 주장이 있다. 이른바 기독교의 '조작'이 있던 때, 즉 2세기에 쓰여졌다는 주장이다. 1546년 트리엔트 공의회는 불가타 성서를 기초로 현재의 성경을 최종적으로 결정지었는데, 불가타 성서도 지적인 정직성을 갖추지 못한 히에로니무스Hieronymus가 헤브라이어 판을 4세기와 5세기에 걸쳐 번역하면서 조작한 것이었다.

유대인들도 나름대로 자신들의 경전을 만들고 있었지만 기독교 못지않게 느릿하게 진행되었다. 토라의 일부는 기원전 12세기까지 거슬러 올라가기도 하지만, 바리새인 랍비들이 헤브라이어 성경을 완성한 때는 예루살렘 성전이 무너지고 나서 약 100년 전후로 추정된다. 당시는 에픽테토스가 로마 제국에서 스토아학파를 대표하는 철학자로 살아 있을 때다.

3세기 초, 유대인들은 토라의 가르침을 두루마리에 공들여 적었다 (미슈나). 같은 시기에, 디오게네스 라에르티오스는 많은 자료를 수집해서, 『유명한 철학자들의 생애·가르침·격언』을 쓰기 시작했다. 500년경, 팔레스타인에서 건너온 랍비들이 미슈나의 해설서라 할 수 있는 바빌론 탈무드를 완성했고, 보이티우스Boethius는 감옥에서 『철학의 위안』을 썼다. 그러나 헤브라이어 성서가 완전히 고정된 때는 1000년경이었다. 당시는 이븐 시나(라틴어명은 아비센나)가 철학과 이슬람교를 융합시키려고 애쓰던 때이기도 했다.

한편, 무슬림들이 여러 판의 꾸르안을 두고 하나의 결정판을 만들려고 몸부림치던 때이기도 했다. 이런 작업을 위해서는 여러 판 가운데 하나를 선택해야 하는 일도 쉽지 않지만, 방언들을 해결하고 문장 구조를 통일하며 서체書體에도 신경 써야 했다. 또, 철자법을 정리하고, 크게 모순 되는 구절들을 찾아내서 정리할 필요성이 있었다. 글의 기준을 정하는 동시에 이데올로기까지 고려해야 하는 중대한 사업이었다. 자료를 수집하고 정리하는 것은 시간만 충분하면 가능한 일이었지만, 조작에는 세심한 글쓰기가 필요했다.

결론적으로 비록 추정이기는 하지만, 가장 먼 옛날(기원전 12세기)부터 시작하여 새로운 성경이 결정된 트리엔트 공의회(16세기)까지 고려한다면, 일신교들의 경전은 무려 27세기라는 길고 긴 세월 동안 작업한 결과였다. 하느님이 신자들에게 직접 받아쓰게 한 책들을 완성시키는 데에 수십 단계의 과정이 필요했던 셈이다. 그 단계들을 추적하는 일은 흥미롭고 실감나는 고고학적 작업이 될 것이다.

모순투성이의 경전

　　　　　일신교의 탄생 시기는 분명하지 않다. 기원전 13
세기경에 일신교가 탄생했다고 주장하는 학자들이 간혹 있지만, 장
솔레르는 훨씬 나중인 기원전 4세기와 3세기경이라고 본다. 일신교
의 탄생 시기는 불분명한 데 비해 계보는 상대적으로 분명하다. 일신
교를 만들어낸 사람은 유대인으로, 이집트의 태양신 숭배에서 영향
을 받기는 했지만 타민족에 생존을 위협받는 소수 민족을 결집·단
결시키기 위한 고육책의 하나였다. 심사숙고해서 조작해낸 신화 덕
분에 그들은 땅 없는 민족의 힘을 하나로 끌어 모을 수 있는 전투적
이고 공격적이며 무자비한 하느님, 즉 전쟁 지도자를 탄생시킬 수 있
었다. 이른바 '선택받은 민족'이라는 신화는 똑같은 운명을 짊어진
한 민족의 실재實在와 실존을 떠받쳐주는 근거가 되었다.

　그렇게 조작된 신화 중에서 수천 쪽의 경전이 만들어졌다. 그것이
거의 20세기 전부터 인류 전체에 미친 영향을 생각한다면 그리 대단
한 쪽수도 아니다. 초록색으로 장정한 고대의 다른 책들과 달리 성스
런 책이란 이유로 회색으로 장정한 플레이아드 판을 예로 든다면, 구
약성서는 대략 3,500쪽, 신약성서는 900쪽, 꾸르안은 750쪽이다. 달
리 말하면 5천 쪽이 약간 넘는 책 속에 모든 것이 담겨 있는 셈이다.

　이 세 권의 책은 그야말로 모순투성이로, 앞과 뒤가 서로 정반대의
내용을 말하는 경우도 비일비재하다. 어떤 가치를 강조하고서는 바
로 뒤이어서 정반대의 가치를 존중하라고 말한다. 모순을 없애고 일
관성 있는 책을 만들기 위한 최종적인 정리 작업이 없었던 것 같다.
심지어 서로 비교해서 읽을 가치가 있다는 이유로 세 공관 복음서共觀

福音書(마태복음·마가복음·누가복음)를 결정할 때도 그런 고민은 없었던 듯하다. 따라서 유대인, 기독교인, 무슬림은 각자의 희망에 따라 토라, 복음서, 꾸르안을 읽으면서 각자의 필요에 따라 흑과 백, 낮과 밤, 선과 악을 정당화시킬 핑곗거리를 찾으면 된다.

전쟁광도 자신의 악행을 합리화시킬 수 있는 구절을 경전에서 찾을 수 있을까? 물론이다! 믿기 어렵겠지만, 그런 내용은 넘치도록 많다. 하지만 전쟁을 혐오하는 평화주의자도 정반대의 말을 어렵지 않게 찾아내서 평화를 사랑하라고 목청을 높일 수 있다. 그렇다면 인종학살을 위한 전쟁을 정당화할 만한 구절도 찾아낼 수 있을까? 물론이다. 원래 경전이 그러기 위한 것처럼 여겨질 지경이다. 그럼 경전을 바탕으로 세계 평화를 호소하는 것은 가능할까? 거기에 꼭 맞는 격언들을 얼마든지 찾아낼 수 있다. 반유대주의자의 히스테릭한 증오심은 어떨까? 기독교인이 손에 성경을 들고도 팔레스타인 사람들을 경멸하고 멸시하는 게 정당한 일일까? 여성혐오자가 여성의 열등함을 역설하는 것은? 경전은 무엇이든 허락한다! 그러나 이 너절한 글더미 속에서 언제라도 정반대의 말을 찾아낼 수 있다는 사실을 명심해라! 물론 양심을 포기하면서까지 증오와 살인과 경멸을 정당화시키는 사람들을 향해 따끔하게 훈계할 수 있는 구절을 찾아내는 것도 가능하다. 요컨대 완전한 이웃 사랑을 권유하는 구절만큼이나, 비열하고 추잡한 짓을 합리화하는 구절도 있다.

이것은 모두 지나치게 많은 사람이, 지나치게 오랫동안, 지나치게 많은 자료를, 지나치게 수정하면서, 지나치게 많은 글을 남긴 탓이다. 하느님의 영감을 받아 쓰여졌다는 이유로 성서 중의 성서로 꼽히는 세 권의 복음서에 수많은 글쟁이가 끼어들었다고 생각할 수밖에 없는 대목이다. 세 복음서 중 어떤 복음서도 일관된 하나의 목소리를 내지 못하고 있다. 따라서 가르치는 바가 서로 모순 된다. 심하게 말하면 제멋대로다. 복음서를 처음부터 끝까지 줄을 그어가면서 꼼꼼하게 읽는다면, 너무 간단하게 모순을 찾아낼 수 있다. 하지만, 그렇게 복음서를 읽는 사람은 거의 없다.

경전을 정말로 상세히 읽은 사람이 있을까? 그렇다면 경전을 읽는 동안 이성적 판단과 기억, 그리고 지성과 비판 정신이 제대로 작동하지 않았을 리 없다. 그저 책장만 넘긴다고 독서가 아니다. 독서란, 이슬람교 수도자처럼 그 자리를 뱅글뱅글 돌면서 구절을 암송하는 것도, 카탈로그를 뒤적이듯이 읽는 것도 아니다. 이야기책을 읽듯이 대강 읽는 것도 독서라고 할 수 없다. 진정한 독서는 '부분을 읽으면서 전체를 생각하는 것' 이다! 이렇게 경전을 읽을 때, 누구나 믿기지 않는 모순을 찾아낼 수 있다. 2천 년 이상이나 이 땅에 제국들과 국가들, 그리고 역사를 만들어온 세 권의 복음서의 내용 가운데 얼마나 많은 모순이 담겼는지를 찾아낼 수 있다.

선별 논리

허허벌판에서 발굴 작업을 할 때는 선별자가 대장 노릇을 한다. 세 권의 복음서는 모두 하느님에게 영감을 받아서 쓰거나 하느님의 목소리를 직접 받아쓴 것이라 여겨지기 때문에 완벽하고 절대적이며 최종적인 것일 수밖에 없다. 하느님은 이성적 판단, 비모순의 원칙, 결과의 변증법, 논리적 인과관계까지 지배할 수 있어야 한다. 그렇지 않으면 하느님이 아니다. 전체가 완전하기 때문에, 전체를 이루는 부분도 마찬가지로 완전하다. 거꾸로 말하면 책을 만들어간 순간들이 완벽하기 때문에 책 전체도 완벽할 수밖에 없다. 성경은 진리의 말이다. 따라서 그 조각들 하나하나도 진리이며, 거기에서 뽑아낸 문장 하나하나도 마찬가지로 진리다. 이런 원칙에서 출발하여 글자로 성령을 해석하고, 거꾸로 성령으로 글자를 해석한다.

그럼 선별은 그렇지 않다는 뜻일까? 그렇다. 하지만 다음 단계를 이용해서 반대의 반대를 말할 수 있다. 달리 말하면 반대되는 명제와 모순 되는 문장을 없애버리는 수법으로 원래의 명제를 되살려낼 수 있다. 이처럼 기존의 문헌에서 적절한 말을 인용하거나 맥락을 이용해서 자신의 주장을 정당화시킬 수 있기 때문에, 누구나 자기 목적에 맞게 성서를 이용할 수 있다. 예컨대 히틀러는 예루살렘 성전에서 장사꾼을 몰아낸 예수를 끌어들여 자신의 행동을 합리화시키고, 마틴 루터 킹은 복음서를 인용해서 비폭력운동을 정당화시켰다. 이스라엘은 토라를 인용해서 팔레스타인의 식민지화를 합리화시켰고, 팔레스타인은 꾸르안을 인용해서 폭력을 동원해서라도 그 땅에서 이스라엘 사람들을 몰아내려 한다. 궤변 또는 말을 뒤트는 변증법적 수완만 있으면 악을 선으로 둔갑시키고, 심지어 선을 무참하게 만드는 일은 문제가 안 된다.

유대인을 예로 들어보자. 유대인의 야훼는 산에서, 불꽃에서, 구름에서, 또는 먹구름 속의 빛에서 모세에게 큰 목소리로, 엄청나게 큰 목소리로 십계명을 주었다. 그렇게 중요한 계명을 가냘픈 목소리로

주었으리라고는 상상하기 힘들다. 그렇게 하느님은 "살인하지 말
라!"(신명기 5:17)라는 다섯 번째 계명을 주었다. 더 이상 간단하면서
도 명료한 명령은 없을 것이다. 이는 모두에게 내린 명령으로, 살인
을 금지하는 명령임에 분명하다. 이렇게 하느님은 살인을 금지하고,
남의 생명을 빼앗는 짓을 금지한다는 자신의 뜻을 명료하게 전달했
다. 어떤 변명이나 구실, 예외도 허용되지 않는 절대적이고 신성불가
침한 원칙이었다.

　십계명에서 몇 단어만 선별해서 인용해도 윤리라는 학문이 완성될
정도다. 비폭력, 평화, 사랑, 용서, 온유함, 관용 등이 십계명에서 읽
힌다. 거꾸로 말하면 전쟁, 폭력, 군대, 사형, 싸움, 십자군, 종교재판,
식민주의, 원자폭탄, 암살 등, 요컨대 성경이 절대 진리임을 믿는다
는 사람들이 하느님의 이름을 빙자해서 후안무치하게 저질러온 모든
행위들을 이 땅에서 추방하는 데 필요한 모든 것이 십계명에 담겨 있
다. 이런 십계명이 왜 엉뚱하게 해석되었던 것일까?

　신명기에서는 살인을 금지한 구절의 다음에는 야훼가 유대인들에
게 헷 족속, 기르가스 족속, 아모리 족속, 가나안 족속, 브리스 족속,
히위 족속, 여부스 족속 등을 멸종시키라고 분명히 밝히는 내용이 있
다(신명기 7:1). 그들은 당시 팔레스타인을 차지하고 있던 일곱 부족
들로, 야훼는 이들에 대한 저주를 허락했다. 또 그들과의 결혼을 금
지시키면서 인종차별을 노골적으로 부추겼다. 그 부족들과의 계약을
금지시키고, 심지어 연민조차 품지 말라고 했으며, 그들의 제단과 기
념물을 남김없이 파괴하고, 그들의 책을 불태워버리는 것까지 허락
했다. 왜 그랬을까? 해답은 역시 신명기에서 찾아진다. 7장 6절에서

말하듯이, 유대인은 하느님에 선택받은 민족이기 때문이다!

살인하지 말라면서, 바로 뒤에서는 때리고 죽이고 멸종시키고 불태워버리고 약탈하라고 말한다. 전쟁을 떠올리게 하는 온갖 단어가 동원된다. 야훼는 사람과 짐승, 여자와 어린이, 노약자, 나귀, 소, 작은 짐승까지 살아 있는 것은 모조리 죽이라고 명령했다. 그에 따라, 살아서 숨쉬는 것은 빠짐없이 칼세례를 받아야 했다(여호수아 6:21). 가나안 땅을 정복하고 여리고(예리코) 성을 함락시킨 유대인은 철저하게 앙갚음했으며, 결국 여리고 성은 불바다가 되었다. 그런 와중에도 유대인들은 금은을 챙겨 야훼에게 제물로 바치며 '인류 최초의 인종학살'이라 말해도 과언이 아닌 사건에 관여하여 큰 역할을 해낸 야훼를 찬송했다.

여기에서 우리는 어떤 결론을 내려야 할까? 그저 모순을 찾아낸 것으로 만족해야 할까? 그러나 이 문제를 접근하는 데에 이제까지 습관처럼 걸어온 길을 벗어나, 더 꼼꼼하고 정확하게 글을 읽어야 할 필요가 있다. 자칫하면 살인하지 말라는 명령이 어떤 민족의 학살을 합리화하기 위한 수단처럼 해석될 수도 있기 때문이다. 레온 트로츠키는 다른 상황에서 다른 이유로 쓴 『그들의 윤리와 우리의 윤리』에서 이 딜레마의 해답을 제시했다. 비록 어느 한쪽에서는 윤리이자 도덕으로 해석되는 전쟁이라도 다른 쪽에서는 완전히 다르게 해석된다는 것이다.

반면에 십계명을 '공동체 내에서 지켜야 할 명령'이라고 한정 짓는다면 어떨까? 예컨대 살인하지 말라는 계명이 '너, 유대인아, 유대인을 죽여서는 안 된다!'라는 식으로 해석된다면 말이다. 그렇다면 이

계명은 유대인 공동체가 살아남는 데 절대적 역할을 하면서, 결국 유대인이 아닌 다른 민족은 죽여야 한다는 뜻이 된다. 결코 양립할 수 없는 두 세계가 있다는 뜻이다. 청부살인은 정말로 죽이는 것이 아니기 때문에 십계명에 포함되지 않는다. 따라서 남의 생명을 빼앗지 말라는 명령은 단정적인 명령이 아니라 일종의 가정이 된다. 요컨대 보편적 명령이 아니라 특정한 대상을 염두에 둔 명령이다. 야훼는 자신이 직접 선택한 민족에게 말하고 있으며, 다른 민족은 고려조차 하지 않았다. 이렇게 토라는 윤리, 존재, 형이상학 등 모든 면에서 인종을 차별한다.

오른뺨을 맞으면 왼뺨까지 내줘라?

이번에는 기독교의 가르침에서 모순 되는 내용과 엉터리로 적용된 해석을 찾아보자. 얼핏 읽으면 네 복음서는 온유함, 평화, 사랑 등이 최고라고 가르치는 듯한 느낌을 준다. 병든 사람과 상처받은 사람을 따뜻하게 위로하는 솜씨를 천부적으로 타고난 예수는 죄인까지도 용서하라면서 갖가지 비유를 들어 자비로운 생각을 사람들에게 가르쳤다. 순박한 생각을 가진 어린아이를 본받으라고 하고, 일요일에도 병자를 고친 것이 대표적인 예다.

예수라는 인물이 가진 면모를 보여주는 구체적인 예는 '뺨의 비유'로, 마태가 처음 말하고(마태 5:39), 누가가 재인용했다(누가 6:29). '뺨의 비유'에 따르면, 예수는 구약성서를 없애려고 온 것이 아니라 완성하려고 온 것이라고 하면서, '눈에는 눈, 이에는 이'라는 동태복수법을 '상대를 당혹스럽게 만드는 전술'로 바꾸라고 했다. 그것은 상대에게 받은 대로 앙갚음하려는 사람에게 새로운 전술을 가르치는 것으로, 구체적으로 말하면 오른뺨을 맞으면 왼뺨까지 내주라는 것이다! 십중팔구는 왼뺨까지 맞겠지만…….

다섯 번째 계명이 그랬듯이, 이 가르침도 다른 식으로 해석될 여지가 없다. 아무도 대충 얼버무리며 자신의 입맛에 맞게 해석하거나, 뺨을 맞았다고 상대의 뺨을 때리는 식으로 대응해서는 안 된다. 확대해서 해석하면, 기독교인은 두들겨 맞더라도 복수를 선택하는 대신 싸움을 그쯤에서 중단시켜야 한다. 그래서 로마 제국이 기독교인들을 사자굴에 몰아넣어 죽여도 기독교인들은 저항하지 않았던 것이다! 어떤 '멍청이'를 함부로 다루어도, 그들은 하느님의 가르침대로 반발하지 않고 묵묵히 있어야 한다. 마하트마 간디와 추종자들이 그런 가르침에 영향을 받았는지는 모르지만, 그들이 철로에 길게 늘어섰을 때 나치스 부대가 들이닥치지는 않았다. 때문에 그들은 두 뺨을 사용할 기회를 잃고 말았다. 그것이 행운이었을까 불행이었을까…….

그러나 복음서에서 정반대의 이야기를 찾아낼 수 있다. 이 이야기는 꾸르안에도 등장하는데, 예루살렘 성전의 장사꾼 때문에 분노가 폭발한 예수가 노끈으로 채찍을 만들었다는 내용이다(요한 2:14). 어느 평범한 사람과 다름없이 행동한 예수의 모습은 왼뺨까지 내주라는 메시아의 가르침과 딴판이었다. 이에는 이로 복수해서는 안 된다고 가르친 바로 그 예수가 성전에서 소와 양과 비둘기를 팔고 돈을 바꾸는 장사꾼들에게 버럭 화를 내면서 그들을 쫓아냈다. 그런데도 예수를 온유하고 평화를 사랑하며 관대한 사람이라 말할 수 있을까?

이 장면만으로는 온유한 그리스도의 모습을 부인하기에 부족하다고 우기는 기독교인들에게는 신약성서의 다른 구절들을 찾아보라고 말해주고 싶다. 그들의 영웅이 결코 신사처럼 행동하지 않았음을 묘사한 구절이 곳곳에서 발견된다! 아예 구체적인 예를 들어보자. 예수는 바리새인과 위선적인 율법교사들에게 일곱 가지 저주를 퍼부었다(누가 11:42~52). 또, 자신을 믿지 않는 사람은 지옥에 떨어질 것이라 악담했다(누가 10:15, 누가 12:10). 회개하지 않는다는 이유로 게네사렛 호수 북쪽의 도시들에 욕설을 퍼부었고, 예루살렘이 폐허로 변하고 신전이 무너질 것이라 예언하며 겁주었다(마가 13절). 심지어 그와 함께하지 않는 사람은 그를 반대하는 사람이라고 고집을 부렸고(누가 11:23), 그가 세상에 화평을 주려고 온 것이라 생각지 말고 '검'을 주려고 온 것이라고 분명히 말했다(마태 10:34). 그밖에도 그런 내용들은 많지만 이 정도로 하겠다.

히틀러, 성 요한의 제자

선별 논리를 이용한 아돌프 히틀러는 예수가 예루살렘 신전에서 장사꾼들을 내쫓는 이야기를 가장 좋아했다. 히틀러는 그가 기독교인인 것을 한 번도 부인하지 않았으며, 로마 교황청을 극구 찬양하는 한편, 인류 문명을 건설해온 교황청의 수법을 칭찬하였고, 기독교가 영원무궁토록 영화를 누릴 것이라고 예언했다. 히틀러에 대해서는 뒤에서 더 자세히 살펴보기로 하고, 여기에서는

아돌프 히틀러

한 가지만 확인해두겠다. 『나의 투쟁』에서 히틀러는 어떤 기독교를 지
향하는가를 밝히면서 요한복음 2장 14절에 쓰인 '채찍'이란 단어를
사용했다. 그럼 히틀러는 어떤 기독교를 지향한 것일까? 그의 표현대
로라면 그가 '절대적으로 옳다고 믿는 진정한 기독교' 였다.

　성경의 양면성을 인정하지 않는 기독교인에게는 출애굽기 21장 23
절부터 26절에 명백히 쓰인 동태복수법을 읽어보라고 권하겠다. 거
기에서는 눈에는 눈으로, 이에는 이로 보복하라는 데 그치지 않고,
심지어 "손은 손으로, 발은 발로, 덴 것은 덴 것으로, 상하게 한 것은
상함으로, 살인에는 살인으로 복수하라."고 가르친다. 하지만 예수는
다른 뺨까지 내놓으라는 정반대의 복수법을 가르쳤다. 이런 복음서

의 가르침을 포기하고 구약성서의 동태복수법을 택한다면, 또 예루
살렘 성전의 이야기로 그런 선택을 합리화시킨다면 최악의 악행을
정당화하는 일도 어렵지 않다. 예컨대 약간의 궤변이 더해지면, '수
정의 밤'('크리스탈나흐트' 또는 '깨진 유리의 밤'이라고도 한다. 1938년
11월 9일 밤 독일인이 유대인 상점들을 공격하여 깨진 상가의 유리로 거리
가 반짝거렸다는 데에서 유래되었다—옮긴이)마저도 예루살렘 신전에
서 장사꾼을 몰아낸 사건의 현대판이라고 정당화될 수 있다. 예수는
신전에서 장사하고 돈을 바꾸는 사람들을 극렬하게 비난하지 않았던
가! 이런 식으로 해석하면, 유럽 전역에서 유대인을 학살한 독일의
국가사회주의적 광기도 합리화될 수 있다. 안타까운 일이지만, 변증
법론자와 궤변론자는 '채찍'을 들먹이며 가스실까지도 합리화시킬
수 있다. 오늘날까지도 비오 12세와 교황청은 히틀러의 궤변에 가까
운 추론이 틀렸다고 말하지 않고 있다. 바티칸이 나치스를 지원한 것
이 실수였다고 솔직하게 고백하지 않는 태도는 독일에 협조했다고
고백하는 것으로밖에 해석되지 않는다. 이 문제는 뒤에서 더 자세히
살펴보기로 하자.

논리적이지 못한 알라

히틀러는 무슬림의 종교, 즉 남성적이고 전투
적이며 정복지향적이면서 군사적 성격을 띤 종교를 무척 좋아했다.
역사적으로는 알라의 많은 신도가 히틀러에게 경의를 표했다. 예루살
렘의 이슬람교 율법학자들이 그랬고, 전쟁이 끝난 후에는 비밀첩보부

메카를 순례하기 위한 여행을 떠나
는 무슬림들

대와 군부 고위층을 차지한 호전적인 반유대주의자들이 옛 나치스의
전통을 이어가는 한편 자신들의 땅인 시리아, 이집트, 사우디아라비
아, 팔레스타인에 제3제국(나치스 지배 체제)의 범죄자들을 보호하고
숨겨주었다. 제3제국의 고위 지도자들이 꾸르안의 종교로 개종하기
까지 했다는 말은 사족에 불과하다.

이번에는 꾸르안에서 모순 되는 부분들을 지적하고, 극악한 범죄
를 정당화시키기 위해서 어떤 얄궂은 구절들을 자기 입맛대로 해석
했는지를 살펴보겠다. 유대인의 경전은 살인을 금지하지만 홀로코스
트를 찬양한다. 기독교인의 경전은 이웃을 사랑하라고 가르치지만
하느님의 분노를 핑계로 폭력을 합리화시킨다. 이것들은 성경에서

분명히 찾아지는 모순이다. 한편, 일신교의 세 번째 경전인 꾸르안도 예외 없이 무시무시한 모순을 안고 있다.

우선, 꾸르안이 알라의 직접적인 말씀이라고 경솔하게 주장하는 수라(IV, 82)부터 문제가 된다. 신성한 책이기 때문에 어떤 모순도 없다는 것이 그 증거라고 한다. 이제 경전들이 모순투성이라고 말하기도 지겨울 지경이다. 꾸르안이 모순 덩어리라는 사실을 확인하는 데는 오랜 시간이 필요하지 않다. 과장해서 말하면, 한 쪽을 넘길 때마다 모순이 발견된다. 물론, 꾸르안은 꾸르안이 있다는 사실 자체에 기뻐하라고 말한다. 스피노자의 책처럼 지적으로 쓰여진 것에 기뻐하고, 데카르트가 말하듯이 명쾌하게 쓰여진 것에 기뻐하며, 베르그송의 글처럼 솔직하고 담백하게 쓰여진 것에 기뻐하라고 말한다. 글 속에 무수한 모순이 있는 것이 미안할 뿐이노라……. 하여간 약간만 정신을 차리면 꾸르안에서 모순을 찾아내기란 그다지 어렵지 않다.

꾸르안은 124장으로 이뤄진다. 이 중 9장을 제외하면 모든 장이 첫 장의 첫 절(I. 1), 즉 꾸르안을 여는 문장인 "긍휼을 베푸시는 분, 인자하신 분, 알라의 이름으로!"를 되풀이하면서 시작된다. 그리고 알라의 가르침이 이어진다. 알라에게는 99가지 이름이 붙여지며, 100번째 이름은 미래에 공개될 예정인데, 이 가운데 긍휼과 관련된 이름만 나열해보면 모든 것을 용서하시는 분(알 가파르), 정의로운 분, 공평하신 분, 놀랍도록 관대하신 분, 선하신 분, 너그러우신 분, 무척 온유하신 분(알 할림), 사랑이 많으신 분, 친절하신 분(알 바르), 후하신 분(알 아푸), 아량을 가지신 분(주 이 잘랄리) 등등이다.

『리트레』 사전에 따르면, '긍휼'은 '벌 받아 마땅한 사람에게 주는 용서 또는 사면'을 뜻한다. 특히 종교적으로는 '신이 인간과 죄인에게 죄를 면해주는 관용'이라 풀이된다. 그런데 알라의 이름 중에 남의 품격을 떨어뜨리는 분(알 무힐), 죽이라고 명령하는 분(알 무미트), 복수하는 분(알 문타킴), 반대자들을 해칠 수 있는 분(알 다르) 등이 있는 것은 어떻게 설명해야 할까? 남의 품격을 떨어뜨리고 죽이며 복수하고 해치면서 긍휼을 베풀 수 있다니 참으로 이상하다. 하지만 이런 모순을 정당화시키는 구절들이 넘쳐흐르니 걱정할 것은 없다.

꾸르안에서의 알라

알라는 꾸르안에서 무자비한 전사戰士로 곧잘 등장한다. 물론 관대한 아량을 베풀기도 하는데, 그런 아량은 알라의 속성이기도 하다. 하지만 언제 어디에서 누구에게 아량을 베풀었던 걸까? 실제로는 이웃 사랑을 실천하는 경우보다 칼바람을 일으키고, 억압해서 품격을 떨어뜨리고, 고문하고, 불 지르고, 약탈하고 학살하는 경우가 훨씬 많다. 꾸르안에서도 그렇지만, 예언자의 행동과 몸짓도 마찬가지다. 한마디로, 이슬람교의 교리와 무슬림의 관습에서 긍휼을 찾아보기란 어렵다.

그것은 그에 관한 전기가 증명하고 있듯이, 무함마드가 기사도적인 미덕을 지니지 못했기 때문이다. 그는 메디나에서 부족 간의 전쟁을 지휘하면서 약탈을 일삼았고, 전쟁포로와 전리품을 독차지했다. 또 친구들을 최전선에 보내면서도 정작 그는 돌에 맞아 부상을 당하자마자 구덩이에 몸을 숨기고 후퇴해버렸다. 힘든 적을 상대해야 할 때는 측근에게 역할을 떠넘겼지만, 유대인을 학살할 때는 앞장섰다. 알라는 위대하다. 따라서 그의 예언자인 무함마드도 위대하다. 알라의 체면을 위해서라도 무함마드의 행실을 꼬치꼬치 따지지는 말자!

하여간 알라는 너그러운 분이시다. 그런데 어찌하랴, 꾸르안은 모순 백화점인 것을! 알라는 전략과 전술에 능한 분이지만 징벌을 하는 데도 능하시다(III. 30). 알라는 시시때때로 '간계奸計'를 사용한다(III. 54). 그런데 그런 파렴치한 수법은 어떤 행동보다 사악한 짓으로 여겨진다. 알라는 곧잘 폭력을 동원하고 죽이라는 명령을 한다(III. 156). 알라를 의심하는 사람에게는 치욕스런 벌을 안겨줄 방법을 고민한다(IV. 102). 또 복수의 달인이며(V. 95와 III. 4), 그를 믿지 않는 사람들을 가차 없이 죽인다(III. 141). 알라는 이슬람교의 믿음을 너무나 고결하게 생각하기 때문에 자신의 뜻과 다른 믿음을 결코 용납하지 않는다. 따라서 그가 보기에 나쁜 생각을 품는 사람은 징벌한다(XLVIII). 그야말로 "긍휼이여, 안녕!"이다.

회색은 없다

꾸르안은 한 장을 제외한 모든 장에서 "알라는 긍휼을 베푸시는 분"이라고 시작하면서도 헤아리기 힘들 정도로 많은 곳에서 그런 전제를 스스로 부인한다. 우선, 믿지 않는 사람을 죽이고(VIII. 39), 다신론자를 죽이라고(IX. 5) 명령하지만 바로 다음 절에서 그런 사람들에게 안식처를 주라고 권한다(IX. 6). 믿지 않는 사람들과 목숨을 걸고 싸우라고(VIII. 39) 말하면서도 용서하고(VIII. 199),

망각하며(V. 13), 평화(XLVX)를 사랑하라고 말한다. 살인을 정당한 것(IV. 56, IV. 91, II. 191~194)이라고 주장하는 한편으로, "폭력을 저지르지 않은 한 사람을 죽이는 것은 모두를 죽이는 것이고, 한 사람을 구원하는 것은 모두를 구원하는 것이다."(V. 32)라는 구절이 눈에 띄기도 한다. 실제로 이 구절은 이슬람교의 폭력적 성향을 얼버무리는 데 자주 사용된다. 또 동태복수법(II. 178, V. 38)을 인정하지만 동태복수법을 포기해야

메디나 성전

자신의 잘못을 용서받을 수 있다고 가르친다(V. 45). 유대인이나 기독교인을 친구로 여기지 말라고(V. 51) 하면서도 남자에게는 유대인이나 기독교도인 여자를 아내로 맞을 수 있다고 허락한다(V. 5). 게다가 어떤 믿음을 가진 사람들과도 우정을 맺고(XLIX, 10), 그들과 언제나 예절바른 태도로 이야기를 나누라고 말한다(XXIX. 46). 비무슬림을 쫓아내라고(IV. 91) 가르치면서도 알라에게 등을 돌린 사람까지도 미워하지 말라고 가르친다(IV. 80). 불신자의 목에 굴레를 씌우라고 명령하지만(XIII. 5), "종교에 강제는 없다!"라며 이슬람교의 너그러움을 과시하는 구절이 있다(II. 256). 대체 종잡을 수가 없다. 그런가

하면, 알라는 유대인과 기독교인을 절멸시키라고 요구하는(IX. 30) 한편으로, 바로 그 장에서 믿는 사람들 간에 우정을 돈독히 하라고 말하기도 한다(IX. 71). 삶과 죽음 앞에서 남녀가 모두 평등하다고 말하지만(XLV. 21), 딸이 태어나면 슬퍼하고(XLIII. 17), 죽은 후에 어떤 사람은 천당에 가겠지만 어떤 사람은 지옥에 간다면서 불평등함을 확인시켜 준다(LIX. 20). 무함마드는 선행의 보상이 천당이라고 가르치는(III. 136) 한편으로, 선행의 보상은 선행이라고 주장하기도 한다(LV. 60). 모든 것은 일부러 헤매게 하는 알라의 뜻이라고 가르치면서(XLV. 23), 인간은 자신의 행동에 스스로 책임져야 한다고 말한다(LII. 21). 그런데 모세와 예수를 섬기는 것은 알라의 뜻일까, 아닐까? 여하튼 그들을 섬기면 벌을 받는다.

'여자'라는 제목이 붙은 장에 나와 있듯이, 하나의 모순도 없다는 것이 꾸르안이 성서聖書인 증거라면, 즉 낙타똥을 주워 모아 살던 문맹의 가난한 촌뜨기에게 20년 동안 메카와 메디나에서 받아쓰게 한 성스런 책이라는 증거라면, 앞에서 나열한 무수한 모순들은 무엇이란 말인가? 거꾸로 말하면, 이런 모순이 있으니 그것은 인간의 창작물일 수밖에 없지 않은가! 얄궂게도 꾸르안에는 모순이 없다는 주장, 그래서 꾸르안은 신의 책이라는 주장이 꾸르안의 발목을 잡는다. 꾸르안의 주장대로, 꾸르안에 모순이 있으니 꾸르안은 신의 책이 아니라 인간의 창작물이 될 수밖에.

맥락을 읽으라고?

꾸르안은 그것이 진실인지 거짓말인지 헷갈릴 정도로 모순의 홍수를 이루고, 어떤 주장이든 정반대의 주장이 함께 있는 무질서한 형이상학적 글이지만, 학자들은 그들의 선별 논리를 합리화시키기 위해서라도 이슬람교의 가르침 전체가 자신들이 선별해서 인용한 부분들로 귀결될 수 있다는 점을 증명하려 애쓴다. 이슬람교는 온건적 이슬람교와 근본주의적 이슬람교로 나뉘고, 여기에 개방적이고 공화주의적인 평신도 중심의 이슬람교가 더해진다.

또 약간은 경박스럽게, 무함마드의 전기를 근거로 내세우며 페미니스트적 이슬람교를 주장하는 학자들도 있다. 사실인지 아닌지 확인할 길은 없지만, 그들의 주장에 따르면 무함마드는 부인인 아이샤 Aisha를 도와 가사일을 했단다. 또한 그 학자들은 전후 상황을 연결시켜 해석하면서, 무함마드와 그의 부인이 낙타 경주를 벌였다고 추론하기도 한다. 심지어 그들은 뛰어난 학문적 지식을 뽐내기라도 하듯이, 꾸르안의 장과 절을 능수능란하게 연결시키면서 꾸르안이 우주 정복을 예언했고 정보화시대를 예견했다고 주장하기도 한다.

온건한 이슬람교를 표방하는 학자들은 이슬람교가 관용적인 종교임을 보여주는 구절을 찾는 데 열중한다. 따라서 무함마드가 불신자들에게 피난처를 제공하고, 가르치고, 용서하고, 잊고, 평화를 사랑하라고 말한 구절들과 더불어, 어떤 형태의 폭력이나 범죄도 거부하고, 동태복수법을 포기하며, 비록 유대인이나 기독교인이라도 심지어 무신론자라도 이웃을 사랑하고, 관점의 차이를 너그럽게 보아 넘기라고 가르친 구절들을 찾아낸다. 하지만 그것과 정반대의 내용을 담고 있는 구절들도 있다는 사실이 안타까울 뿐이다. 달리 말하면 그런 가르침과 달리 범죄와 살인, 폭력과 증오, 경멸과 멸시 등을 정당화하는 구절들이 있다.

이에 대해 온건한 학자들은 이렇게 항변한다. 꾸르안을 공정하게 읽어 진리를 찾으려고 하는 게 아니라, 꾸르안과 종교의 권위를 이용하여 사리사욕을 채우는 데만 관심 있는 사람들이 꾸르안을 이데올로기적 · 단편적으로 해석했기 때문이라고! 하지만, 그들의 주장을 그대로 받아들인다 하더라도 의문은 남는다. 예를 들어, 유대인을 죽이라고 말하는 구절을 맥락에 따라 해석하자는 것은 무슨 뜻일까? 시대 상황과 역사적 맥락을 고려하여 그 구절을 설명하자는 뜻일까? 그래서 어쩌자는 것일까? 반유대주의가 언제 어디에서 시작되었는지를 알아내면 반유대주의가 사라질까? 우리가 아무리 맥락에 맞춰 생각해도 꾸르안은 여전히 흰 종이에 검은 잉크로 쓰인 글일 뿐이다. 따라서 꾸르안에서 발견되는 모순을 어떤 식으로 해석하더라도 반유대주의는 여전히 읽혀진다.

꾸르안을 맥락에 따라 읽으라고 하는 사람들에게 꾸르안은 알라에게 영감을 받아서, 또는 알라의 말씀을 직접 받아쓴 성스럽고 신성한 책이었다. 그들에게 꾸르안은 예부터 아무도 감히 손댈 수 없는 책이었다. 그런 그들이 어느날 갑자기 말을 바꿔 역사적 맥락에 따라 꾸르안을 읽어야 한다고 우겨대기 시작했다. 순전히 자신들의 편의와 이익을 위해서! 달리 말하면 신앙적인 구절과 이성적으로 판단해야 할 구절, 그리고 전설과 진실을 자신들의 변증법적 필요성에 따라 결정하고 싶어한다. 이 구절은 비유적으로, 저 구절은 철학적으로 해석하자고 한다. 도무지 종잡을 수가 없다.

　나는 이 세 권의 성서에 무자비할 정도로 엄격하게 역사적인 시각을 들이대보려 한다. 그것들이 서구의 역사, 아니 세계의 역사에 어떤 영향을 미쳤는지를 살펴보기 위해서라도 필요한 작업이다. 토라는 살인을 금하고, 복음서는 이웃을 사랑하라고 가르치며, 꾸르안은 긍휼을 강조하지만, 실제로는 가나안에서 저지른 유대인들의 전설 같은 이야기, 모세의 인종학살에 대한 예언들, 십계명의 해석, 동태복수법, 예루살렘 신전에서 상인들에게 휘두른 채찍, 칼과 검의 우화, 옹졸하며 반유대주의적 성향을 띤 하느님의 긍휼이 세 일신교의 전부가 되어버린 이유를 추적해보려 한다. 세 일신교는 하나의 하느님을 믿는 종교의 독특한 증세라 할 수 있는 '죽음의 충동' 이상의 것을 우리에게 안겨주었기 때문이다.

2. 죽음의 충동

골라가며 분노하다

세 일신교를 떠받치는 세 권의 경전을 제대로만 골라 읽는다면 최적의 효과를 거두는 것도 가능하다. 예컨대 살인하지 말라는 십계명의 명령을 어떤 예외도 허락하지 않는 절대적이고 보편적인 명령으로 삼고, 이웃을 사랑하라는 복음서의 가르침을 절대적인 명령으로 삼아 어떤 예외도 금지한다고 해석할 수 있다. 또한 살인에 관련된 꾸르안의 가르침을 곧이곧대로 받아들인다면 세 종교는 누구에게나 권하고 싶은 바람직하고 좋은 종교가 되었을 것이다.

랍비들이 학살을 금지하고 식민지를 건설하면서 다른 민족을 몰아내는 것을 금지했다면, 목사들과 신부들이 이웃의 목숨을 취하는 사람에게 어김없이 매몰찬 비난을 퍼부었다면, 교황이 힘없고 가난하며 배척당한 사람들, 쉽게 말해서 그리스도를 처음으로 섬긴 하층민들의 편에 섰다면, 칼리프와 이맘과 아야톨라와 물라를 비롯한 무슬림의 고위 성직자들이 유대인과 기독교인에게 칼을 겨누고 불신자들을 약탈하는 사람들을 공개적으로 망신시켰다면, 요컨대 이 땅을 지배하는 유일한 하느님을 대표한다는 그들이 정말로 평화와 사랑의 길을 택해서 관용을 베풀었다면, 그런 그들의 솔선수범하는 모습에 모두가 박수를 보내면서 세 종교를 적극적으로 지지할 수도 있었을 것이다. 간혹 종교의 가르침을 빙자해서 사악하고 고약한 짓을 저지르는 사람들을 비난하는 것도 가능했을 것이다. 하지만 그들은 정반대로 행동했다. 아니, 최악의 길을 택했다. 개인의 인격에 따라 가뭄에 콩 나듯 극히 드문 예외가 있기는 하지만, 언제나 그들은 인류의 역사에서 칼과 무기를 휘두르며 죄 없는 사람들을 약탈하고 강간한 전쟁 범죄자들, 무고한 사람들을 고문하고 인종학살을 자행한 독재자들과 같은 인간망종을 지지해왔다.

일신교는 죽음의 충동을 사랑하는 까닭에 죽음을 찬양하고 소중히 생각하며, 심지어 죽음을 즐긴다. 한마디로 죽음에 넋을 빼앗긴 종교인 일신교는 죽음의 은총을 내린다. 그것도 아낌없이! 또, 일신교는 죽음으로 사람들을 위협한다. 유대인은 가나안 사람들의 피로 칼을 적셨고, 무슬림들은 민간항공기를 폭탄 삼아 뉴욕을 때렸고, 기독교인들은 히로시마와 나가사키에 원자폭탄을 투하했다. 모든 것이 하느님의 이름으로 자행되었고, 하느님에게 축복받은 행위였다. 특히 하느님의 이름을 빙자한 사람들이 앞장서서 그런 행위를 감싸고 나섰다.

오늘날, 예루살렘의 대★랍비들은 길거리에서 폭탄조끼를 입고 테러할 기회를 엿보는 팔레스타인 테러리스트들을 통렬히 비난하지만, 웨스트뱅크의 한 지역에 떨어져 애꿎은 팔레스타인들의 목숨을 무참

제2차 세계대전에 일본 히로시마에
투하된 원자폭탄

히 앗아간 이스라엘의 미사일
에 대해서는 입을 굳게 다문다.
교황은 지구 전역에서 지금 이
순간에도 생명의 씨를 말려 죽
이는 피임약을 비난하면서도
르완다의 가톨릭계 후투족이
수십만 명의 투치족을 죽인 만
행에는 침묵한다. 이슬람 세계
의 최고위 성직자들은 서방세
계가 그들에게 안긴 식민지 착
취와 굴욕적 범죄를 입이 닳도
록 비난하지만 알카에다의 진
두지휘로 전 세계에서 자행되

는 지하드에 대해서는 침묵을 넘어 찬양까지 한다. 결국 죽음의 찬양
은 이교도들에만 적용되어, 자기 종교를 믿지 않는 자들의 죽음을 찬
양할 뿐이다. 게다가 세 종교 모두에 무신론자는 이 땅에서 사라져야
할 공통의 적이다!

이처럼 세 일신교의 분노는 선별적이다. 이른바 '단체정신esprit de
coprs'의 전형이다. 유대인은 선민정신으로, 기독교는 교회를 중심으
로, 무슬림은 움마(국적을 초월한 이슬람 공동체)를 중심으로 똘똘 뭉
친다. 이런 편협성은 그들의 율법에 어긋나지만 존재론적·형이상학
적·치외법권적 특권을 누린다. 같은 공동체의 구성원이 저지른 짓
은 무조건 옹호하고 합리화해야 한다. 가령 아리엘 샤론Ariel Sharon

이스라엘 수상이 죄 없는 팔레스타인 사람들 죽이라고 명령해도, 그가 유대인인 까닭에 같은 유대인들이 나서서 변명해준다. 유대인은 결코 야훼를 욕되게 하지 않으며, 살인은 야훼의 이름으로 자행된다.

　기독교인인 교황 비오 12세는 유대인들을 대량학살한 사건을 옹호하는 수준을 넘어 학살을 주도한 아이히만을 유럽에서 탈출시키기도 했다. 유대인이 그들의 주님을 죽였으니, 그런 유대인을 대량학살하는 것이 일종의 복수라고 생각했던 것일까? 어쨌든 그들은 그리스도를 화나지 않게 하려고 안절부절못했다. 물라 오마르는 무슬림을 대표해서 간음한 여자들을 알라의 이름으로 교수형에 처했다. 교수대가 알라의 이름으로 세워진 것이므로! 하여간 토라, 복음서, 꾸르안에서 적절한 구절을 들먹임으로써 이런 모든 가증스런 행위들이 정당화되고 합리화되며, 심지어 축복까지 받는다.

　사회와 정치에 영향을 미치기 시작한 순간부터 종교는 패악한 힘을 갖는다. 하지만 그들의 만행을 합리화하는 구절들을 경전에서 찾아내서 변명거리로 삼기 때문에 가증스런 죄악은 늘 공격의 화살을 피해간다. 누가 하느님의 말씀, 신의 초대, 계시로 쓰여진 경전에 감히 태클을 걸 수 있겠는가? 하느님은 함부로 말씀하지 않는다. 오직 유대인에게만 말씀하신다. 또 성모의 경우에서 보았듯이 간혹 사자使者를 통해 계시를 보내기도 한다. 그런데 성직자들은 하느님에게 아무 때나 말씀하게 하는 능력을 지녔다! 성직자가 의견을 피력하거나 책의 한 부분을 인용할 때, 그 의견에 반발하는 것은 다름 아닌 하느님에게 '아닙니다!' 라고 말하는 짓이다. 누가 하느님, 그리고 하느님의 종을 자처하는 성직자의 말에 감히 반박할 수 있단 말인가? 이런 이유로 신권정치 아래에서는 민주주의가 어렵다. 신권이란 단어의 존재만으로도 민주주의는 위협받는다.

성스런 전쟁

주님께 모든 영광을! 유대인들은 일신교를 창조해냈다. 그들은 일신교를 지탱하는 데 필요한 모든 것도 만들어냈다. 신의 권리와 신이 반드시 갖춰야 할 자질들, 신이 특별히 선택한 민족이 있으니 다른 민족들은 그 민족에 굴복해야 한다는 그럴 듯한 논리 등등. 그러나 무엇보다 중요한 것은 물리적인 힘이다. 하늘에서 받은 권리가 땅에서 제대로 효과를 발휘하려면 물리적인 힘이 있어야 하기 때문이다. 하느님은 말씀을 한다. 그런데 그것은 보통 사람이 듣기는 상당히 어렵다. 따라서 하느님은 예언자, 구세주, 사자 등을 보내서 자신의 말씀을 해석하게 한다. 성직자는 이런 말씀을 명령으로 둔갑시켜, 치아까지 무장한 군인들에게 지키게 했다. 여기서 서구 문명을 주도한 3인방이 탄생했다. 첫째는 이 땅에서 하느님 역할을 대리한 군주, 둘째는 그런 군주의 개념을 제공한 성직자, 셋째는 성직자의 든든한 배경으로 야만적 힘을 휘두른 군부이다. 국민은 무엇을 했을까? 국민은 신권정치의 만행이 불러온 쓰라린 결과를 감당할 뿐이었다.

유대인은 유일신을 땅까지 끌어내렸다. 물론 신의 대변인 노릇을 하던 신관神官이 있기는 하지만, 하느님과의 관계가 원시적인 수준을 넘지 못했다. 그러나 선택받은 민족을 자처한 유대인은 하느님과의 관계를 세련되고 실리적으로 포장했다. 즉, 유대인에 의해 이 땅은 하늘처럼 재조직되었다. 신학적 계획이 이 땅에서 그대로 실현되었으며, 초월적 원칙에 맞춰 내재적 원칙도 바뀌었다. 이 모든 것을 실현하기 위한 가르침이 고스란히 담긴 책이 바로 토라다.

시나이 산에서 하느님은 모세에게 말했다. 당시 유대 민족은 주변 민족들과의 전쟁 때문에 생존을 위협받는 힘없는 민족이었으며, 민족이 생존하기 위해서 하느님의 지원이 절실했다. 호전적이고 전투적이며 가차 없고, 전쟁시에는 무정하기 이를 데 없어 적을 멸절시키는 하느님, 그러나 유대인에게는 용기를 북돋워주는 하느님이 필요했다. 유대인의 하느님인 야훼는 무함마드처럼 온몸에 훈장을 주렁주렁 단 전쟁 지도자였다.

하느님은 많은 민족 중에서 '매우 특별히' 선택한 민족에 '영원히 번영하는' 땅을 주겠다고 약속했다. 이제 그 땅을 골라보자. 그 땅에 힘없는 민족이 살고 있는가? 주로 밭을 갈면서 사는 민족인가? 땅에서 생산된 것만으로 노인과 어린아이를 배불리 먹일 수 있는가? 장년의 사내들이 가축을 돌보며 양순하게 지내는가? 여자는 아기를 낳는 데만 힘쓰는가? 청소년 교육은 제대로 시키는가? 잡신雜神들에게 기도를 하는가? 이렇게 요모조모를 따져보니, 하느님의 눈에 가나안 사람들은 별로 중요해 보이지 않았다. 그래서 그들의 씨를 말려버리기로 결정한 하느님은 유대인에게 "내가 그들을 깡그리 쓸어버리겠다!"라고 말했다(출 23:23).

팔레스타인을 정복하기 위해서 하느님은 엄청난 수단을 동원했다. 오늘날의 전쟁용어로 말하면 하느님은 이른바 '총력전'의 창시자라고도 할 수 있다. 하여간 하느님은 바다를 둘로 갈라서 적군을 모조리 익사시켰다! 태양에 멈추라고 명령해서, 헤브라이인들에게 아모리인들을 몰살시킬 수 있는 기회를 주었다(이웃 사랑은 우리 편에게만 적용되는 가르침이다). 하느님은 돌과 개구리를 소나기처럼 쏟아 부었다(그야말로 환상소설의 한 장면을 떠올리게 한다). 모기와 등에를 군인으로 삼았고(참으로 알뜰한 군사 전략이다), 물을 피로 변하게 만들었다(시적이고 회화적인 냄새가 물씬 풍긴다). 또 하느님은 역병과 궤양과 피부병을 풀어놓았다(이때부터 세균전이 시작되었다). 여기에 그치지 않고 군인들이 먼 옛날부터 본능처럼 사용한 수법, 즉 여자와 노약자를 포함해 가축에 이르기까지 살아 있는 모든 것을 죽였다! 여기에서 보듯이, 정복한 땅을 불 지르고 생명체의 씨를 말려버리는 전멸책은 요즘에야 등장한 야만적 행위가 아니다.

야훼는 전쟁을 축복했고, 참전하는 군인들에게 축복을 내렸다. 물론 야훼가 직접 참전해서 전투를 치르지는 않았다. 심령체인데 어떻게 칼을 들 수 있겠는가! 하지만 자신의 백성에게 전쟁을 사주했다. 야훼는 범죄와 살인을 정당하게 여겼고 죄 없는 생명체의 학살을 합리화시켰다. 인간을 짐승처럼 죽이고, 짐승을 인간처럼 죽여도 상관하지 않았다. 그나마 가나안 사람이 아닌 민족과는 전쟁을 피하고, 사랑과 호의의 표시로서 노예로 삼는 것을 허용했다. 그러나 팔레스타인 사람들의 씨는 말려버리겠다고 약속했다. 여호수아의 섬뜩한 표현을 현대식으로 말하자면 '성전聖戰'이었다.

2,500년 전부터 유대인 고위층 중 누구도 이 이야기를 부질없는 이야기이며 범죄의 냄새를 풍기는 선사 시대의 전설에 불과하다고 말

하지 않았다. 오히려 정반대였다. 때문에 야만적 행위를 부추기는 이같은 이야기를 곧이곧대로 믿고서는 그에 따라 세상을 판단하고 행동하는 사람들이 이 땅에는 너무나 많다. 살인과 인종차별 등 온갖 폭력행위가 난무하는 이유도 바로 여기에서 찾아진다. 유대교 학교에서는 초등학생부터 이 구절을 외우는 데 힘쓴다. 쉼표 하나도 틀려서는 안 된다. 하기야 머리카락 한 올도 감히 만질 수 없는 하느님의 말씀을 어찌 대수롭지 않게 외우겠는가! 결론적으로 토라는 서구 세계에서 최초로 발행된 병법서다.

신의 이름으로 지상의 권력자에 순종하라

기독교인들도 하느님을 군적軍籍에 올리는 일에 관한 한 유대인들에게 뒤지지 않았다. 그러나 그리스도를 믿는 사람들은 하느님에게 선택받은 민족이 아니었기 때문에 어떤 민족의 말살을 정당화시킬 수는 없었다. 하지만 그들은 하느님의 말씀을 구실로 내세워 무엇보다 영적이어야 할 종교를 타락시키는 데 앞장섰다. 모욕당한 예수에서, (그의 이름으로 되돌려준) 모욕하는 행위로의 변화는 눈 깜빡할 사이에 이뤄졌으며, 기독교인들은 아직도 이런 편집증을 좀처럼 떨쳐내지 못하고 있는 실정이다.

기독교 세계에서도 입맛에 맞는 구절을 선택하여 발췌하는 것은 대단한 위력을 발휘한다. 예를 들면, 요한복음에서는 "내 나라는 이 세상에 속한 것이 아니니라."(18:36)고 말하지만 마태복음에서는 "가이사의 것은 가이사에게, 하나님의 것은 하나님께 바치라."(22:21)라

십자군의 예루살렘 약탈

면서 앞 문장과는 반대로 말한다. 달리 말하면 요한복음에서는 영적인 것을 우선시하고 세속적인 것을 초월하라고 말하지만, 마태복음에서는 권력의 분리를 인정하는 한편으로 실질적인 법의 준수를 강조하고 있다. 즉 가이사(카이사르)에 바치라는 것은 점령군의 세금을 합리화하는 말이며, 점령군에 입대하는 데 반발하지 말고 로마 제국의 법에 순응하라는 뜻이기도 하다.

이런 모순은 타르수스의 바울 덕분에 완전히 해소되었다. 기독교는 유대교와 결별을 선언하고 '바울교'가 되었다. 바울은 자신이 여행한 도시 사람들에게 보낸 편지를 통해서, 영과 속에 대한 교회의 기본 입장을 만들어갔다. 바울은 예수의 나라가 이 세상에서 이루어진다고 믿었다. 예수의 나라가 이 땅에서 성취되기를 바란 바울은 예루살렘에서 안티오크로, 테살로니카에서 아테네로, 코린토스에서 에

페소스로 여행을 다니면서 예수의 나라를 구체화시키려 애썼다. 회심한 사람인 바울은 가나안 사람들에게서 약속된 땅을 빼앗아 차지하는 것으로는 만족하지 않았다. 그는 칼을 쥔 그리스도의 그늘로 온 땅을 덮어버리고 싶어했다.

로마 사람들에게 보낸 편지에서 바울은 "권세는 하나님으로부터 나지 않음이 없다."(13:1)라고 말하면서 자신의 의도를 분명히 드러냈다. 이론적으로는 가능한 일이었으며, 실현을 위해서는 실천이 뒤따라야 했다. 그러기 위해 로마의 세력가들에게 빌붙은 바울은 그들을 향한 순종을 외쳤다. 바울의 원칙에 따르면, 권력을 쥔 사람들은 하느님의 대리인이기 때문에 군부에 저항하고, 행정관에 대들며, 경찰에 반발하고, 빌라도와 같은 지방 총독에게 항거하는 것은 하느님을 모욕하는 짓이었다. 따라서 그리스도의 말을 바울식으로 표현하면 "가이사의 것은 가이사에게, 하나님의 것도 가이사에게!"가 된다.

이런 든든한 배경을 갖춘 기독교인들은 자신들의 영혼을 지상의 권력자에게 신속히 팔아넘기기 시작했고, 복음서의 가르침은 무용지물이 되고 말았다. 영혼을 팔아치운 기독교인들은 궁전까지 짓고 호화롭게 살았으며, 교회를 대리석과 황금으로 장식했다. 또, 군대를 축복했고, 영토 확장을 위한 전쟁마저 성스런 전쟁으로 미화시켰다. 자체적으로 세금을 거둬들였으며, 세금을 거부하고 비난하는 가난한 사람들에게는 병사를 보내 협박했다. 또, 책만이 아니라 사람까지 불태워 죽이는 만행을 저질렀다. 이 모든 것이 4세기의 콘스탄티누스부터 시작되었다.

나열된 모든 내용이 사실임은 역사가 증명해준다. 한 손에는 성경

무솔리니

을, 다른 한 손에는 칼을 쥔 하느님의 이름으로 전 대륙에서 수백만 명이 목숨을 잃었다. 종교재판, 고문, 심문이 있었으며, 십자군 전쟁, 학살, 약탈, 강간, 교수형이 있었다. 흑인과 노예들을 매매하고 착취하는 일도 그리스도의 이름으로 자행되었다. 그다지 멀지 않은 옛날에 기독교 깃발을 앞세운 에스파냐 정복자들이 인종학살을 저질렀다면, 최근에는 르완다 성직자들이 후투족의 씨를 말려버리려는 만행을 저질렀다. 게다가 무솔리니, 페탱, 프랑코, 히틀러, 피노체트(칠레의 정치인), 안토니오 살라자르(포르투갈의 정치인), 그리스의 정치 군인들, 남아메리카의 독재자들 등 20세기의 역사를 더럽힌 파시스트 정권들은 한결같이 교황청과 관련이 있었다. 이웃을 사랑한다는 자들에 의해 수백만 명의 사람들이 죽어갔다.

기독교의 반유대주의

기독교인이 이웃을 사랑한다고? 천만에 말씀. 그들에게는 이웃 사랑이 무엇보다 어려운 일일지도 모른다. 특히 이웃이 유대인이라면 더욱 그렇다. 바울로 변신한 사울은 유대교를 없애버리려고 온 힘을 쏟았다. 다마스쿠스로 가기 전에 기독교인들을 때리고 박해하여 그들의 원대로 하루라도 빨리 천국으로 보내주려 했던 것처럼, 기독교로 개종한 후에는 유대인에게 공격의 화살을 돌렸다. 그는 자신이 새로 받아들인 기독교를 널리 팔기 위해서 새로운 생각을 떠벌리고 다녔다. 바로 예수가 구약성서에 예언된 메시아이며, 그리스도는 유대교를 완성하기 위해서 유대교를 이 땅에서 지워버릴 것이라고! 하기야 야훼를 믿는 유대인은 하느님의 아들이 인류를 구원하려고 십자가에 못 박혀 죽었다는 소리를 허튼소리라며 믿지 않았기 때문에 기독교인에게는 위험한 경쟁상대일 수밖에 없었다. 기독교인에게 유대인은 이 땅에서 없애버려야 할 적이었다.

골고다 언덕으로 힘겹게 십자가를 지고 가던 그리스도가 마실 것을 달라고 했으나, 그 요청을 거부했기 때문에 유대인에게는 고향도 없이 영원히 떠돌아 다녀야 한다는 저주가 내려졌다는 주장이 있다. 반면에, 십자가에 못 박힌 예수를 구하기 위해 아무 노력도 하지 않았기 때문에 예수의 저주가 내려졌다는 주장도 있다. 어쨌거나 자비로운 예수는 아닌 셈이다. 예수를 믿는다는 사람들도 자비롭지 않기는 마찬가지다. 기독교인들은 예수의 죽음이 본디오 빌라도와 같은 로마인에게 책임이 있는 게 아니라 유대인에게 있다고 본다. 로마인은 예수를 죽게 한 주동자가 아니며, 따라서 죄인도 아니다. 실제로 바울은 "주 예수를 죽인 자는 바로 유대인이다."(데살로니가 전서 2:15)라고 분명히 말했다. 복음서에도 반유대적인 구절들이 넘쳐난다. 골드하겐Daniel Jonah Goldhagen은 그런 구절의 수를 일일이 헤아려보았는데, 마가복음에 40구절, 마태복음에 80구절, 요한복음에 130구절, 사도행전에 140구절 등이 있다고 한다. 온유한 성품의 예수조차도 유대인에게 "너희 아비는 악마이다."(요한 8:44)라고 말했을 정도다. 이런 상황에서 어떻게 유대인을 이웃이라면서 사랑할 수 있겠는가?

사랑을 표방하면서도 이제껏 반유대주의적 정서를 보이던 로마 교황청이 1993년에 들어서서야 뒤늦게 요한 바오로 2세의 이름으로 이스라엘을 국가로 인정한 것도 초기 기독교인들이 유대인을 그리스도의 살인범으로 둔갑시킨 영향 때문이었다. 이런 증오는 바티칸과 나치스의 적극적인 공조에서 절정을 이뤘다. 거의 알려지지 않은 사실이지만, 오히려 나치스가 바티칸의 정책에 적극적으로 협조했다! 비오 12세와 히틀러가 유대인을 향한 증오심을 비롯해 여러 부분에서 공통점을 가진 것도 나치스와 바티칸이 손을 잡은 이유 중 하나였다.

히틀러를 사랑한 바티칸

교황청과 나치스가 밀월관계였다는 사실은 확실하다. 관련 증거는 많다 못해 넘쳐흐른다. 둘이 결탁했다는 것은 선입견에 의한 추측이 아니며, 그런 의문을 품고 역사에 접근한다면 둘의 공모를 읽어낼 수 있는 분명한 사실들을 어렵지 않게 찾아낼 수 있다.

교황청과 나치스의 결탁은 이성적 결합이 아니었다. 살아남기 위한 교황청의 몸부림도 아니었다. 유대인과 공산주의자라는 공동의 적에 대한 편견의 폭발이었다. 그들의 의식 세계에서 유대인과 볼셰비키스트는 이 땅에서 사라져야 할 공동의 적이었다.

국가사회주의가 탄생했다가 결국 체제가 몰락하여 제3세계 전범들이 유럽을 탈출할 때까지 바티칸은 침묵으로 일관했다. 오늘날에도 바티칸의 서고에서 이와 관련된 자료의 검색은 허락되지 않는다. 하여간 성 베드로의 영지를 차지하고 있는 그리스도의 후계자는 아돌프 히틀러와 나치스, 프랑스 파시스트, 제3제국 협력자들, 비시 정권의 관료들, 친독 의용대원을 비롯한 그밖의 전범들과 조금도 다르지 않았다.

이제 역사적 사실을 있는 그대로 살펴보자. 교황청은 독일의 재再무장을 인정했다. 이는 베르사유 조약의 명백한 위반이었고, 평화를 사랑하고 이웃 사랑을 실천하라던 예수의 가르침에도 어긋난 행위였다. 1933년 아돌프 히틀러가 독일의 수상으로 당선되자 교황청은 서둘러 히틀러와 협약을 체결했다. 1935년 유대인 상점에 대한 불매운동에 벌어졌을 때, 그리고 뉘른베르크에서 인종차별적 법안이 선포되었을 때도 교황청은 함구했다. 1938년, 이른바 '수정의 밤' 사건이 터졌을 때도 교황청은 침묵을 지켰다. 오히려 교황청은 바티칸의 서고에 감춰져 있던 족보를 나치스에게 건넸고, 덕분에 나치스는 누가 유대인인지를 구별할 수 있었다. 그 대가로 교황청은 '성직자 출신 성분'에 대한 비밀문서를 건네받아, 그리스도교로 개종한 유대인이나 그들끼리 결혼한 유대인과의 대화의 문을 닫아버리려 했다. 한편 크로아티아에서는 안테 파벨리치Ante Pavelic가 세운 친나치스 혁명체제를 지원하고 지지했으며, 1940년부터 독일 점령군에 협조한 프랑스 비시 정권에도 면죄부를 주었다. 교황청은 1942년부터 시작된 유대인학살 정책을 잘 알고 있었지만 사적·공적인 자리에서 독일을 비난한 적이 없는 것은 물론이고, 심지어 사제와 주교에게 예배 시간에 범죄정권을 질책하고 비난하라고 공문을 내려보낸 적이 한 번도 없었다.

연합군은 유럽을 해방시켰고, 베르히테스가덴을 점령했으며, 아우슈비츠를 찾아냈다. 그동안 바티칸은 무엇을 했을까? 몰락한 정권을 여전히 지지하고 있었다. 교황청은 베르트람 추기경의 이름으로 아돌프 히틀러의 명복을 비는 진혼미사를 가질 것을 지시하기도 했다. 그러나 강제수용소, 시체실, 가스실 등이 발견되어도 교황청은 입을 꼭 다물고 나치스정권을 비난하는 어떤 성명聖明도 발표하지 않았다. 오히려 교황청은 총통을 잃은 나치스 잔당들을 보호하기 위한 조직을 결성하면서도 독일의 국가사회주의 정권에 희생된 사람이나 유대인을 위한 조직은 고려하지 않았다. 게다가 악랄한 전범들을 유럽 밖으로 탈출시키기 위한 조직망까지 치밀하게 결성했다. 붕괴한 제3제국의 고위층에게 바티칸의 비자가 찍힌 서류를 발급했고, 유럽 전역에 흩어져 있는 수도원을 피신처로 제공했다. 심지어 히틀러 밑에서 중요한 역할을 맡았던 사람들을 바티칸의 고위직에 임명하기도 했다. 그러면서도 이런 작태에 대해 눈곱만큼도 뉘우치지 않았다. 오히려 마치 히틀러의 만행을 조금도 인지하지 못한 것처럼 처신했다.

교황청이 언제쯤이나 눈물을 흘리며 용서를 빌까? 교황이 갈릴레오 갈릴레이 사건에 대한 오류를 인정하는 데 400년이 걸렸듯이, 앞으로 400년이란 시간을 기다리면 히틀러와 결탁한 잘못을 회개하는 교황의 눈물을 볼 수 있을까? 하여간 제1차 바티칸 공의회(1869~1870)에서 선포된 교황의 무류성 원리Pastor Aeternus 때문에 교황의 판단에 시비를 건다는 것은 하느님에게 삿대질하는 것이나 마찬가지가 되었다. 다시 말해, 교황이 입 밖에 내뱉은 말은 무조건 진리다. 곧잘 실수를 범하는 인간으로서 말한 것이 아니라, 하느님을 대리한 목자로서 말한 것이기 때문이다. 성령이 언제나 함께하는 교황이 어떻게 허튼소리를 하겠는가! 그렇다면 성령은 근본적으로 나치스적 성향을 지녔다고 결론내릴 수밖에 없는 것일까?

제2차 세계대전 동안과 그 이후의 나치스 관련 문제에 교황청은 침묵으로 일관했다. 하지만 공산주의자들을 비난하는 데는 주도적인 입장을 취했다. 마르크스주의자들에게 보여주었던 전투적이고 호전적인 모습의 10분의 1이라도 나치스제국을 비난하고 공격하는 데 쓰였다면 얼마나 좋을까! 하여간 비오 9세와 비오 10세의 뒤를 이어, 인권운동이 교회의 가르침과 어긋난다고 보는 교황청 전통의 수호자이자 독일 국가사회주의 정권의 친구로도 유명한 비오 12세는 1949년부터 전 세계의 공산주의자들을 대대적으로 파문시켰다. 그는 유대인과 공산주의자가 결탁해서 세상을 뒤집어 놓으려 한다면서 자신의 결정을 변명했다. 그러나 독일 국가사회주의의 주역인 나치스 고위층이나 제3제국의 간부들 중에는 아무도 파문당하지 않았다. 인종차별과 반유대주의를 가르치고 실천에 옮겼다는 이유로, 가스실을 지휘했다는 이유로 파문당한 사람도 없었다. 아돌프 히틀러조차 파문당하지 않았다. 그의 『나의 투쟁』은 금서 목록에 오르지도 않았다. 그 책이 발간된 1924년 이후, 교황청의 금서 목록에 앙리 베르그송, 앙드레 지드, 시몬 드 보부아르, 장 폴 사르트르 등이 추가되었다! 그러나 아돌프 히틀러는 언제나 예외였다. 히틀러에게는 너무나 관대한 교황청이었다.

바티칸을 사랑한 히틀러

　　　　　분석할 가치조차 없지만 아돌프 히틀러의 책이나 정치적 행위를 분석해보면, 그는 북유럽 신화에 심취한 이교도적 무신론자처럼 보인다. 철모를 쓴 바그너에 푹 빠져서 발할라(북유럽 신화에 나오는 궁전으로 '전사자의 집'이란 뜻)를 꿈꾸고, 가슴에 훈장을 주렁주렁 단 발퀴리(북유럽 신화에서 등장하는 싸움의 처녀들)를 흉내내려는 적그리스도의 모습이 히틀러에게서 보인다. 한마디로 기독교와 조금도 궁합이 맞는 않는 히틀러는 하느님이나 신들의 존재를 부인하면서도 그들을 믿는다고 말하는, 도무지 종잡을 수 없는 인물이다. 게다가 『나의 투쟁』이란 책에 쓰인 모든 구절이나 정치적 행위에는 어떤 일관성도 없다. 그는 교황청에는 어떤 압력도 가하지 않았으면서 여호와의 증인은 그토록 박해한 까닭은 무엇이었을까? 그런가 하면 알베르트 슈페어Albert Speer와 가진 밀담에서는 기독교에 대한 호감을 일관되게 표현하기도 했다.

　제3제국 군인들의 허리띠에 '생사의 선택(하느님이 우리와 함께 계신다)'이라 새긴 것은 무신론자인 총통의 결정이었을까? 이 구절이 야훼가 이집트군과 싸우러 떠나는 유대인에게 약속한 내용 중 하나로, 모세 5경 중 하나인 신명기에 "하느님은 우리와 함께 행군하신다!"(20:4)라고 분명히 쓰여져 있다는 사실을 아는 사람이 있었을까? 이때 하느님은 그 방법까지 정확히 밝히지는 않았지만, 어쨌든 이집트군을 깡그리 진멸시키겠다고 유대인들에게 약속했다.

　독일 공립학교의 모든 아이들이 예수를 위한 기도로 하루를 시작하게 된 것도 무신론자인 총통의 결정이었을까? 어쨌든, 그것은 예수를 위한 기도지 하느님을 위한 기도가 아니었다! 때문에, 하느님을 위한 기도였다면 히틀러를 자연신론자로 해석할 수 있겠지만, 예수를 위한 기도였다는 점에서 히틀러는 기독교인이라 할 수 있다. 그러나 히틀러는 무신론자를 자처하면서도, 죽는 날까지 가톨릭교직을 지킬 것이라고 말하며, 괴링과 괴벨스에게도 가톨릭교직을 버리지 말라고 당부했다. 알베트르 슈페어의 책에 분명히 그렇게 쓰여져 있다.

기독교와 나치즘, 어울리는 한 쌍인가?

히틀러와 비오 12세의 우호적 관계는 인간적 관계를 훌쩍 넘어서는 수준이었다. 기독교와 나치즘은 적어도 한 가지 이상에서 공통점을 갖는다. 교황도 총통도 한 조직의 수반이란 점에서는 다를 바가 없지만 교황의 무류성이 총통에게는 부러움의 대상이었을 것이다. 콘스탄티누스와 그 이후의 로마 권력자들처럼 신에게 모든 권력을 부여받은 안내자를 곁에 두고 제국과 문명, 문화를 건설하고픈 꿈이 히틀러에게도 있었으며, 그런 꿈을 확장하는 과정에서 『나의 투쟁』이 나왔을 것이다. 그래서 그는 이교도적인 것을 모두 뿌리째 뽑아버리려 했던 것일까? 이교도들의 제단과 신전을 몽땅 파괴해버리려 했던 것일까? 바울이 권고한 대로 책들을 불태워버리려 했던 것일까? 그래서 새로운 믿음에 반발하고 저항하는 사람들을 탄압했던 것일까?

히틀러는 기독교가 지배하는 신권의 세계를 바랐다. 그의 표현을 빌리면 '신앙을 절대적으로 확신하려면 광적인 편집증이 있어야 한다.' 그런 면에서 교황청은 과학이 교회의 입장에 반박하며 핵심적 교리 중 일부를 위협해도 한 발짝도 물러서지 않는 두둑한 배짱을 가졌고, 보통 사람의 상상을 뛰어넘어 기상천외한 미래를 예언하는 창의적 발상을 지녔으며, 세상의 흐름을 제대로 읽지 못한 성직자들이 통탄할 짓을 저질러도 여전히 존경받는 이상한 조직이었다. 때문에 아돌프 히틀러는 "교황청에서 배워야 한다."라고 측근들에게 말했다.

히틀러가 『나의 투쟁』에서 언급한 '진정한 기독교' 란 무엇일까? 제3제국의 어린아이들이 매일 아침 기도하는 것처럼, '새로운 교리의 위대한 창시자' 인 예수를 믿은 기독교였다. 그렇다면 그가 말하는 예수는 어떤 예수일까? 다른 뺨까지 내밀라는 예수가 아니라, 버럭 화를 내고 채찍을 휘둘러대며 장사꾼들을 예루살렘 신전에서 쫓아내는 예수였다. 히틀러가 자주 인용하곤 했던 요한복음의 구절 속에서 그리스도는 불신자, 비기독교인, 장사꾼, 환전상, 즉 유대인을 쫓아내려고 채찍을 휘둘렀다. 요한복음 2장 14절은 제3제국과 바티칸이 손을 잡기에, 반유대주의를 합리화하기에 더없이 적합한 구절이었다. 그밖에도 신약성서에 유대인을 저주한 구절들은 얼마든지 많다. 요약하건대 바티칸과 제3제국이 손을 잡은 궁극적 이유는 그리스도를 죽인 유대인에게 복수하기 위해서였다. 종교를 이용해서 장사를 해먹는 유대인은 모든 인류의 적이며, 공산주의를 만들어낸 원흉이라고 본다는 데에서 바티칸과 제3제국의 생각은 일치했다. 히틀러가 "한 민족의 종교적 사상과 종교 기관은 정치 지도자도 침해할 수 없는 것이어야 한다."라고 결론짓는 것에서 보듯이, 가스실은 요한 성자의 불로 지펴졌던 듯하다.

전쟁과 파시즘

인류사에서 기독교와 나치즘의 결탁이 종교와 정치의 결탁이 불러온 씁쓸한 결과를 보여주는 유일한 사례는 아니지만, 2천 년 동안 끈질기게 사용된 낡은 수법의 파국적 결과를 전형적으로 보여준다고 할 수 있다. 타르수스의 바울이 칼과 검을 사용해서라도 로마 제국을 더 럽히는 종교를 뿌리 뽑아야 한다면서 폭력의 사용을 합리화시킨 뒤부터, 바티칸이 전 세계를 핵의 위협에서 지켜야 한다며 핵억제 정책을 인정한 오늘날에 이르기까지, 정치권력과 결탁하려는 교황청의 노선은 조금도 변하지 않았다. 교황청의 허락을 등에 업어야 편안하게 살인할 수 있다는 것인가! 그렇지 않은 망나니가 가끔 있기는 하지만 말이다.

아우구스티누스

기독교계에서 성자로 손꼽히는 아우구스티누스는 온갖 교설로 노예제도, 전쟁, 사형제도 등을 합리화시켰다. 그런 아우구스티누스의 논리를 온유한 사람들이 좋아했을까? 평화주의자들은 또 어땠을까? 히틀러 같은 사람들이나 아우구스티누스의 합리화를 반겼다. 아우구스티누스는 기독교가 너무나 유약하여, 남성답지 못하고, 전투적이지 못하며, 피가 부족하다면서, 기독교가 여성화되었다고 꾸짖었다.

교회를 탈바꿈시키는 일에 나선 아우구스티누스는 교회에 부족한 개념들을 보충하여 징벌 원정과 대학살을 합리화시켰다. 유대인이 팔레스타인이라는 좁은 지역에서 그런 짓을 저질렀다면, 기독교인은 전 세계를 대상으로 삼았다. 하기야 전 세계에 기독교를 전파하는 것이 그들의 목표니까! 선택받은 민족인 유대인은 한 지역을 재앙으로 몰아넣었지만, 보편성을 지향하는 기독교인은 그야말로 보편적인 폭력을 지향했고, 결국 전 세계가 전쟁터로 변해버렸다.

히포의 주교를 지낸 아우구스티누스는 '정당한 박해'와 '부당한 박해'를 구분했다. 이것이 그가 성자로 시성되도록 한 이유인지는 모르지만, 어쨌든 기막힌 발상이라 할 수 있다. 그렇다면, 좋은 박해와 나쁜 박해를 구분하는 기준은 무엇이었을까? 껍질이 벗겨져서 안타까운 사람과 당연히 껍질이 벗겨져야 할 놈을 어떻게 구분했을까? 그가 말한 기준은 간단했다. 교황청의 박해는 정당한 박해다! 교황청은 사랑으로 박해하기 때문이다. 반면에 교황청을 공격하는 사람은 박해받아야 마땅하다. 악마가 쐰 사람이기 때문이다. 이제, 교황청의 예수는 로마군의 힘을 빌리지 않고도 아우구스티누스가 쥐어준 채찍을 휘둘러댈 수 있게 되었다! 아우구스티누스의 궤변에 감사하라!

아우구스티누스는 '정당한 전쟁'이란 개념까지 만들어냈다. 이 개념은 훗날 훨씬 잔혹하고 사악하며 변태적으로 변해버렸다. 그리스의 낡은 전설을 이어받은 기독교는 신명심판(神明審判), 즉 전쟁의 승패는 하느님이 결정한다는 미신 같은 믿음을 되살려냈다. 하느님이 승자를 결정하니, 패자도 당연히 하느님이 결정하는 셈이며, 싸움의 승패를 통해서 참과 거짓, 선과 악, 옳은 것과 그른 것을 결정하는 것이다. 아무리 좋게 보아주려 해도 마법적인 생각인 것을 어떡하랴.

히로시마에 나타난 예수

　　　　　　　예수와 예수의 채찍, 바울과 모든 힘은 하느님에게서 나온다는 그의 이론, 아우구스티누스와 그의 정당한 전쟁론 등이 그야말로 삼위일체가 되어 지난 2천 년 동안 하느님의 이름으로 자행된 모든 범죄적 행위를 정당화시켰다. 사라센과 맞선 십자군, 이단을 처형하기 위한 종교재판, 이교도들과의 성전聖戰 등등. 성 베르나르Bernard de Clairvaux는 한 편지에서 "최선의 해결책은 그들을 죽이는 것이다."라고 말하면서 "이교도의 죽음은 기독교인에게는 영광이다."라고 덧붙였다. 이른바 인종말살식으로 전개된 미개인 정복, 전 대륙에 복음을 전파한다는 이유로 자행된 식민지 전쟁, 나치즘을 비롯한 20세기의 파시즘, 유대인을 향한 분노의 무분별한 폭발 등도 마찬가지였다.

　이런 맥락에서 보자면, 20세기 후반에 기독교가 핵억제 정책(핵무기가 전쟁의 수단이 아니라, 전쟁을 방지하기 위한 수단으로 쓰일 수 있다는 데 기반을 둔 핵정책—편집자)을 공식적으로 지지한 일도 그다지 놀랍지 않다. 요한 바오로 2세는 1982년 6월 11일에 핵억제 정책을 원칙적으로 지지하며 "원자폭탄이 평화의 지름길이다!"라는 기상천외한 논리를 내세웠다. 이때 프랑스 주교단도 교황의 발언에 맞장구치면서, "마르크스 · 레닌적 이데올로기의 파괴적이고 폭압적인 성격"에 맞서 싸워야 한다고 주장했다. 이처럼 간명하고 분명한 입장의 표명이 12년 동안이나 독일을 짓누른 나치즘을 향한 비난에도 적용되었더라면 얼마나 좋을까! 강제수용소가 폭로된 이후에 교황청이 오늘날과 같은 원칙적 입장만 표명했더라도 우리는 만족했을 것이다.

베를린 장벽이 무너지고 이른바 공산주의의 위협이 지구상에서 실질적으로 사라졌을 때도 교황청의 입장은 변하지 않았다. 최근에 간행된 '교리문답서'에서 교황청은 '심각한 도덕적 위기'를 강조하면서도 아무도 비난하지 않았다(2315조). 또 그들은 꿋꿋하게 "살인하지 말라!"고 가르치면서, 사형이라는 죽음의 형벌은 여전히 옹호하는 괴상망측한 논리적 일관성(?)을 보이고 있다(2266조). 실제로 교리문답서를 찾아보면 교황청이 사형을 지지한다고 말하는 부분은 없지만, 안락사, 낙태, 자살 등 같은 장에서 다뤄진 문제들이 사형이라는 단어를 교묘하게 대신하고 있다.

이런 논리에서 미군 폭격기 에놀라게이의 승무원들은 1945년 8월 6일에 원자폭탄을 싣고 히로시마로 날아갔으며, 이 일로 순식간에 10만 명 이상이 목숨을 잃었다. 죄가 있다면 일본인이라는 죄밖에 없는 사람들이었다. 그에 반해, 에놀라게이의 승무원들은 무사히 기지로 귀환했다. 기독교의 하느님이 현대판 십자군을 보호해주었다! 죽음의 소명을 띠고 떠나는 그들을 위해 조지 자벨카 신부는 축복 기도까지 해주었다! 사흘 후, 또 하나의 원자폭탄이 나가사키에 떨어지면서 8만 명의 희생자를 낳았다. 그로부터 한참 뒤에야 교황은 라르작 고원에 나타났고, 그곳에서 사막을 순례하던 테오도르 모노Thédore Monod를 만났다. 당시 모노는 베들레헴 쪽으로 도보순례를 하던 중이었다.

그들만의 이웃 사랑

바울의 편지와 행전은 실력자에 대한 굴종을 합리화시킨 것처럼 전쟁과 박해를 합리화시켰다. 여기에 그치지 않고, 기독교는 다른 두 일신교와 마찬가지로 노예제도를 금지하지 않았다. 오히려 한 걸음 더 나아가 기독교가 개입하면서 노예는 침략의 전리품에서 상품으로 전락하고 말았다. 노예는 짐승이나 가축처럼 사고팔렸으며, 더 많은 이익을 남기기 위해 노예사냥까지도 서슴지 않고 시행되었다.

선조들께 영광을 돌리자! 그들은 우리보다 시간적으로 앞서 살았던 까닭에 적잖은 사회적 병폐 현상을 우리에게 물려줄 수 있었다. 그 가운데 하나가 노예제도다. 십계명은 동포가 아닌 사람, 즉 랍비가 칼로 몸에 똑같은 흔적을 남겨준 사람이 아니면 특별한 관심을 갖지 않는다. 비유대인이 유대인과 똑같은 권리를 누릴 수는 없으며, 경전에서 사랑할 대상이라고 지칭되지 않았다면 무생물과 다를 바 없다. 유대인에게는 비유대인, 기독교인에게는 범신론자와 물신숭배자, 무슬림에게는 기독교인이 무생물이다. 물론 무신론자는 세 종교 모두에 이 땅에서 사라져야 할 쓰레기로 보일 뿐이다.

창세기 때부터 노예제도는 합법적인 것이었다(창 9:25~27). 창세기는 토라(모세 5경) 가운데 노예의 합법성을 가장 먼저 언급했다. 그 내용에 따르면, 사람을 사는 것이 허용되었고, 돈으로 산 노예는 재산의 일부였다. 노예는 유대인과 한 지붕 아래에서 살고 할례까지 받아야 했지만 노예일 뿐이었다.

오랜 옛날, 만취한 노아가 발가벗은 채 잠이 들었다. 막내아들이 아버지의 '하체'를 보았고, 그 사실을 두 형에게 알렸다. 술에서 깨어나 그동안의 사정을 알게 된 노아는 막내아들의 후손들을 향해 노예가 될 것이라고 저주를 퍼부었다. 그들이 바로 가나안인이다! 그밖에도 성경 속에는 노예제도를 합법적으로 인정하는 구절들이 너무나 많다.

예컨대 레위기에서는 유대인에게 같은 동포를 노예처럼 부리지 말라고 분명히 못 박고 있다. 청부계약은 허용하지만 6년이 한도이기 때문에 그 기간만 지나면 하인으로 일하던 유대인도 자유를 되찾을 수 있다. 그러나 비유대인은 예외다. 하느님과 계약을 맺은 민족인 유대인은 이집트에서 노예 신분으로 살았지만, 야훼의 도움으로 자유를 되찾았다. 야훼는 유대인을 하느님의 명령에는 순종하지만 다른 힘에는 결코 굴복하지 않는 자유인으로 되돌려 놓았다. 선택받은 민족만이 누릴 수 있는 특권이었다!

노예제도를 합법적으로 인정한다는 점에서는 유대교와 기독교가 비슷하다. 모두가 기억하겠지만, 기독교에서는 모든 힘이 하느님에게서 나오며, 모든 것은 하느님의 뜻이라고 본다. 그런 상황에서 한낱 인간이 주님의 깊은 뜻을 어찌 헤아릴 수 있겠는가? 누군가 노예가 되었다는 것은 그럴 만한 이유가 있다. 신앙적으로 말하면 원죄 때문이겠지만 개인적인 책임도 있는 법이다.

아우구스티누스의 눈부신 활약은 노예제도를 합법화하는 데도 작용했다. 그는 노예들을 향해 열심히 일해야 하느님이 기뻐하신다고 가르쳤다. 노예들 자신은 모르지만, 노예인 것이 그들에게 최선의 길이기 때문이었다. 하느님이 그들을 위해 마련한 계획이 애초부터 그랬다. 따라서 존재론적으로 힘없는 존재인 노예는 노예로 있어야 그나마 행복을 누릴 수 있다는 논리였다.

대단한 궤변이다. 하느님의 나라에서는 모든 인간이 평등하다고 했는데, 이 땅에서는 그런 차이가 있어도 상관없다는 뜻인가? 교황청에서는 남자와 여자, 노예와 주인, 부자와 가난한 사람의 차이는 중요하지 않다고 했다. 그러면서 그들은 언제나 남자, 부자, 주인의 편을 들었다. 그마저도 하느님의 뜻이라면서! 현실에 반발하며 저항하는 것은 신성한 뜻을 거역하는 짓이며, 하느님을 모욕하는 짓이다. 따라서 충실히 노예 역할을 수행하는 착한 노예가 되어야 천국에 간다. 거짓 미래를 위해서 현실의 가혹한 상황을 참고 견디어야 한다. 이런 가르침 때문에 아우구스티누스의 『신국론De civitate Dei』을 위대한 고전이라 하는 것이다!

6세기, 그레고리오 1세의 결정으로 아무도 성직자를 노예로 부릴 수 없게 되었다. 그 이전에는 콘스탄티누스의 한마디에 모든 유대인은 노예를 가질 수 없게 되었다. 이런 예를 언급하면서 기독교는 노예제도를 반대했다고 말하지만, 실제로 기독교는 노예제도를 한 순간도 포기하지 않았다. 중세시대에 수많은 노예가 교황의 영지에서 허리가 부러지도록 일했고, 대수도원에서도 뻔뻔스럽게 노예를 부렸다. 8세기경, 생제르맹데프레 수도원에만 약 8천 명 정도의 노예가 있었다.

무슬림이 이렇게 좋은 제도를 물려받지 않았을 까닭이 없다. 무슬림도 노예제도가 있었고, 꾸르안도 노예제도를 금하지 않았다. 노예제도를 명시적으로 허락한 적이 없다고는 하지만 전리품으로 금과 은, 여자와 남자, 가축을 취해도 된다고 허락한 것은 과연 무엇일까?

게다가 노예시장이란 기발한 발명품을 만든 장본인이 무슬림이었다. 서기 1000년, 케냐와 중국 간에는 정기적인 교역이 있었다. 무슬림의 법은 무슬림 간의 노예 거래를 금지시켰지만 다른 종교를 믿는 사람들의 거래까지 금지시키지는 않았다. 대서양을 왕래하는 상거래가 있기 9세기 전, 사하라를 남북으로 종단하는 상거래는 생각하기도 끔찍한 인간거래로 시작되었다. 자비롭고 인자하며 인간적인 알라를 섬긴다는 무슬림에 의해 1,200년 동안 약 1천만 명의 흑인이 고향인 아프리카를 강제로 떠나야 했다.

그래, 세 일신교를 최대한 긍정적인 눈으로 평가해보자. 세 일신교는 근본에서 노예제도를 반대했다! 유대인과 무슬림은 공동체의 구성원을 노예로 부리지 못하게 했으며, 유대인을 증오한 기독교인은 유대인이 집에 노예를 두지 못하도록 금지했다. 토라, 신약성서, 꾸르안 등은 모두 오직 적들을 노예로 삼는 경우만 인정했다. 그들과 다른 하느님을 믿는 열등한 인간에게 모욕과 굴욕감을 안겨주기 위해서!

민족말살

노예제도를 합법적으로 인정하게 되면 다음 순서는 당연히 식민지 개척이었다. 게다가 그들의 종교를 세상 방방곡곡에 수출해야 했으니 무력과 물리적 폭력을 사용하는 것도 당연한 일이 되었다. 여기에 정신적이고 영적인 억압, 심리적인 억압까지 더해졌다. 노예제도를 수출해서 전 대륙에 확산시키는 데는 기독교가 앞장섰고, 나

중에는 이슬람교가 가세했다. 한편 유대인은 좁은 땅에서라도 확실한 지배권을 확보하기를 바랐던 까닭에 먼 곳까지 눈 돌릴 여력이 없었다. 시오니즘은 영토확장주의도, 세계주의도 아니다. 테오도르 헤르츨Theodor Herzl(헝가리 출신의 유대인 작가로 시오니즘 운동을 보급하는 일에 앞장섰다)의 꿈은 민족주의에서 비롯된 것으로, 원심적 운동이었다. 달리 말하면 그들만의 폐쇄적 사회를 세우려는 꿈이지, 기독교나 이슬람교처럼 전 지구를 '지배하려는' 꿈이 아니었다.

로마 교황청은 문명세계를 파괴하는 데 탁월한 재주를 과시했다. 이른바 민족말살이란 개념을 창안해낸 주역이 바로 교황청이라면 믿기 어려울 것이다. 그러나 그것은 엄연한 사실이다. 1492년은 신세계를 발견한 해로 기록되지만, 다른 세계를 파괴한 해로도 기록되어야 마땅하다. 그 해에 유럽의 기독교인들은 아메리카 대륙의 많은 문명세계를 유린하고 파괴했다. 군함에서 내리는 군인들의 뒤는 전과자, 악당, 폭력배, 용병 등 유럽 사회의 골칫덩이들이 따랐다.

인종 청소가 끝나자, 이번에는 성직자들이 십자가, 성합聖盒, 성체의 빵, 이동식 제단 등을 안고 배에서 내렸다. 이웃 사랑, 죄의 용서, 복음의 미덕을 설교하는 데 필요한 물건들이었다. 또한 원죄의식, 여성과 육신을 향한 증오, 육체적 사랑의 혐오, 죄의식 등을 심어주는 데도 없어서는 안 될 것들이었다. 한편 기독교인들은 자신들이 야만인이라 부르던 원주민들에게 방문 선물로 매독과 전염병을 듬뿍 안겨주었다.

교황청과 나치스는 그리스도를 죽인 민족, 요컨대 자기보신自己保身하느라 신까지 죽인 민족의 씨를 말려 버리려는 공동의 목표를 위해 손을 잡았고, 결국 600만 명이 목숨을 잃었다. 집시, 동성애자, 공산주의자, 프리메이슨 단원, 좌파, 여호와의 증인, 레지스탕스, 반反국가사회주의자, 그리고 비기독교인이라는 '죄를 범한' 사람들을 강제 추방하거나 죽여야 한다는 데에도 교황청과 나치스는 의견을 통일했다.

대량학살은 기독교인의 특기였다. 긴 세월 동안 끊이지 않고 기독교인들이 저지른 대량학살의 역사는 오늘날에도 사라지지 않았다. 몇 년 전, 르완다에서 후투족이 교황청의 지원을 받아 투치족을 무차별적으로 학살한 것이 그 증거다. 이 사건과 관련해 교황청은 사실 은폐에만 급급했다. 교황청은 학살에 참여한 성직자와 종교인 같은 가톨릭 공동체에 속한 전범들을 총살대에서 구해내기 위해 애썼지만 투치족에게는 한 마디의 따뜻한 위로의 말도 건네지 않았다.

교황청은 대다수가 기독교인인 르완다에서 대량학살이 벌어지기 전에도 심각한 차별정책을 시행했다. 투치족은 신학교에 입학해서 교육을 받고 서품식을 거쳐 사제가 될 때까지 철저한 차별의 대상이었다. 물론 사제가 된 후에도 승진에서 불이익을 받았다. 게다가 교황청 소속의 일부 성직자가 대량학살에 적극적으로 가담했다. 그들은 사람을 죽이는 데 쓰이는 큰 칼을 구입해서 후투족에게 공급했고, 투치족이 숨은 곳을 밀고했다. 심지어 투치족을 교회에 가두고 불을 질러 몰살시킨 후에, 화재 현장을 불도저로 밀어버려 증거를 없애는 야만적 행위에도 가담했다. 일부 성직자들은 설교를 빙자해 사람들을 동원했고, 차별적 발언을 서슴지 않았다.

르완다에서 대량학살이 있은 후에도 교황청의 활약은 멈추지 않았다. 수도원을 이용해서 투치족을 정의의 이름으로 처단했고, 거미줄처럼 촘촘한 조직망을 활용해서 전범들을 유럽으로 탈출시켰다. 특히 치밀한 조직을 자랑하는 국제인권단체인 카리타스 인터내셔널의 도움을 받아 유럽행 비행기표를 전범들에게 제공하기도 했다. 대량학살에 참가한 신부들을 벨기에나 프랑스 교구로 파견했으며, 대량학살에 연루된 주교들은 진실을 한사코 부인하느라 바빴다. 게다가 민족말살이란 험악한 표현을 거부하며, '골육상쟁' 이란 표현이 더 적합하다고 우겨대는 촌극을 벌이기도 했다.

대량학살의 발단에 대해서, 또 1994년 4월부터 6월 사이에 최소 100만 명, 최대 300만 명이 죽어간 대량학살이 진행되는 동안에, 그리고 프랑수아 미테랑 프랑스 대통령의 지시로 시행된 조사 결과가 발표된 뒤에도 침묵으로 일관하던 요한 바오로 2세는 1998년 4월 23일에야 침묵을 깨고 르완다 공화국의 대통령에게 한 통의 편지를 보냈다. 그는 편지를 통해 깊은 유감을 표했을까? 희생자들의 명복을 빌고, 과오를 뉘우치며 회개했을까? 성직자들에게 책임을 묻겠다고 약속하고, 다시는 그런 일이 없을 것이라 다짐했을까? 천만에 말씀이다! 요한 바오로 2세는 르완다 대통령에게 후투족 학살자들의 사형을 연기해달라고 요구했다. 뻔뻔스럽게도 희생자들을 위해서는 단 한 마디도 없었다.

억압과 죽음의 충동

세 일신교가 죽음의 충동에 집착하는 이유는 어렵지 않게 설명된다. 삶의 본능에서 비롯되는 모든 것을 억지로 죽여버린 뒤에 죽음의 충동을 피할 수 있는 방법은 없다. 그래서 그들은 죽음에 대한 두려움, 죽음 후에 있을 허망함을 위안할 수 있는 거짓말을 만들어냈다. 현실세계의 낙오자도 막강한 힘을 휘두를 수 있는 거짓 세계를 만들어냈다. 그러나 현실 세계는 꾸며낸 세계가 아니다. 때문에 꾸며낸 이야기가 이승에서 힘겹게 살고 있는 사람들에게 허상을 심어주고 현실을 견디게 도와줄지 몰라도, 다른 한편으로 현실 세계에 대한 부인과 경멸, 증오를 낳는다.

이런 증오는 여러 방향으로 표출된다. 몸과 욕망, 열정과 충동에 대한 증오, 때로는 살과 여자, 사랑과 섹스에 대한 증오, 때로는 온갖 형태의 삶과 물질에 대한 증오, 또 이 세상에서 점점 확대되어 가는 모든 것, 예컨대 이성과 지성, 책과 과학, 문화와 문명에 대한 증오로 표출된다. 삶과 관련된 것을 억압하면 죽음과 관련된 것, 즉 피와 전쟁과 살인을 찬양하게 마련이다. 따라서 세 경전에서 삶의 욕구를 의심하게 하는 구절들을 즐겨 인용한다는 것은, 그들이 죽음의 충동을 신도들에게 세뇌시키겠다는 뜻으로밖에 해석되지 않는다. 삶의 즐거움을 억제할 때 남는 것은 죽음의 욕망뿐이다. 일반화시켜 말하면, 세 종교에서 처녀와 어머니와 신부는 미화하면서도 여자를 경멸하는 공통된 현상은 죽음을 미화하는 현상과 일맥상통한다.

문명은 죽음의 충동으로 이뤄졌다. 제단의 피, 속죄의 염소, 의식儀式을 위한 살인 등은 안타깝게도 세 종교의 출발점에서 공통으로 발견되는 현상이다. 유대인은 가나안 사람들을 멸절시켰으며, 기독교인들은 메시아를 십자가에 못 박았고, 무함마드는 지하드를 이끌었다. 그때마다 피가 흘렀고, 그 피는 일신교의 출발을 축성하고 축복했다. 원시적이고 미신적인 유혈극이었다. 남자와 여자, 심지어 어린 아이까지 제물로 삼은 무자비한 도살이었다. 이런 원시적 작태가 포스트모던 시대라는 오늘날까지도 계속되고 있으며, 야수성이 인간의 몸에 아직도 앙금처럼 남아 있다. 짐승의 얼굴이 호모사피엔스 안에 감춰져 있다.

3. 유일신교의 극복을 위하여

피에 굶주린 무슬림

유대교와 기독교를 적절하게 결합시키고, 부족장이 지배하는 아라비아 사막의 풍토에 맞게 변형시킨 이슬람교는 얄궂게도 유대교와 기독교의 단점을 주로 택한 듯하다. 예컨대 선택받은 공동체라는 우월감, 지역주의를 벗어난 세계화, 개체성을 탈피한 보편성, 몸과 욕망을 억압하는 금욕적 삶의 미화, 죽음의 충동, 신권정치에 따른 유혈극 등이 그렇다. 당연하게도 이슬람교 역시 노예제도를 묵인하고 식민지 개척에 나섰다. 침략과 징벌 원정, 총력전과 살인극도 멈추지 않았다.

모세는 이집트에서 공사 감독관을 직접 죽인 전력이 있다. 무함마드는 623년 말에 무수한 사상자를 낸 나흘라 전투를 시작으로 하여 632년 6월 8일에 이승을 떠날 때까지 습관처럼 전투를 벌였고, 그때마다 정복지를 초토화시켰다. 전쟁, 전투, 침략, 무력시위, 포위공격 등 군사 행동으로 가득 찬 이슬람교의 역사에서 첫 번째 순교자는 무함마드의 친구로 624년 3월 바드르에서 전사한 아부 자푸르이다. 625년 3월에는 우후드 산 아래에서 수십 명의 순교자가 생겼고, 무함마드도 부상을 입었다. 626년 말 또는 627년 초에는 메디나 동쪽에 살던 유대인 부족을 몰살시켰다. 627년에는 이른바 '한다크 전쟁'(한다크는 도랑이란 뜻)이 벌어졌고, 628년 5월과 6월에는 카이바르 오아시스 전투가 있었다. 꾸르안 50장 32절(한 사람에게 하는 짓은 모두에게 하는 짓이며, 한 사람을 죽이는 것은 모두를 죽이는 것이다)과 같은 섬뜩한 구절이 가끔 졸음을 쫓아내기는 하지만 꾸르안의 천편일률적인 이야기는 불면증 환자에게 안성맞춤이다.

모두 6235절로 이루어진 꾸르안 가운데 거의 250절이 '지하드'라 일컬어지는 성전聖戰을 정당화하고 합리화시키는 내용이다. 이런 상황에서 관용, 타인 존중, 아량, 종교를 빙자하는 억압의 거부 등을 가르치는 꾸르안의 구절들은 눈에 띄기 어렵다. 피로 낭자한 내용이 넘쳐나는데 야만적 행위보다 인간적 행위를 호소하는 구절에 눈길을 주기란 쉽지 않다. 예언자 무함마드의 전기도 크게 다르지 않아서, 살인과 범죄, 칼과 징벌 원정에 대한 이야기가 끝없이 이어진다. 반유대주의에 대한 이야기도 큰 몫을 차지하여, 무슬림의 전사라면 유대인을 결코 용서해서는 안 된다고 가르친다.

무슬림 공동체는 하느님과 계약을 맺었다는 유대인과 똑같은 사고 구조를 지닌 듯하다. 무슬림도 알라에게 특별한 사랑을 받아 선택받은 민족이라 자처한다. 그런데 똑같은 하느님이 어떻게 두 민족을 선택할 수 있겠는가? 그렇기 때문에 둘 중 하나는 없어져야 한다! 또 하느님은 인간 사이에 계급을 두었으며, 무슬림 공동체가 아닌 다른

천사 가브리엘로부터 계시를 받는 무함마드

민족이 자신들과 같은 지위를 요구하는 것은 말도 안 되는 일이다. 과거에 헤브라이인들이 가나안 사람들을 증오한 것처럼, 이제는 팔레스타인인들이 유대인을 증오하기에 이르렀다. 우습게도, 서로 하느님의 선택을 받았다는 그들은 상대방, 아니 세상의 어떤 민족보다 우월한 민족이라 생각하며, 상대의 씨가 마를 때까지 죽이는 게 당연하다고 착각하고 있다.

이슬람교는 형이상적·존재론적으로 평등을 부인한다. 종교적인 평등마저 부인하는 그들에게 정치적 평등은 애초부터 불가능한 일이다. 꾸르안의 가르침에 따르면, 정점에 무슬림이 있고 그 아래로 기독교인과 유대인이 차례로 위치한다. 그나마 같은 일신교라고 상위에 놓은 듯하다. 그 밑으로는 영벌永罰을 받아 마땅한 족속들로 가득하다. 불신자들, 무종교자들, 범신론자들이 여기에 위치한다. 물론 무신론자의 위치도 아래쪽이다. 꾸르안의 율법은 이웃을 학대하거나 죽이지 말라고 명령하지만, 그 명령은 같은 공동체, 즉 움마의 일원에게만 국한된다. 유대인이 그랬듯이.

동족이라는 무슬림 공동체 내에서도 엄연히 계급구조는 존재한다. 남자가 여자의 위에, 성직자가 평신도 위에 군림한다. 뜨거운 믿음을 가진 사람이 미지근하게 믿는 사람보다 위에 있고, 노인이 젊은이보다 위에 있다. 남근우월적이고 신권중심적이며, 노인우대적인 관습에서 벗어나지 못한 구조로, 1,300년 전의 원시적이고 부족적인 관습이 오늘날까지도 유지되고 있다. 계몽시대에 바탕을 둔 사회와는 양립할 수 없는 구조이다. 그래도 무슬림은 형제애가 돈독하다고 말하는가? 꾸르안을 믿는 사람들끼리는 형제일지 모르지만, 다른 종교의 사람들은 무시하고 미워해야 마땅한, 무가치한 존재일 뿐이다.

지역성과 보편성

독일의 법학자인 카를 슈미트Carl Schmidt의 글을 읽었을 리 없지만, 무슬림은 그의 가르침이라도 받은 듯이 세상을 친구와 적으로 나눈다. 이슬람교를 믿는 쪽은 친구, 나머지는 적이다. 말하자면 다르 알 이슬람Dar al-Islam(믿는 자들의 세계)와 다르 알 하르브 Dar al-Harb(믿지 않는 자들의 세계) 사이의 대결 구도다. 두 세계는 양립할 수 없고, 먹는 자와 먹히는 자, 침략자와 피침략자, 지배자와 피지배자 하는 식의 야만적이고 폭력적인 관계가 지배한다. 그야말로 정글의 법칙이자 야수의 법칙이다. 다른 땅은 침략해서 굴복시켜야 할 대상이라고 보는 그들의 행태는 마치 동물의 왕국 같다. 그것은 영토를 확장해서 관리하고 지배하려던 히틀러의 세계관과 크게 다르지 않다. 오로지 강자와 약자로 이루어진 그들의 세계관에는 법, 원칙, 타협, 대화 등이 설 자리가 없다. 이성도, 지성도 없으며, 오직 근육과 본능, 힘과 전투, 전쟁, 그리고 피가 있을 뿐이다.

이슬람교가 보편성을 지향한다지만, 미구엘 토르가Miguel Torga(1907~1995, 포르투갈의 시인)식의 표현을 사용하자면, 벽이 없는 지역성일 뿐이다. 7세기의 부족사회, 아라비아 사막의 족장, 원시적인 씨족사회가 그대로 이어지고 있다. 산업화 시대를 넘어 디지털 시대로 접어든 포스트모던 시대에도 그들의 근본은 바뀌지 않았다. 그들의 현대화된 도시도 사막의 마을을 모델로 삼았다. 1차 상품을 운반하는 대상隊商 이외에는 아무도 접근할 수 없던 오아시스는 형이상학적 · 존재론적으로 인간 사회의 원형原型으로 여겨지고 있다.

630년대 초반, 알라가 문맹의 낙타지기에게 받아쓰게 했다는 한 권의 책이 아직도 수십억 인구의 일상생활을 시시콜콜하게 지배하고 있다. 온갖 정보가 초음속으로 지구 전역에 전달되고, 실시간으로 커뮤니케이션이 이뤄지며, 인간의 염색체 지도가 밝혀지고, 핵에너지가 사용되며, 인조인간이 만들어지는 오늘날에도 말이다. 유대교의 극우 단체인 루바비치도 시대의 흐름을 무시하고 토라와 탈무드에 집착하기는 마찬가지다.

이들은 1,500년 전에 그랬듯이 여전히 가족중심적이다. 국가나 조국이라는 공동체는 물론이고, 보편적이고 범세계적인 세계관도 없다. 여전히 둘이나 셋, 때로는 네 명의 순종적 부인과 하느님의 은혜로 얻은 많은 자식을 거느린 가장家長을 중심으로 한 공동체가 있을 뿐이다. 꾸르안만 일부다처를 허용한 것은 아니다. 탈무드에서도 원시적인 일부다처가 읽혀진다. 어쨌든 모든 힘은 알라에서 나온다고 하지만, 결국에는 염소 '꼬리'로 만든 천막 아래에 하느님의 형상을 하고 옹기종기 모여 있는 아버지와 어머니, 남편의 목소리에서 모든 힘이 나온다.

따라서 모든 행위는 부족의 관점에서 해석된다. 달리 말하면 부족이 꾸르안과 무슬림의 율법에 맞춰 모든 행위를 판단한다. 아버지, 형제들과 같은 남자들이 모든 것을 결정한다. 이처럼 종교가 구체화된 영역, 즉 신권중심적 정치는 가족 구조에서 시작되었다. 『공화론』을 쓴 플라톤이나 『법철학 강요』를 쓴 헤겔은 이런 비밀을 꿰뚫고 있었다. 무솔리니, 히틀러, 페탱 등 파시스트들도 그런 원칙을 제대로 파악했다. 공동체의 시원始原, 집단의 계보는 언제나 가족이란 내밀한 공간에서 시작된다는 사실을 모두가 알고 있었다. 『가족, 사유재산, 국가의 기원』을 쓴 엥겔스Friedrich Engels도 그랬다.

황색별

무슬림은 터번을 쓰는 것으로도 다른 종교 집단과 구분된다. 마찬가지로 유대인을 표시해주는 노란 표식이 실제로는 6세기경에 이슬람의 황금시대를 살던 한 칼리프가 유대인과 기독교인에게 모욕감을 주려는 의도로 달게 한 데에서 비롯되었다는 사실을 알고 있는 사람은 극히 드물다.

기독교인과 유대인을 비롯하여 조로아스터교인과 같이 이슬람의 땅에 사는 비무슬림을 보호하기 위한 조치로 딤미튜드dhimmitude라는 제도가 있었다. 평화와 관용의 종교를 자처하는 이슬람교의 땅에서 딤미튜드는 유대인, 기독교인, 조로아스터교인에게 세금을 걷는 데 이용되었다. 이슬람 땅에서 살아가는 값인 셈이었다. 하지만, 그것은 세금을 빙자한 몸값의 강탈이자 재산의 강탈이었다.

돈으로 보호받을 권리를 살 수는 있었지만 시민의 권리를 제대로 누리지는 못했다. 당시에는 말[馬]이 주요 생활수단이었지만, 비무슬림에게는 당나귀나 노새만이 허락되었다. 당나귀 위에서 위풍당당하게 보이기란 어려운 일이었다. 또 비무슬림이 길거리를 돌아다니는 것은 허락되었지만, 무슬림을 추월해서 지나갈 수는 없었다. 물론 무기의 휴대는 원칙적으로 금지되었다. 때문에 도둑이나 강도의 먹잇감이 될 수밖에 없었다.

딤미튜드는 원칙적으로 1839년에 철폐되었다. 그러나 오스만 제국이 이 제도를 완전히 포기한 것은 제1차 세계대전이 끝난 뒤였다. 세금을 양심적으로 납부하고도 인간 이하의 취급을 받으며 기꺼이 살겠다고 동의한 비무슬림에게는 굴욕스럽지만 서류상으로나마 얻은 보호받을 권리마저 완전히 보장되지도 못했다.

닫힌 세계

이슬람의 역사는 인류의 역사를 부인하며 그 자체로 닫힌 사회, 정체된 사회, 죽음의 불변성에 푹 빠진 사회를 만들어냈다. 그 옛날, 역사를 부인함으로써 새로운 역사를 만들자고 주장하던 마르크스주의가 준종교적 성격을 띠었듯, 세계를 지배하려는 무슬림의 주장에는 시간의 변화에도 변치 않는 하나의 원칙이 감춰져 있다. 현실 세계의 역동적인 흐름을 무시하고, 뒷방에 숨어 시간과 공간을 초월하여 머릿속으로만 생각해낸 원칙이다. 그들의 사회는 꾸르안의 원칙에 따라 죽고 사는 유목 사회이기 때문에, 지축이 흔들려도 별다른 영향을 받지 않는다. 세상의 떠들썩한 소리마저도 꾸르안의 세계에서는 공허하고 무의미한, 죽은 역사를 찬양하는 소리로 들릴 뿐이다.

신권국가는 시간과 공간 밖에서 맴도는 가공의 세계를 지향하기 때문에 구체적인 역사와 내재적 공간에서도 머릿속의 원형을 재현하는 데 목표를 둔다. 이 땅에서 인간에 의해 건설되어야 할 도시의 설계도가 하느님의 도시에 보관되어 있다. 플라톤식의 이상향은 하느님과 일란성 쌍둥이인 듯 태어난 날도 없고 죽은 적도 없으며, 시간과 공간에 제약을 받지 않는다. 또한 아무 결함도 찾을 수 없다. 이런 완벽한 이상향의 추구가 닫힌 사회의 전설, 요컨대 머릿속에서 생각해낸 전설을 만들어낸다.

변화와 계약, 시간의 흐름과 함께하는 역동성, 변증법적 관계가 있어야 민주주의가 가능하다. 민주주의는 살아 있는 생명체들의 의지에 따라 창조되고 유지되고 구축되어 가며, 참여자들의 이성과 대화, 상호작용, 협상과 타협 등을 터전으로 삼는다. 그에 비해 신권정치는 잉태된 후에도 불변과 죽음과 불합리를 양식으로 삼는다. 따라서 민주주의가 가장 두려워해야 할 적은 바로 신권정치다. 1789년 이전에는 파리, 1978년에는 테헤란, 오늘날에는 폭탄으로 위협하는 알카에다가 그 증거다.

무슬림의 파시즘

역사학자에게 파시즘은 언제나 흥미로운 연구거리다. 하지만 파시즘에 대한 명확한 정의는 아직도 불분명하다. 페탱이 파시스트인가? 일부 학자는 페탱을 파시스트가 아니라 민족주의자이자 우국지사였다고 평가한다. 한편 비시 정권이 프랑스를 대표하는 극우인지는 모르지만 파시스트라고 보기에는 무리가 있다고 말한다. 어찌 되었든 20세기에 여러 형태의 파시즘이 존재했던 것은 사실이고, 각 형태가 나름대로의 특징을 가졌다. 하여간 지난 100년은 '파시즘의 세기'라 말해도 과언이 아닐 지경이다. 유럽과 아시아에서는 갈색과 붉은색, 남아메리카에서는 카키색이 전횡을 일삼았다. 그러나 마찬가지로 전횡을 휘둘렀음에도 대부분의 기억 속에서 묻혀 있는 색이 있다. 바로 푸른색이다!

1978년, 이란 왕정이 전복되고 얼마 후 아야톨라 호메이니가 18만 명의 물라를 거느리고 전권을 장악하면서 무슬림의 파시즘이 실질적으로 시작되었다. 그로부터 25년이 지난 오늘날까지도 이란에서 파시즘 정권이 건재한 이유는 서방세계의 묵인과 망각이 한몫했다. 1978년 10월에 미셸 푸코가 예견한 것과는 달리, 이란 혁명은 서방세계에서 부족한 '정치적 영성spiritualité politique'의 창발로 발전되지 못했다. 오히려 이란 혁명은 이슬람교의 역사상 처음으로 파시즘적 폭력을 잉태시켰다.

푸코는 이 사건의 의미를 완전히 오판했다. 그는 1978년 11월 26일 이탈리아의 일간지 『코리에르 델라 세라』에 기고한 글에서 "호메이니 당은 없을 것이다. 호메이니 정부도 없을 것이다."라고 단언했지만, 넉 달도 지나지 않아 체면을 완전히 구기고 말았다. 게다가 푸코는 "세계 체제에 처음으로 저항해서 성립된 이슬람 정부, 가장 현대적인 형태의 혁명"이라 칭찬했지만 샤리아(꾸르안과 무함마드의 가르침에 기초한 이슬람의 법률)를 기반으로 이루어지는 지배의 가능성을 염두에 두지 않은 허튼소리에 불과했다. 푸코가 꾸르안과 이슬람교에 대해 아는 것이 과연 있었을까?

이란 혁명에 대한 글을 이탈리아 일간지에 기고할 당시의 푸코가 진정코 감금, 광기, 폐쇄, 동성애, 부조리 등에 심취해 있었다면, 이슬람 정부가 저지를 일에 대해 알고 있어야 마땅했다. 성차별, 소외 계층의 감금, 다양성의 소멸, 감옥시스템, 몸의 학대, 보편화된 생권력biopouvoir, 어디에서나 감시할 수 있는 구조, 징벌적 사회 등, 푸코가 타파하려고 애쓰던 현상들을 이슬람 정부는 이란 땅에서 더욱 구체화하지 않았던가! 샤리아의 두 뿌리인 꾸르안과 하디스를 제대로 알았더라면, 이슬람 정부가 정치적 영성을 되살리기는커녕 이슬람교를 포스트모던적 정치로 몰아갈 것이란 예측이 충분히 가능했을 것이다. 하여간 이란의 이슬람 정부는 권력의 미세구조를 파헤친 철학자를 비웃기라도 하듯이 신정주의 원칙에 따라 이슬람 파시즘의 막을 올렸다.

아야톨라의 말씀

권력을 이론화시킨 정치인들은 책을 재미없게 만들더라도 곧바로 본질을 파고들어, 그들의 이론이 갖는 장단점을 나열한다. 그런 방향에서, 우리는 리슐리외와 『정치적 유언』, 레닌과 『국가와 혁명』, 드골과 『칼날』, 무솔리니와 『파시스트 정책』, 히틀러와 유명한 『나의 투쟁』 등에서 군주제 합리론, 러시아 혁명가들을 위한

드골   레닌

마르크스 · 레닌주의의 강의, 현대판 전쟁론, 파시즘 강의, 국가사회
주의 이론을 차례로 읽어낼 수 있다.

이란 혁명 초기, 아야톨라 호메이니 역시 미셸 푸코의 가슴을 설레
게 했던 이슬람 정부를 이론화한 '정치적이고 영적인 유언'을 남겼
다. 시아파의 거두인 호메이니는 이슬람 공화국의 정치 프로그램을
몇 마디 단어로 정리했다. 여기에는 꾸르안과 무함마드의 하디스, 그
리고 샤리아를 기반으로 하여 이슬람교의 원칙에 따라 영혼과 육체
를 지배할 수 있는 비결이 담겨 있기 때문에 이슬람 신권주의를 위해
서는 반드시 읽을 필요가 있었다. 달리 말하면 파시스트 정권을 유지
하기 위한 필독서였다.

다른 신권주의와 마찬가지로 무슬림식 신권주의의 확립을 위해서
는 개인의 믿음과 공공의 믿음을 구분하는 경계를 없애버려야 했다.
성직자는 양심에서 벗어나서 사회적 삶의 전반적인 분야를 지배할
수 있어야 했다. 그때부터 일반인은 하느님과 직접 교통할 수 없게
되었으며, 정치집단의 중재를 통한 간접적인 관계에 만족해야 했다.
타자의 지배라는 구도 아래에서 간접적 관계 이외에는 허용되지 않
았다. 이렇게 자아를 위한 종교가 막을 내리고, 타자를 위한 종교의
시대가 찾아왔다.

이제, 종교는 국가의 사업이 되었다. 제한된 공동체 또는 작은 집단의 과제가 아니라 사회 전체의 과제가 되었다. 이는 국민 모두를 정치화시켰다는 점에서 전체주의와 다를 바가 없다. 국가는 인종차별적이고 파시스트적이며 이슬람적인 이데올로기를 제시했고, 가족, 노동, 규방, 학교, 군대, 병원, 신문, 출판물, 우정, 여가, 독서, 섹스, 법정, 운동장, 문화 등 모든 것에 지배 이데올로기가 스며들었다. 그때부터 '이슬람' 가족, '이슬람' 노동, '이슬람' 규방, '이슬람' 학교 등이 되었다.

구조적으로 케케묵은 이슬람교

꾸르안의 전체주의적이고 내재적인 사용을 어떻게 합리화시킬 수 있을까? 경전을 올바로 읽어낼 수 있는 능력을 유일하게 지녔다고 주장해야 가능한 일이다. 하지만 이제는 무슬림이라면 누구나 상황에 맞는 적절한 구절을 찾아낼 수 있다. 누구나 무함마드를 자신에게 유리하게 원용할 수 있고, 술을 마실 수 있으며, 돼지고기를 먹을 수 있다. 차도르를 비난하고, 샤리아를 거부하며, 육상경기에 참여하고, 축구를 즐길 수 있다. 또 인권을 주장하고, 유럽의 계몽사상을 널리 전파할 수도 있다. 이것은 이슬람교의 현대화를 원하며 현대화된 공화주의자인 무슬림으로 살기 바라는 사람들의 부질없는 주장이기도 하다.

이런 모순적 논리를 기독교라고 피해갈 수는 없다. 기독교인이 하느님을 진실로 믿지 않고, 교황의 교서에 비웃음을 흘리며, 예배를 빈정대고, 성찬식에 참여하지 않으며, 교리를 무시하고, 공의회의 가르침을 철저히 배격할 수 있다. 이런 취사선택론 덕분에 예식에서 내용은 사라지고 껍데기만 남았다. 그런데도 사람들은 여전히 빈 껍데기를 숭배하고, 아무것도 아닌 것 앞에 무릎을 꿇고 고개를 숙인다. 오늘날을 지배하는 허무주의의 징후가 아닐 수 없다.

반대로, 꾸르안의 가르침을 충실하게 지키고자 하는 사람들이 있을 수 있다. 일부다처제, 남존여비의 가르침, 비무슬림의 존재론적 가치의 부인, 이슬람교를 부인하는 사람은 누구든 죽여도 괜찮다는 교리, 관습과 종교 예식의 무조건적인 수호, 이성의 철저한 경멸 등은 신권을 휘두르는 사람들에게는 언제나 유혹적이다.

꾸르안은 맞춤식 종교를 허용하지 않는다. 편안한 부르주아적 삶을 금하라는 꾸르안의 가르침을 거부하는 것은 어떤 이유로도 정당화되지 않는다. 그러나 약탈과 수탈을 합리화하는 꾸르안의 구절들을 꼼꼼하게 읽는 것까지 금지하지는 않는다. 오히려, 적극적으로 권장한다. 요컨대 모든 사람들이 무슬림일 필요는 없지만, 일단 무슬림이라고 공언하는 순간부터는 이 같은 이론과 가르침을 절대적으로 믿고, 실천해야 한다. 아주 단순하고 명쾌하다. 적어도 이 부분에서 이슬람식 신권주의는 분명한 일관성을 갖는다.

이는 이슬람교가 시대에 뒤떨어진 구조를 갖고 있기 때문이다. 유럽의 계몽주의 철학이 18세기부터 주장해왔던 것들을 이슬람교는 한결같이 거부하고 있다. 그동안 계몽주의 철학은 미신을 철폐하고, 편협함을 거부하며, 검열제도를 비난하고, 독재에 항거하며, 정치적 절대주의를 반대하고, 국교國敎를 인정하지 않았다. 또한 미신적 생각을 배척하고, 표현과 사상의 자유를 확대하며, 법 앞에서 만인의 평등을 주장했다. 그밖에, 모든 법은 내재적 계약에 속하는 것이며, 현실 세계에서의 행복을 추구하고, 이성의 보편성을 역설해왔다. 하지만 이 모든 것이 꾸르안에서는 철저하게 부인되어 왔다.

파시즘과 이슬람교식 신권정치의 공통점

아야톨라 호메이니는 이맘을 '떠오르는 꾸르안Coran ascendant' 이라 말했다. 결코 말장난이 아니었다. 이슬람 세계에서 아야톨라는 교황과 똑같은 존재다. 즉 어떤 잘못이나 실수도 범하지 않는 존재이자 영적 지도자인 동시에 정치 지도자이기도 하다. 총통, 공작, 군사 독재자 등이 각 시대에 그랬듯이 무슬림의 최고지도자가 내뱉은 말은 곧 법이었다. 그만이 유일하게 꾸르안을 올바로 읽어낼 수 있고, 신권주의를 완벽하게 합리화시킬 수 있는 구절들을 찾아낼 수 있다.

모든 것이 꾸르안에 담겨 있기 때문에 꾸르안을 정확히 읽어내면 인간이 상상할 수 있는 모든 질문에 대답할 수 있다. 돈? 장사? 법? 정의? 권리? 주권? 여자? 이혼? 가족? 최상의 정치체제? 환경과 생태? 문화? 어떤 의문도 꾸르안을 벗어날 수 없다. 꾸르안에서는 어떤 의문에 대한 답이라도 찾아낼 수 있다. 서방 국가의 장관들이 당면한 문제들도 꾸르안에서 해법을 찾을 수 있다. 그런 꾸르안을 완벽하게 파악한 사람이 바로 이슬람의 최고지도자다. 따라서 그의 말은 곧 법이다. 이른바 신의 섭리를 받은 사람의 말이기 때문이다.

여기에 친구와 적을 대립시키는 지독한 '이분법'이 더해진다. 넷으로 나눌 것도 없고 시시콜콜하게 따질 것도 없다. 전쟁을 할 때 누구를 친구로 삼고 누구를 적으로 삼을지를 결정하기 위해서 자질구레하게 따질 필요가 없다. 이란 혁명 세력의 논리에 따르면, 미국과 이스라엘을 비롯한 서방 국가들을 포함하여 초강대국들과 현대적인 것들이 바로 '적'이다. 사탄, 악마, 마귀, 귀신, 악의 화신 등 갖가지 이름으로 불리지만, 결국은 모두가 똑같은 존재다. 파시즘은 적을 지목하면서 시작되는 법이다. 군사들을 흥분시켜 언제라도 전투에 투입하기 위해서 적을 악마로 만들어버린다. 이른바 속죄양을 만드는 고리타분한 수법이다.

파시즘과 이슬람 신권주의에서 찾을 수 있는 또 하나의 공통점은 '탈정치 논리logique post-politique'다. 우파도 없고 좌파도 없다는 의미다. 모두를 초월하고, 때로는 그 중 하나의 아래로 들어가기도 한다. 오직 알라만이 우리 편이며, 마르크스주의자, 볼셰비키, 소비에트, 무신론자, 유물론자, 공산주의자(호메이니는 여성 공산주의라는 개념까지 만들어냈다!)와는 아무 관계도 없다. 물론 미국, 소비자 운동가, 쾌락주의자, 부패한 자, 사업가, 자본가와도 아무 관계가 없다. 좌파와 우파 가운데 어느 쪽도 지지하지 않는다. 이른바 정치의 종말론이다.

여기에는 '초월 논리logique transcendante'가 적용된다. 알라만이 모순을 해소할 수 있긴 하지만, 그래도 좌우를 통합하려면 창피하지만 양쪽에서 장점들을 가져와야 한다. 좌파에서 가난한 사람들을 연대시키는 방법을 빌려온 그들은 고통 받는 사람들에게 위안의 말을 던지고, 현실세계에 대한 우려를 감추지 않으며, 세상의 불행을 완전히 끝낼 수 있다는 선동적인 발언을 서슴지 않는다. 한편 우파 진영을 본받아 힘없는 소자본가의 재산과 토지를 빼앗는다. 모든 것이 알라의 허락 아래에서 일관성 있게 이뤄지는 듯하다. 알라가 좌우를 통합시키는 주역으로 작용하는, 요컨대 역사의 종말론이다.

또한 파시즘과 이슬람교는 '신비주의 논리logique mystique'를 전개한다는 점에서 공통점을 보인다. 역사를 인과관계나 건설적인 변증법적 관계로 합리적으로 풀어가는 대신에 아야톨라는 불합리한 법을 선포했다. 집단은 개인의 희생을 요구한다는 내용이었다. 전체를 위한 개인의 희생은 당연한 일이며, 개인은 희생을 통해서 새로운 정체성을 부여받는다. 사회, 즉 공동체라는 신비한 집단의 일원이 되어야 한다. 달리 말하면 알라의 품에 안겨야 한다. 그래야 인간에게도 신적인 미래가 보장된다는 그들의 주장은 새빨간 거짓말이다. 그야말로 이성의 종말론이라 할 수 있다.

공동체, 즉 전체를 위해서 자아를 잊으라는 요구는 '범신론적 논리logique panthéiste'에서 출발한다. 정치집단의 일원이 되라는 요구는 순교를 정당화하고 미화시킨다. 순교를 하면 죽어도 죽는 것이 아니게 된다는 것이다. 순교함으로써 개인은 공동체 안에서 역사를 초월하는 영원불멸한 존재로 존재할 수 있다. 이런 이유에서 무슬림 가미카제가 양산된다. 존재의 종말론이다.

모든 파시즘 정권이 그렇듯이, 이슬람식 신권정치도 '초도덕적 논리logique hypermorale'를 전개한다. 알라가 역사를 주관하시며, 이승에서 일어나는 일은 모두 알라의 계획이다. 모든 일이 알라의 뜻이다. 따라서 무슬림이라면 도덕적 순수함을 요구하는 알라의 명령에 따라야 한다. 알라의 명령대로 몸과 살을 증오하고, 성관계를 자제하고, 욕망을 억제해야 한다. 이런 도덕적 명령을 절대적으로 실천할 때 신비로운 천국에 이를 수 있다. 사치, 동성애, 오락, 마약, 나이트 클럽, 술, 매음, 영화, 향수, 복권 등 아야톨라가 비난한 악행들은 당연히 멀리해야 한다. 이른바 금욕주의의 이상론이다.

끝으로, 파시즘과 이슬람교는 똑같이 '징병 논리logique de conscrip-tion'를 전제로 한다. 누구도 국가의 부름을 거부해서는 안 된다. 국가라는 기계의 톱니바퀴를 굴러가게 하기 위해서 제도 기관, 언론, 출판계, 군대, 교육계, 법조계, 경찰, 공무원, 지식인, 예술가, 과학자, 연설가, 연구자 등 모두가 동참해야 한다. 각 분야의 역할 구분은 이차적인 구분일 뿐이다. 무엇보다 가장 중요한 것은 뜨거운 신앙심, 종교적 감성, 종교의 가르침대로 실천하겠다는 열정이다. 이른바 사회의 군국화론이다.

이슬람 정권의 이론이나 행동에서 파시즘의 일반적인 특징이 고스란히 찾아진다. 신의 영감을 받았다는 지도자의 뜻대로 대중이 움직이고, 신화, 불합리, 신비주의 등이 역사를 지배한다. 지도자의 한마디가 곧 법으로 작용하며, 구성원들은 낡은 세계를 지워버리고 새로운 세계를 세우려는 열망에 사로잡힌다. 따라서 사람도 새로워져야 하고, 가치관도 달라져야 한다. 근거 없이 죽음을 미화하는 세계관이 활개를 치는 한편으로, 영토 확장을 위한 전쟁이 국가의 건전도를 측정하는 기준이 된다. 이성, 마르크스주의, 과학, 유물론, 서적 등 계몽주의의 산물은 증오의 대상이 되며, 경찰국가화되어 공포 분위기가 조성되고, 개인적 영역과 공적 영역의 경계가 사라진다. 철저하게 폐쇄적인 사회를 지향하고, 개인은 공동체의 일원으로만 존재가치를 갖는다. 전체를 위해 자아를 불사르는 희생이 미화되며, 남성성, 기계론, 전우애, 동료의식, 극기, 여성 혐오 등 전쟁에 필요한 미덕들이 강조된다. 국가에 저항하는 세력은 철저히 분쇄되고, 정치가 군국화되며, 개인의 자유가 극도로 제한된다. 인권에 관련된 이데올로기는 비판의 도마에 오르고, 신비주의적 이데올로기가 빈 자리를 대신한다. 반유대주의, 반마르크스주의, 반자본주의, 반미주의, 반현대주의, 반서구주의 등 부정적 슬로건으로 역사가 다시 쓰여진다. 공동체는 가족이라는 개념이 강조된다. 각 부분에서 정도의 차이가 있기는 하지만 파시즘은 이런 특징들을 공통적으로 갖는다. 그런데, 신권국가에서도 이런 특징들이 고스란히 찾아지니 파시즘이라 할 수밖에 없지 않을까.

이기는 자만의 하느님

21세기는 피도 눈물도 없는 무자비한 전쟁으로 막을 열었다. 그 한쪽에는 신자유주의를 표방한 유대교·기독교의 서방 세계가 있다. 이곳은 경제학적으로 말하면, 잔혹한 자본주의, 야만적인 상업주의, 덧없는 소비자 중심주의가 판을 벌인 세상이다. 무가치한 재화를 생산하고 모든 미덕이 무시된다. 믿음도 없고 법도 없는 처절한 허무주의가 팽배하다. 강자와 약자 할 것 없이 모두가 교활한 권모술수에 기댄다. 돈과 이익만을 추구하고, 황금 앞에서 하나같이 무릎을 꿇는다. 이제 모든 권력은 황금에서 나온다. 황금이 세상을 지배한다. 영혼과 몸은 한 덩어리가 되었으며, 모두가 자유롭다. 적어도 이론적으로는 그렇다. 하지만 한 줌의 자유일 뿐이다. 대다수가 가난에 찌들고 굴욕적인 삶을 살아야 하기 때문이다.

반대편에는 신실함을 넘어 광기에 빠지고, 잔혹하고 편협하며 폭력적인 이슬람 세계가 있다. 독재와 파괴에 짓눌린 세계이다.

여우의 파시즘과 사자의 파시즘이 대치하는 양상이다. 여우의 파시즘은 참신한 무기로써 포스트모던식의 희생자를 양산하고, 사자의 파시즘은 선박을 납치하고 민간 항공기를 무기로 삼으며 폭탄을 허리에 감은 인간폭탄으로 대응한다. 양쪽 진영 모두가 하느님의 뜻이라며 자신들의 만행을 무마한다. 어느 쪽의 하느님이 진짜일까? 원시적인 수법대로 이기는 자의 하느님이 진짜다. 선의 도끼와 악의 도끼가 엎치락뒤치락 끝없이 싸운다.

따지고 보면 이 전쟁은 일신교 간의 다툼이다. 한쪽에는 유대인과 기독교인으로 구성된 새로운 십자군이 있고, 그 반대편에는 무슬림으로 구성된 포스트모던한 사라센군이 있다. 무슬림의 손을 들어줘야 할까? 아니면 무슬림의 야만성을 분쇄해야 한다는 이유로 십자군이 지향하는 냉소적 세계를 택해야 할까? 이렇게 세상을 둘로 나눌 수밖에 없기 때문에 우리는 반드시 어느 한쪽을 선택해야 할까? 마니교(3세기경에 마니가 창시한 이란의 고유 종교로 이원론을 기본 교리로 한다)에 심취하여 결국 그 덫에 빠져 허우적댄 미셸 푸코는 이란 혁명의 영적인 정치를 극구 칭송해댔다. 그가 말하는 '전 지구적 시스템 système planétaire' (1978년에는 '세계화'란 표현이 사용되지 않았다)을 이란의 영적인 정치가 대신해줄 것이라 믿었기 때문이리라. 하지만 푸코는 이슬람교의 정치화가 그 시대만이 아니라 미래에도 필요하다는 오류를 범하고 말았다.

평신도 중심의 종교?

　　　　　　막다른 길에 몰릴 정도로 황폐해진 서구 세계에서 소수 평신도의 저항은 반대 이데올로기에 의해 무참하게 짓밟힌다. 대의를 내세운 상당수의 전투적 평신도가 성직자 지지자들을 오해하고, 심지어 그들을 희롱한다는 게 이유다. 하지만 안타깝게도 요즘의 자유주의 사상에서는 향냄새가 물씬 풍긴다. 뻔뻔스럽게 성수聖水를 뒤집어 쓴 듯하다. 게다가 이런 운동을 주도한 사람들은 포스트모던행 기차까지 놓쳐버린 것 같다. 그래서 그런지 요즘에는 강베타 Léon Gambetta(1838~1882년에 프랑스 총리를 지낸 공화주의자) 시절의 열정으로 일신교에 저항하는 사람들을 찾아볼 수 없다.

자유주의 사상이 근대성 확립에 큰 영향을 끼친 것은 사실이다. 기독교의 허구성을 해체하고, 양심을 회복시켰으며, 율법적 설교를 세속화했다. 또 교육과 위생과 군대를 종교적 속박에서 해방시켰다. 무엇보다 큰 성과는 종교와 국가를 분리시킨 것이었다.

그러나 평신도가 쓴 교리문답, 세례식과 성찬식 등 세속화된 종교의식, 젊음이들의 축제, 아직도 시골에서 채 없어지지 못한 교회 타종의 중단 운동, 새로운 달력을 채택하려는 움직임, 인습타파, 성직자복 착용의 자율화 등은 이단의 냄새를 풍길 뿐이다. 탈기독교화는 하찮고 시시한 운동이 아니라, 한 시대를 지배한 에피스테메에 대한 반성이자, 이성적 판단이 더해진 의식화 교육으로 여겨져야 한다. 자칫하면 탈기독교화라는 혁명적 사건이 또 다른 '지고至高의 존재'를 만들어내서, 예전과 마찬가지로 어리석고 근거 없는 종교적 의식들을 만들어낼 수 있기 때문이다.

변증법적으로 생각해보자. 경쟁이 지배하는 이 시대의 분위기, 몸과 영혼과 양심을 강조하는 사람들의 완강함, 기독교인들이 민간·정치·군사 등 모든 분야를 장악한 사회 등을 고려할 때 약간의 과장은 정당화되고 이해될 만하다. 그런 까닭에 자유주의 사상가들은 자신들의 적인 성직자를 기생충, 교활한 뱀, 더럽고 이기적이며 탐욕스런 돼지, 어둠을 좋아하는 박쥐, 썩은 시체를 탐닉하는 콘도르, 음흉한 까마귀에 비유하며 공격한다. 이에 성직자들은 자유주의 사상가를 향해 기껏해야 다윈이나 흉내 내는 원숭이, 무지막지하게 먹어대는 에피쿠로스의 돼지, 뻔뻔스럽게 많은 사람 앞에서 섹스하며 울부짖는 개라며 반격한다. 이런 싸움은 대중에게 자극적인 흥미를 주긴 하지만 토론의 격은 바닥까지 떨어진다.

윤리의식의 뿌리와 그 겉모습

전투적인 평신도들도 유대교와 기독교의 윤리의식에서 완전히 벗어나지 못하고 있다. 그들은 그런 윤리의식을 극복하겠다고 말하는 것으로 만족해버린다. 임마누엘 칸트의 『이성의 한계 안에서의 종교』는 평신도가 쓴 최고의 교리문답으로 평가되지만, 실제로는 복음서에서 가르치는 미덕, 십계명의 원리, 성경의 가르침 등이 새로운 관점에서 쓰여진 것이다. 뿌리는 그대로이지만 겉모습은 크게 바뀐 꼴이다.

유대교 · 기독교의 윤리관을 세속화하려는 시도는 초월적 성격을 띤 담론을 내재적 관점에서 다시 쓰려는 작업으로 여겨진다. 하늘에서 떨어진 것을 완전히 버릴 수는 없기 때문에 땅에 맞게 각색해야 한다는 뜻이다. 성직자와 지식인이 서로 입씨름을 벌이고 있지만, 궁극적으로는 닮은꼴인 세계를 위해서 핏대를 세우고 있을 뿐이다.

소위 민주주의를 표방하는 나라의 학교에서 사용하는 윤리 교과서는 가족의 가치, 노동의 미덕을 가르친다. 부모를 존중하고 노인을 공경하라고 가르치며, 민족의식과 애국심을 고취시키며, 살과 육체의 유혹을 경계하고, 육체노동을 미화시킨다. 공권력에는 당연히 순종할 것을 요구하고, 가난한 사람에 대한 의무를 강조한다. 성직자의 설교는 어떤가? 역시 노동과 가족, 조국 등이 강조된다. 기독교가 세속인들을 위해 마련한 새로운 삼위일체다!

이런 세속인들의 생각은 탈기독교를 위한 생각이 아니다. 내재적으로 접근한 기독교적 사상일 뿐이다. 덕분에 유대교 · 기독교의 정수精髓는 합리적인 언어의 지원까지 받아가며 그대로 지속된다. 하느님은 하늘을 떠나 이 땅에 내려왔다. 하느님은 죽지 않았으며, 아무도 하느님을 죽이지 않는다. 하느님을 언급하는 일을 자제하는 것도 아니다. 순수하게 내재적으로 해석해서 하느님을 이 땅에 적합하게 재해석하는 데 힘쓸 뿐이다. 따라서 예수는 여전히 두 세계의 주인공이다. 예수의 영광을 재정리하고 터무니없는 이야기를 합리적으로 설명하려 애쓸 뿐이다.

평신도들의 생각은 상대주의적 성격을 띤다. 즉 에피스테메는 유대교·기독교적 틀을 유지하면서도 그 종교가 그들의 의식과 몸과 영혼에 스며들지 않은 것처럼 말하고 처신한다. 성서에 기반을 둔 일신교가 2천 년 동안이나 우리를 지배해왔기 때문에 우리는 말하고, 생각하고, 보고, 행동하고, 꿈꾸고, 상상하고, 먹고, 숨쉬고, 잠자고 하는 어느 한 순간에도 유대교·기독교의 영향에서 벗어나기 어렵다. 다시 말해, 각자가 원하는 대로 생각하고, 각자의 신을 나름대로 믿기 위해서는, 자신과 싸워 유대교·기독교의 앙금을 씻어내야 한다. 하지만 정작 세상에는 그리스도를 세속화시킨 새로운 종교가 공공연하게 춤판을 벌이고 있을 뿐이다.

오늘날의 프랑스를 둘러보면 유대인, 기독교인, 무슬림이 똑같은 권리를 누리고 사는 것처럼 보인다. 그밖에도 불교도, 신도神道(조상과 자연의 힘을 믿는 일본의 고유 종교)교도, 물신숭배자, 범신론자, 불가지론자, 무신론자까지 거리를 활보하고 다닌다. 적어도 양심의 판단과 내면의 의식에서는 모든 종교가 우열을 가릴 수 없는 듯한 분위기에서 살아간다. 그러나 겉으로 드러나는 공적인 삶에서는 도덕, 정치, 생명윤리, 법 등 모든 것을 지배하는 힘의 본질은 여전히 유대교·기독교의 우산에서 벗어나지 못하고 있다.

세속의 탈기독교를 위하여

세속인은 종교의 영향을 벗어나겠다고 하지만, 이미 종교의 가르침에 깊이 세뇌당한 상태이기 때문에 여간해서는 쉽지 않은 일이다. 그나마 그동안 세속인들이 싸워준 덕분에 조금이나마 자유를 누리고 있는 것이다.

이제부터 종교의 영향을 벗어나기 위한 방법을 변증법적으로 접근해보겠다. 오늘과 미래의 투쟁을 위해서는 새로운 무기, 훨씬 정교하게 다듬어진 효율적인 무기가 필요하다. 여기에는 윤리와 정치 등 모든 분야에서 탈기독교화하려는 노력이 병행되어야 한다. 유대교·기독교의 형이상학에서 해방될 가능성이 가장 큰 쪽은 세속인이며, 미래의 전쟁에서 진정으로 큰 역할을 해낼 사람들도 세속인이다.

오늘날의 세속인은 모든 종교를 동등하게 평가한다. 그 종교들의 부정적인 면을 평가할 때도 마찬가지다. 이런 점에서 상대주의가 보편화되어 있다. 미신적 생각과 합리적 생각, 신화와 논리적 이야기, 기적과 과학적 사고 등이 동등한 지위를 갖는다. 토라와 『방법서설』, 신약성서와 『순수이성비판』, 꾸르안과 『도덕의 계보학』이 동등한 관점에서 접근된다. 따라서 데카르트도 모세만큼의 가치를 갖고, 칸트도 예수만큼의 가치를 갖는다. 물론 니체도 무함마드와 어깨를 나란히 한다.

유대인은 하느님에 특별히 선택받은 민족이라고 확신한다. 그래서 바다를 가르고 태양을 멈췄다고 생각한다. 반면에 철학자는 가정과 추론이란 원칙에 따라서 모든 것을 판단한다. 이렇게 출발점이 다른데도 유대인과 철학자를 똑같다고 말할 수 있을까? 기독교인은 예수가 동정녀의 몸에서 태어났고, 본디오 빌라도의 치하에서 십자가에 못 박혀 죽었다가 사흘 후에 부활했으며, 그 뒤로 하느님의 오른쪽에 앉아 평온한 삶을 산다고 확신한다. 그런 믿음과 신화와 가공된 이야기의 허구성을 파헤치려는 사상가와, 그런 신화를 사실이라 굳게 믿는 기독교인이 어떻게 똑같을 수 있을까? 한편 무슬림은 포도주를 마시고 돼지고기를 먹으면 천국문에 접근조차 할 수 없지만, 불신자를 죽이면 천국문이 활짝 열린다고 믿는다. 반면에 예리한 분석가는 실증적이고 경험적인 원칙에 입각해서 일신교의 믿음과 조상의 영혼이 여우의 몸으로 환생한다고 믿는 도곤족의 물신사상이 다를 바 없다고 증명한다. 그런데도 무슬림과 예리한 분석가를 똑같이 평가해야 할까? 그렇다면, 아예 생각하지 말고 사는 편이 낫겠다!

이런 상대주의는 전혀 도움이 되지 않는다. 오히려 폐해만을 낳을 뿐이다. 모든 담론이 똑같은 가치를 갖는다면 거짓과 참, 오류와 진실, 환상과 실상도 똑같아야 한다. 신화와 전설이 이성적 판단만큼이나 중요하다. 마법과 과학이 똑같은 중요성을 갖는다. 꿈도 현실만큼의 가치를 갖는다. 그렇다면 세상은 과연 어떻게 되겠는가?

모든 담론이 똑같은 가치를 가질 수는 없다. 노이로제, 히스테리, 신비주의에서 나온 담론은 실증주의자의 담론과 근본부터 다르다. 도살자와 희생자, 선과 악을 어떻게 똑같이 취급할 수 있겠는가! 미신적 생각을 비롯해서 모든 담론을 똑같이 호의적으로 생각할 필요는 없다. 중립을 내세운 불편부당함이 항상 용인되는 것은 아니다. 그런데도 중립적이어야만 하는가? 그런 사치스런 수단을 보물처럼 꼭 움켜쥐고 놓지 말아야 하는가? 나는 그렇게 생각지 않는다.

세 일신교의 미신적 가르침에 맞서 계몽주의의 가치를 지키기 위한 최후의 전투를 앞두고, 탈기독교를 지향하는 세속의 세력, 즉 무신론자를 양성해야 한다. 이미 결판난 전투일 수도 있지만 세계의 장래를 위해서라도 다시 전투를 준비해야 한다. 서구의 유대교·기독교 사회와 그에 맞선 이슬람 사회 간의 양자택일을 과감히 거부하는 전투적인 무신론자를 키워야 한다. 나는 성경도 싫고 꾸르안도 싫다. 랍비, 신부, 목사, 이맘, 아야톨라, 물라 등보다 철학자를 훨씬 사랑한다. 허튼소리에 불과한 종교적 주문보다, 종교와 결탁한 의혹을 물씬 풍기는 주류 철학보다, 대안적 사상들에서 돌파구를 찾고 싶다. 마음껏 웃는 사람, 유물론자, 급진주의자, 냉소주의자, 쾌락주의자, 무신론자, 관능주의자, 향락주의자 등이 그들이다. 그들은 하나의 세상밖에 없다는 것을 알고 있으며, 종교의 선전 때문에 인간이 하나밖에 없는 세상에서 마음껏 즐거움을 누리지 못하고 사는 것을 안타까워한다.

따라서 정말로 죽을 죄를 진 자는 바로 그들이다.

옮기고 나서
신의 이름으로!

오래 전 미국과 우리나라에서 『야베스의 기도』라는 책이 베스트셀러가 되었다. 그럴 만도 한 것이 부자가 되게 해달라는 기도를 합리화시킨 책이었기 때문이다. 이에 분노한 미국의 한 목사가 물질적 풍요를 바라는 개인적 기도보다 인류 모두를 향해 기도한 그리스도를 닮으라며 『예수 그리스도처럼 기도하라』는 책을 펴냈고 나는 이 책을 우리말로 번역하는 행운을 누렸다. 이 책은 내가 번역한 책 중에서 가장 애착을 갖는 책이기도 하다. 그런데 어느날 우리나라에서 상당한 규모의 교회를 운영하며 이름도 널리 알려진 목사가 설교 시간에 그 책을 읽다가 믿음의 불길이 떨어져서 찢어버렸다고 말했다. 바로 설교 시간에! 이웃사랑의 의미를 정확히 가르쳐준 『예수 그리스도처럼 기도하라』가 개인의 물질적 풍요를 찬양한 『야베스의 기도』에 참담한 패배를 당했다.

나는 그리스도교도이다. 그런데 왜 무신론의 필요성을 역설하는 이 책을 번역했을까? 이 책을 번역할 때 옆에서 지켜보던 한 친구는 내게 그리스도교도로서 이런 책을 번역할 수 있느냐고 나무라기도 했다. 나는 몇 해 전 교회 예산의 승인을 위한 총회에서 겪었던 일로 그 대답을 대신했다. 전년前年에 비해 터무니 없는 예산이 짜였다. 내가 그 사실을 조목조목 지적하자 담임목사는 믿음의 출발점이 다르다는 말로 내 지적을 일축해버렸다. 합리적인 분석으로 적정예산을 꾸리는 것보다, 믿음으로 기도하면 하나님이 이뤄주실 것이란 말이었다. 하지만 그해 내가 다니는 그 교회는 예산에 훨씬 못미치는 헌금을 걷었고 그로 인해 큰 빚을 지고 말았다. 그 빚은 누가 감당할 것인가?

이 책에는 신의 존재를 부인하는 '무신론'이란 제목이 붙었지만, 똑같은 신을 믿는 유대교, 기독교, 이슬람교에 초점을 맞추고 있다. 그들이 경전이라 일컫는 책은 신에게 영감을 받은 사람이 신의 말씀을 옮겨쓴 것이라고 무류성을 말하지만, 조금이라도 객관적인 눈으로 꼼꼼하게 읽으면 무수한 모순이 찾아진다. 하지만 그들은 그 모순을 모른 체 한다. 세 일신교 모두가 이웃사랑을 말하지만 인류의 역사에서 전쟁은 그들의 전쟁이었고, 오늘날에도 지구를 뜨겁게 달구는 전쟁은 그들 간의 전쟁이다. 결국 그들이 말하는 이웃사랑은 같은 공동체에 속한 구성원에 대한 사랑일 뿐이다. 요컨대 그들의 편이 아닌 사람은 이웃이 아니라 죽이고 없애야 할 대상일 뿐이다.

이 책은 프랑스에서 커다란 반향을 불러일으켰다. 이 책에 반론을 제기하는 책들이 줄줄이 출간되었을 정도다. 저자인 미셸 옹프레는 신을 믿는 사람을 '멍청이'라고 격한 표현까지 서슴치 않지만 그 분노는 평신도들에게 향하지 않는다. 신의 이름을 들먹이며 정치와 결탁하고 죄없는 사람들을 사지死地에 몰아 넣었던 세력들, 순진한 사람들에게 죽음의 공포를 심어주고 내세의 행복을 위해서 이 땅에서의 고난을 참고 견디라며 지배자들과 손잡은 세력들에게 분노를 폭발시킨다. 또한 1천 년 이상 동안 우리를 세뇌시켜온 일신교의 거짓에서 벗어나기 위한 노력의 필요성을 역설한다.

끝으로 이 책에서 기독교라고 번역된 표현은 엄격하게 말해서 가톨릭교에 해당되지만 프로테스탄트라 일컬어지는 신교도의 경우도 마찬가지이므로 뭉뚱그려 기독교라 번역했다. 이 책의 번역자로서 바람이 있다면, 성직자들이 이 책을 읽으면서 단순히 세 일신교에 대한 공격이라 해석하지 않고, 또한 프랑스에서처럼 저자의 오류를 찾아내는 데 핏발을 세우지 말고, 자신들의 과거와 현재를 되돌아보는 계기로 삼기를 바란다.

충주에서

강주헌

참고문헌

무신론 ▶ ···

1. 가난한 무신론

무신론에 관련된 참고문헌은 무척 빈약한 편이다. 종교를 연구한 출판물에 비교하면 거의 없다고 말해도 지나치지 않다. 하기야 각 종교를 따로 분류한 도서관은 흔하지만, '무신론'에 관련된 책을 따로 정리한 도서관은 세상 어디에도 없다. 설령 무신론을 다룬 책이 있더라도 대부분은 내용이 보잘 것 없다. 저자들은 무신론을 다뤘다고 말하지만 오히려 그들의 돈독한 믿음을 자랑한 듯한 내용이 태반이다. 무신론에 대한 연구는 앙리 아르봉 Henri Avron이 1967년에 '크세쥬Que sais-je?(나는 무엇을 알고 있는가?)' 판에 『무신론Athéisme』을 발표하면서 불을 지폈다. 이 작은 책은 데모크리토스, 에피쿠로스, 루크레티우스, 라 모트 르바예, 가상디, 피에르 벨, 토마스 홉스, 존 로크, 흄 등 신의 존재를 결코 부인하지 않은 학자들에게 절반가량을 할애하고 있다. 물론 헤겔도 무신론자라고 말한다. 막스 슈티르너Max Stirner는 니체의 무신론을 다룬 장에서 '설익은 니체'로 잠깐 언급된다. 니체가 탄생한 해에 그의 유일한 책인 『L' Unique et sa propriété』출간된 덕분이다. 그런데 프로이트를 다루지 않는 큰 실수를 범했다. 그의 『L' avenir d' une illusion』는 종교를 거의 완벽하게 파헤치고 있어, 종교를 파괴한 위대한 책의 하나로 손꼽힐 만한데도 그렇다. 무정부주의를 전공한 역사학자인 앙리 아르봉은 급진적 자유주의를 옹호하는 입장으로 돌변해서, 당시 로널드 레이건이 그 소식을 들었더라면 흐뭇한 미소를 지었을 것이다.

조르주 미누아Georges Minois도 『Histoire de l'athéisme』(Fayard, 1998)에서 똑같은 실수를 범했다. 671쪽이나 되는 방대한 책 가운데 프로이트에게는 겨우 2쪽만 할애했으니 말이다. 또한 에피쿠로스, 라블레, 홉스 등을 사드, 니체, 사트르트 등과 동급으로 다루며 범신론자, 이신론자, 기독교 이단자를 설명하면서 수식어를 남발했으며, 저자가 나름대로 무신론을 정의하려 한 서문은 아예 건너뛰는 편이 나을 지경이다. 게다가 본문도 추천도서의 내용을 나열해놓은 정도에 불과하다. 한마디로 색인카드를 모아놓은 듯한 책이다.

2. 신은 죽었다고?

신을 암살한 상황을 알고 싶다면, 니체의 『Gai savoir』의 제125절인 '광인狂人'을 읽어보라. 또한 그의 『Oeuvres』(Bouquins, Laffont, 1993)에서 「Ecce homo」와 「Antéchrist」도 읽어볼 만하다. 바칼로레아 문제였던 '신은 죽었다. 따라서 모든 것이 허락된다'는 도스토예프스키의 『카라마조프의 형제들』을 토대로 한 것이었다.

무신론의 역사를 만족스러운 수준으로 다룬 책이 없기 때문에 철학적인 방향에서 접근하는 대안을 모색해볼 수 있다. 특히 두 권의 책이 눈에 띈다. 하나는 자크 나탕송Jacques-J. Natanson의 『La mort de Dieu. Essai sur l'athéisme moderne』(PUF, 1975)이다. 이 책에서 저자는 기본 정보와 분석 및 해설을 적절히 혼합시키면서 무신론에 관한 의문들을 명쾌하고 지적으로 써내려가고 있다. 8쪽의 참고문헌도 소중한 자료다. 다른 하나는 도미니크 폴스시에Dominique Folschied의 『L'esprit de l'athéisme et son destin』(La Table ronde, 1991)이다. 이 책에서는 니체와 도스토예프스키가 깊이 있게 분석되었다.

3. 반철학과 그 역에 대하여

내가 과문한 탓인 줄은 모르지만, 반철학이란 개념에 대해 명쾌하게 다뤄진 책은 단 한 권밖에 없다. 디디에 마소Didier Masseau의 『Les ennemis des philosophes. L'antiphilosophie au temps des Lumières』(Albin Michel)이다. 예수회, 얀센파, 변증론자, 전투적인 가톨릭 신자들은 18세기에 루소, 볼테르, 디드로 등 철학자들과 철학에 노골적인 증오심을 드러냈다. 이 책은 계몽시대 철학자들에게 시선을 집중하고 있지만, 기독교가 전통적으로 철학을 경원시하며 논쟁을 벌여왔다는 사실과, 내가 '급진 철학자' 또는 무신론자로 분류하는 라메트리, 돌바크, 엘베시우스 등에 대해서는 간과했다. 그래도 27쪽에 달하는 참고문헌은 소중한 자료다.

프랑수아 가라스Francois Garasse의 『Doctrine curieuse』는 계몽시대에 앞서 17세기에 무신론을 연구한 책이다. 자유주의 사상가로 알려진 루칠리오 바니니Lucilio Vanini가 무신론자였다기보다는 기독교인에 가까운 범신론자였다는 사실을 확인하고 싶다면 아돌프 들라에이Adolphe Delahays의 『Oeuvres philosophiques』(1856)를 참조하고, 균형적 판단을 위해서는 에밀 나메르Emile Namer의 『La vie et l'oeuvre de J. C. Vanini』(Vrin, 1980)도 참조해주기 바란다.

반철학을 반박한 책으로는 파트리크 그라유Patrick Graille와 음라덴 코쥘Mladen Kozul이 편집한 『Discours antireligieux français du dix-hutième siècle. Du curé Meslier au marquis de Sade』(L'Harmattan, Les Presses de l'Université de Laval, 2003)이 있다.

확신할 수는 없지만 최초의 무신론자라 할 수 있는 크리스토바오 페레이라 Cristovao Ferreira도 『La supercherie dévoilée』를 썼다. 프랑스 판에서 자크 프루스트Jacques Proust는 30쪽에 달하는 소개글을 무척이나 힘겹게 썼던지,

마리안느라는 여자와 함께 번역하고도 표지에 자신의 이름만 올리는 거드름을 피웠다. 또, '17세기 일본이 가톨릭을 거부한 이유Une réfutation du catholicisme au Japon au XVIIᵉ siècle'라는 부제까지 첨가해서 학술적인 냄새를 지우려 했지만, 목적을 달성했는지는 의문이다. 참고문헌은 온갖 잡동사니를 끌어모은 듯한 느낌이다.

4. 부르주아의 창자와 가톨릭교도의 창자

멜리에 신부Jean Meslier는 "모든 귀족을 성직자의 창자로 목졸라 죽이고 싶다."는 명문을 남겼다. 이 명문은 세 권으로 이뤄진 멜리에 신부의 『Oeuvres』(Anthopos, 1970)에서 찾아볼 수 있다. 2천 쪽에 달하는 이 책에 도전하기가 겁난다면, 요약본인 『Mémoire』(Exils, 2000)이라도 읽어보기 바란다. 모리스 도망제Maurice Dommanget의 역작인 『Le Curé Meslier. Athée, communiste et révolutionnaire sous Louis XIV』(Julliard, 1965)에서는, 주류 역사에 동참하지 않았다는 이유로 공식 사료에서는 거의 다뤄지지 않는 진정한 철학자인 멜리에 신부의 작품에 대해 그때까지 알려진 모든 것을 담아냈다. 멜리에 신부는 하느님과 기독교를 미워했으며, 이상주의와 금욕주의를 증오했다. 대신 자유와 쾌락주의, 이 땅에서의 삶을 찬양했다. 역시 요약본을 즐기는 독자라면, 마르크 브르델Marc Bredel의 『Jean Meslier l'enragé. Prêtre athée et révutionnaire sous Louis XIV』(Balland, 1983)을 읽어보기 바란다. 도망제의 책제목과 거의 비슷한 제목이 붙여진 것에서 보듯, 도망제의 책을 요약했다고 보면 된다.

역시 도망제가 쓴 비판적 전기인 『Sylvain Maréchal. 'L'homme sans Dieu'. Vie et oeuvre du Manifeste des égaux』도 읽을 만하다. 실뱅 마레샬의 면모는 『Dictionnaire des athées』(Spartacus, 1950)에서도 찾아지는

데, 오늘날의 지식인 세계에서 완전히 잊혀진 한 사상가에 대한 전기가 개략적으로 쓰인 사전이다.

5. 돌바크 남작의 친구들

거룩한 돌바크 남작! 장 피에르 잭슨Jean-Pierre Jackson의 용기와 결단, 그리고 뛰어난 편집 능력 덕분에 우리는 세 권으로 이뤄진 『Oeuvres philoso-phiques』(Editions Alive)를 손에 쥐게 되었다. 1권은 '가면을 벗은 기독교', '신성한 오염', '휴대용 신학'으로 이뤄져 있으며, 2권은 '편견에 대한 시론', '자연계' 그리고 '예수 그리스도에 대한 비판적 이야기'로 이뤄져 있다. 마지막으로 3권은 '성자들의 객관적 평가', '상식', '자연정치', '도덕정치'로 구성된다. 무신론 강의에서나 다뤄질 수 있는 내용이다! 돌바크 남작의 무신론적 열정은 불처럼 뜨거웠다. 그는 루소의 이신론적 접근, 민중의 종교를 옹호하며 반성직자적 사상을 설파했다는 볼테르의 코미디와 하느님에 대해 질문하기를 머뭇거린 디드로 등을 머쓱하게 만들었다. 르네 위베르René Hubert의 『D' Holbach et ses amis』는 희귀본이어서 찾아보기 어렵지만, 피에르 나빌Pierre Naville의 『D' Holbach et la philosophie scientifique au XVIIIᵉ siècle』(Gallimard, 1967)는 어렵지 않게 구해볼 수 있다.

6. 영적인 물치유법

철학 시장에서 포이어바흐가 거의 잊혀진 것은 부끄러운 일이다. 루이 알튀세르가 『철학 선언Manifestes philosophiques』을 번역해서 되살려 놓기는 했지만 말이다. 『Textes choisis(1839~1845)』가 PUF와 10/18(1960) 출판사에서 출간되었고, 그의 아류나 다름없는 장 피에르 오지에Jean-Pierre Osier가

『기독교의 본질L'essence du chrisitianisme』(Masperso, 1982)를 번역한 것이 고작이다. 옛날로 거슬러 올라가면 J. Roy가 『종교의 본질』(1845)과 『죽음과 불멸에 관한 고찰』(1830)을 번역하여, 1864년에 『종교La religion』란 이름으로 출간했으며, 두 책은 1987년에 차례로 『Pensées diverses』와 『Remarques』(Vrin)으로 재출간되었다. 『죽음과 불멸에 관한 고찰』은 1991년에 베르나르에 의해 『Pensées sur la mort et l'immortalité』(Cerf)란 이름으로 재번역되었다.

포이어바흐에 대한 연구도 별로 없는 편이다. '크세쥐'에서 『무신론』을 쓴 고약한 앙리 아르봉이 『루트비히 포이어바흐 혹은 신성함의 변형Ludwig Feuerbach ou la transformation du sacré(PUF, 1957)과 『포이어바흐Feuerbach』(PUF, 1964)를 썼다. 알렉스시 필로넨코Alexis Philonenko는 『Le Jeunesses de Feuerbach(1828~1841): Introduction à ses pensées fondamentales』(Vrin, 1990)에서 철학자의 젊은 시절을 요약했다. 포이어바흐가 정열적으로 일하던 1830년 후반에 대해 좀더 깊이 알고 싶다면 장 살렘Jean Salem의 『Une lecture frivoles des écritures. 'L'Essence du christianisme' de Ludwig Feuerbach』(Encre Marine, 2003)을 참조하기 바란다.

7. 유대교 · 기독교의 에피스테메

미셸 푸코는 1966년 『말과 사물』에서 에피스테메라는 개념을 정리했다. 『Dits et Écrits』 제2권에서, 푸코는 "과학들 간의 관계, 또는 다양한 과학적 담론들 간의 관계를 보여주는 모든 현상이 한 시대의 담론이다."라고 말했다. 에피스테메는 고고학적 관점에서나 면밀하게 검토될 수 있을 듯하다. 따라서 나는 『Féeries anatomiques』(2004)에서 기독교적 몸에 관해 언급하면서, 에피스테메라는 문제에 접근하는 데 서구세계의 몸에 대한 시각을 출발점으로 삼자고 제안했다. 이 문제에 대해서는 니콜라 마르탱 Nicola Martin과 앙투안 스피르Antoine Spire가 함께 쓴 『Dieu aime-t-il les malades? Les religions monothéistes face à la maladie』(Anne Carrière, 2004)를 읽어보기 바란다. 유대교 · 기독교의 이데올로기가 건강과 질병, 심지어 생명윤리에 대한 우리 인식에 얼마나 큰 영향을 미치고 있는지를 확인할 수 있다. 건강 문제에 대한 기독교적 입장은 1995년 교황청 보건 사목 평의회가 발행한 『Charte des personnels de la santé』에서도 확인할 수 있다. 성수聖水에 물든 평신도들을 등에 업은 교황청의 후진적 입장 때 문에 우리의 생명 윤리가 답보 상태를 유지하거나, 심지어 과거로 돌아가 고 있다는 사실에 아연실색할 지경이다.

법과 법에 미친 유대교 · 기독교의 영향에 대한 내 입장은 『L' archipel des comètes』(Grasset)에 실린 「인간의 판단과 손을 끊다」에서 자세하게 밝혔다.

8. 기독교적 무신론

앙드레 콩트 스퐁빌André Comte-Sponville은 『A-t-on encore besoin d' une religion?』(Les Editions de l' Atelier, 2003)에서 이 내 표현에 이의를 제기하 지 않았지만, '충실한 무신론자' 란 표현을 제시하며, '신앙적인 무신론 자' 를 다음과 같이 정의했다. "나는 신을 믿지 않기 때문에 무신론자다. 하지만 어떤 역사와 전통, 더 정확히 말하면 우리 문화라 할 수 있는 유대 교 · 기독교적 가치관에 물들어 있기 때문에 신앙적이다." 라고 설명했다. 한편 뤼크 페리Luc Ferry는 『L' homme-Dieu』(Grasset)에서 무신론적 입장 을 거부하고 불가지론적 입장을 취했다.

미셸 앙리Michel Henry와 조반니 바티모Giovanni Vattimo와 같은 현대 철학자들 의 글에서도 기독교적 성향이 뚜렷이 나타난다. 예컨대 미셸 앙리는

『Incarnation』(Seuil, 2000), 『Parole du Christ』(Seuil, 2004), 『C'est moi la vérité. Pour une philosophie du christianisme』(Seuil, 1996)에서 현상학적 입장에서 기독교에 접근했다. 한편 조반니 바티모는 『Espérer croire』(Seuil, 1998)과 『Après la chrétienté』(Calmann-Lévy, 2004)에서 해석학적 입장에서 기독교에 접근하고 있다. 하이데거의 『존재와 시간』에서는 성경과 성수가 그야말로 화학적으로 뒤섞여 있다.

9. 좀처럼 지워지지 않은 기독교의 영향

그밖에도 결코 무신론자라 할 수 없는 학자들, 엄격하게 말해서 기독교의 덫을 벗어나지 못한 학자들은 무수히 많다. 『Dieu sans l'être』(PUF, 2002)를 쓴 장 뤼크 마리옹Jean-Luc Marion, 『Je vois Satan tomber comme l'eclair』(Grasset, 1999)를 쓴 르네 지라르René Girard가 대표적인 예다. 또한 블라디미르 얀켈레비치Vladimir Jankélévitch의 『Traité des vertus』는 유대교의 전통에 독일 철학을 제외한 러시아, 이탈리아, 에스파냐, 프랑스의 철학들을 뒤죽박죽 뒤섞어 놓았다. 엠마누엘 레비나스Emmanuel Levinas의 『Autrement qu'être ou au-delà de l'essence』(Nijhoff, 1974)도 유대교의 전통에 하이데거 현상학을 접목시킨 책이다. 따라서 전쟁보다 사랑, 비겁함보다는 용기, 원한보다는 용서, 자아보다는 타자가 강조된다. 적어도 글로는 그렇다.

1. 유일한 경전

세 일신교는 유일한 책을 가진 유일한 종교로 자처한다. 하지만 이런 식의 유일한 책은 세상에 넘치고 넘친다. 갈리마르 출판사의 플레이아드 시리즈는 고전 서적을 초록색으로 장정하는 데 반해서 세 일신교의 경전은 쥐색으로 장정한다. 성경, 꾸르안 등을 호메로스, 플라톤, 아우구스티누스 등의 책과 다른 색으로 장정한 이유가 무엇일까?

나는 에밀 오스티와 조제프 트랭케가 번역해서 세이유 출판사에서 발행한 『Bible』을 참조했다. 세 권으로 구성된 플레이아드 판 『성경』과 비교할 때, 중간에 소제목들을 넣어줘 읽고 참조하기에 편하기 때문이다. 하지만 주석과 내용 비교 면에서는 눈에 띄는 장점이 없다. 한편 꾸르안은 마송이 번역한 플레이아드 판을 사용했다. 주석은 그저 그렇다.

성경의 역사성에 대해서는 이스라엘 핀켈슈타인Israël Finkelstein과 닐 애셔 실버만Neil Asher Silberman의 『La Bible dévoilée』(Gallimard)를 참조해주기 바란다. 성경이 현재와 같은 모습을 갖출 때까지의 역사적 정보들로 가득한 책이다. 그밖에 프랑스 성경협회에서 번역한 『Le Pentateuque』(Cerf)가 있고, 이스라엘 살제르가 번역한 『Talmud, Traité Pessahim』(Gallimard)가 있다. 그러나 이런 책들을 무신론적 안목에서 비판적으로 분석한 책은 거의 없다고 말해도 지나치지 않다.

『Catéchisme de l' Eglise catholique』(Mame et Plon)을 읽느라고 시간을 허비할 필요는 없다. 2천 년 전부터 반복되던 신화 같은 이야기가 쓰여져 있을 뿐이다. 그래도 천사학을 더 깊게 알고 싶다면, 그 세계를 전체적으로 개괄한 위僞디오니시우스의 『Oeuvres complètes』(Aubier), 또는 필립 포르Philippe Faure의 『Les anges』(Cerf)와 수비 엘살레Soubhi el-Saleh의 『La vie future selon le Coran』(Vrin)을 읽어보라.

2. 경전을 다룬 책들

서점과 도서관마다 종교 관련 서적으로 넘쳐흐른다. 반면에 무신론을 다룬 책은 손가락으로 꼽을 지경이다! 게다가 요즘에는 뉴에이지, 자기계발, 점성술, 불교, 타로 카드 등 불합리하기 이를 데 없는 소리를 다룬 책들도 넘쳐흐른다. 아도르노가 별점을 다룬 『Des étoiles à la terre』을 훑어보라. 그 복잡한 분석에서 종교적 믿음이 어떤 것인지를 이해할 수 있을 테니까.

경전을 기초로 한 사전도 대단히 많다. 자크 포탱Jacques Potin과 발랑틴 쥐베르Valentine Zubert가 편집한 『Dictionnaire des monothéismes』(Bayard)은 3부로 나뉘어 유대교, 기독교, 이슬람교에 관련된 용어를 알파벳순으로 정리하고, 각 용어를 다른 두 종교와 비교하며, 책의 끝에는 '찾아보기'까지 두었다. 따라서 한 개념을 짧은 시간에 전체적으로 정리하는 장점을 갖는다. 대학 백과사전 편찬위원회의 『Dictionnaire de l' Islam. Religion et civilisation』(Albin Michel)도 눈물겨운 노력의 결실이다. 한편 『Dictionnaire des symboles musulmans』(Albin Michel)은 말렉 세벨Malek Chebel의 대표작이라 할 수 있다. 상징물마다 꾸르안에서 관련된 꾸르안의 장을 언급하고, 참고문헌까지 충실히 수록했다.

탈무드는 완독하기란 여간 짜증나는 일이 아니다. 끈기가 없다면 탈무드에 직접 도전할 생각을 버리고 아딘 슈타인살츠Adin Steinsaltz의 『Introduction au Talmud』(Albin Michel)이나, 코헨이 쓴 『Le Talmud』를 읽는 편이 낫다. 슈타인살츠의 책이 탈무드를 역사적으로 정리했다면, 코헨의 책은 주제별로 정리했다. 그러나 탈무드에 담긴 핵심 이념을 파악하는 동시에 탈무드의 논리와 변증법적 구조를 이해하려면 원전을 읽어보라고 권하고 싶다.

이슬람교를 제대로 알고 싶다면, 말렉 셰벨의 『Dictionnaire amoureux de l' Islam』(Plon)보다 로흐디 알릴리Rohdy Alili의 『Qu' est-ce que l' Islam?』을 읽어라. 셰벨의 책은 단편적이면서 편파적이다. 그는 이슬람교가 음주를 용납할 정도로 사랑과 평화의 종교라 선전한다! 예컨대 "술을 절대로 금하라고 말한 것이 아니다. 충실한 신자가 되려면 술을 멀리하라고 말했을 뿐"이란다. 그런데 무함마드와 이슬람교의 결정체라 할 수 있는 전쟁, 약탈, 전투, 정복, 반유대주의 등과 같은 항목을 빼버려서 '술'에서나마 이슬람교의 모순을 찾아볼 수 있다. 그런데 뜬금없이 '십자군'이란 항목은 왜 넣었을까? 유대인이란 항목도 찾아볼 수 없다. 그런데 '섹스'는 있다. 게다가 "이슬람교는 섹스를 해방시키고, 극단적인 사교의 장으로 발전시켰다!"라고 미화시켰다. 샤리아로 신음하는 여자들에게 셰벨의 주장을 어떻게 생각하느냐고 묻고 싶은 심정이다. 어쨌든 셰벨은 '여자'를 다룬 항목에서, 여자들이 학대받는 이유가 후진적인 정부와 무능력한 정책 때문이지 꾸르안의 율법 때문은 아니라고 주장한다.

3. 일신교의 위선자들을 처단하는 책들

라울 바네겜Raoul Vaneigem의 『De l' inhumanité de la religion』을 적극 추천한다. 또 『L' Art de ne croire en rien, suivi de : Livre des trois impos- teurs』(Payot-Rivages)에 쓴 그의 서문도 읽을 만하다. 그는 모세와 예수와 무함마드를 인류 역사상 최고의 사기꾼으로 꼽았다. 장 솔레르가 공들여 쓴 『Aux origines du Dieu unique. L' invention du monothéisme』 (Fallois, 2002)도 무척 중요한 책이다. "유대인은 말의 피조물이다."라는 놀라운 결론을 맺으면서, 솔레르는 헤브라이인들이 한 권의 책을 근거로 그

들의 존재론적 가치를 확보하기 위해서 다신교에서 일신교로 전환해가는 과정을 설명하고 있다. 그러나 그들이 내세우는 사랑의 메시지는 자신들 만의 사랑이었다는 점을 증명한다. 이런 생각은 『La loi de Moïse』(Fallois, 2003)에서 더욱 정교하게 다듬어졌다. '살인하지 말라!' 는 토라의 가르침 에 이런 비밀이 숨어 있었다는 깨달음을 준 솔레르에게 감사할 따름이다.

4. 포경수술, 장식, 도서관

말렉 셰벨은 『Histoire de la circoncision des origines à nos jours』(Balland) 의 서문에서 "이 책에 쓰인 내용이 정확한 것이기를 바라며, 포경을 권장 하려 쓴 것은 아니다."라고 말하며, 객관적 입장을 유지하겠노라고 하면서 도 "'빛을 주는 외과의사', 즉 포경수술 시술자에게 이 책을 헌정한다."고 말했다. 이런 것을 중립이라 생각했던지, 셰벨은 정신분석학자답게 포경의 심리적 효과를 언급한 후에, "아주 민감한 곳의 피부를 잘라내는 행위를 정말로 '상처를 주는 행위' 라 생각해야 할까?"라고 결론을 맺었다. 그는 아마도 지그문트 프로이트를 다시 읽어야 할 것 같다.

할례에 대해서는 영미권으로 넘어가, 실리적인 입장에서 접근한 마가렛 솜 머빌Margaret Sommerville의 『Le canari éthique. Science société et esprit humain』(Liber)을 읽는 편이 훨씬 낫다. 특히 8장, 「어린아이 몸의 간섭, 할례의 윤리적 의미」가 읽을 만하다. 이 부분이 할례에 대한 내 생각을 완 전히 바꿔놓았고, 할례에 대한 확신을 갖게 해주었다. 모이즈 마이모니드 의 『Le guide des égarés. Traité de théologie et de philosophie』 (Maisonneuve et Larose)도 추천할 만한 책이다.

장식裝飾의 문제에서도 말렉 셰벨은 한 자리를 차지한다. 『Traité de raffinement』(Payot)라는 멋진 제목의 책에서, 그는 이슬람 이전의 아랍 문

명부터 언급하면서도 장식을 이슬람의 예술이라 극찬한다. 꾸르안의 가르
침을 잊은 듯이 바그다드, 코르도바, 마그레브, 이집트 등을 넘나들면서
향수, 보석, 장신구, 술, 사치, 미식, 동성애 등을 언급하지만 이런 것들 때
문에 이슬람교가 쾌락주의로 흐르지는 않았다고 결론짓는다. 그런데 스탈
린 시대의 크레믈린만을 두고 마르크스·레닌주의를 단죄했던 것은 잊었
던 것일까?

꾸르안도 아니고 종교 관련서도 아닌 책들에 무슬림이 어떤 관용을 베풀며
즐거움을 누렸는지를 보려면 뤼시엥 폴라스트롱Lucien X. Polastron의 『Livres
en feu』(Denoël)를 읽으면 된다. 그는 이 책에서 기독교를 표방한 전체주
의 국가 초기인 4세기부터 금서 목록을 작성할 때까지 분서焚書의 즐거움
을 만끽한 기독교인들의 만행을 다루었다. 오늘날까지 수없이 분서의 고
난을 당한 유대인들은 소중한 책들을 거의 잃었다. 안느 마리 델캉브르
Anne-Marie Delcambre는 『L' islam des interdits』(Desclée de Brouwer, 2003)에
서 이슬람 세계의 분서를 일목요연하게 다루었고, 『Mahomet』(Desclée de
Brouwer, 2003)는 예언자의 전기로는 가장 뛰어난 책이다.

바티칸과 지식, 요컨대 책의 관계에 대해서는 조르주 미누아Georges Minois의
『L' Egilse et la science. Histoire d' un malentendu』(Fayard)가 눈에 띈다.
하지만 한 권으로 충분할 것을 시시콜콜한 문제까지 다루면서 2권으로 늘
려놓았지만 이론화하려는 노력은 전혀 엿보이지 않는다. 장 스테망Jean
Steiman의 『Richard Simon. Les origines de l' exégèse biblique』(Éditions d'
Aujourd' hui)은 필독서라 할 수 있다. 리샤르 시몽(1638~1712)은 지성적으
로 성서를 해석하면서 보쉬에, 오라토리오 수도회, 왕실, 베네딕투스 수도
회, 예수회, 소르본 대학교수들, 신교도들의 분노를 샀다. 이런 이유로도
시몽은 영웅이다! 장 로시Jean Rocchi의 『L' irréductible. Giordano Bruno

face à l'Inquisition』도 읽을 만하다. 특히 전투적인 유물론자이고 편집의 귀재인 마르크 실베른슈타인Marc Silbernstein의 추천사는 힘이 넘친다.

기독교 ▶ ⋯⋯⋯⋯⋯⋯⋯⋯⋯⋯⋯⋯⋯⋯⋯⋯⋯⋯⋯⋯⋯

1. 심령체의 살

예수를 주인공으로 한 이야기는 헤아릴 수 없이 많다. 반면에 역사적으로 예수의 존재 자체를 부정하며 가공의 인물이라 주장하는 이야기는 거의 없다. 그 중에서 가장 많이 알려진 책이 프로세페르 알파리크Prosper Alfaric의 『A l'école de la raison. Etudes sur les origines chrétiennes』(Publications de l'Union rationaliste)다. 이 책은 97쪽부터 200쪽까지가 백미로, 알파리크는 "예수의 문제, 예수는 실제로 존재했는가?"라는 질문에 단호히 "아니!"라고 대답한다. 라울 베네젬도 『La résistance au christianisme. Les hérésies des origines au XVIIIᵉ siècle』(Fayard)에서 알파리크의 주장에 동조하며, 로마 가톨릭 교회가 주장하는 예수의 역사적 허구성을 고발했다.

예수를 역사적으로 존재한 인물이라 믿으면서도, 성경의 내용 가운데 도저히 사실로 받아들이기 힘든 부분들을 지적하는 사람들도 적지 않다. 그들은 확실한 결론을 내리지도, 예수의 존재 자체를 과감하게 부정하지도 못한다. 신중해서일까? 우상파괴적 행위를 감당할 자신이 없어서일까? 과거에 신학을 공부하고 연구하던 사람들이 그랬듯이, 그들의 지적 수준이 예수의 존재를 판단하기에는 부족해서일까? 하여간 그들의 결론과 극단적 합리주의자들의 결론은 백지 한 장 차이밖에 없다.

신약성서의 터무니없는 기적이나 티툴루스, 본디오 빌라도의 말 등은 샤를 기뉴베르Charles Guignebert의 『Jésus』(La Renaissance, 1933)와 『Le Christ』(La

Renaissance, 1943)에서 빌려온 것이다. 제라르 모르디야Gerard Mordillat와 제롬 프리외르Jérôme Prieur는 이런 주제에 관한 글들을 모아서 『Corpus Christi. Enquête sur l'écriture des Evangiles』(Éditions Mille et Une Nuit, 1997)를 펴냈다. '수난', '재판', '유대인의 왕', '성령강림', '부활', '그리스도'라는 주제로 나뉘어 구성된 이 책은 12권의 필름으로 제작되기도 했다. 제롬 프리외르의 『Jésus illustre et inconnu』(Desclée de Brouwer, 2001)과 제라르 모르디야의 『Jésus contre Jésus』(Seuil)도 추천할 만하다.

2. 하느님의 낙태

낙태에 대해 처음은 언급한 사람은 사도 바울이었다. 바울은 고린도 사람들에게 보낸 첫 번째 편지에서 낙태를 금지하라고 말했다. 바울이 남긴 글이나 바울에 대한 글에 대해서는 『La Bible』(Seuil, 1973)을 참조하라. 참고문헌도 넉넉하고 지나친 편향성을 보이지도 않는다. 한편 파야르 출판사의 성경은 딱딱하다. 프랑수아즈 발레즈Françoise Baslez는 『Saint Paul』(1991)에서 바울이 다마스쿠스로 가는 길에 회심하는 장면을 설명하면서 "그렇다고 완전히 실명되었다는 증거는 어디에도 없었다."라고 말하는 데 비해, 사도행전에서는 "그가 땅에서 일어나 눈을 떴으나 아무것도 보이지 못했다."라면서 사흘 동안이나 그랬다고 말하고 있으니, 바울의 글을 어떻게 믿을 수 있겠는가!

알랭 드코Alain Decaux는 생생한 문체로 『L'avorton de Dieu. Une vie de saint Paul』(Desclée de Brouwer, 2003)을 썼다. 역사학자인 드코는 기독교를 향한 공감대를 솔직히 드러내 보이면서도 불편부당한 자세로 글을 쓰는 학자의 면모를 보여주었다. 특히 그런 자세는 바울이 앓았을 것이라 추정되는 질병을 다룬 부분에서 더욱 두드러진다. 자의적인 해석을 피하고 있다는 점에서 유익한 책이지만, 비판적인 안목이나 개인적인 해석이 없다는 점이 아쉽다. 하지만 입문서로는 적절하다.

철학자, 수학자, 심리학자, 소설가, 극작가, 극좌의 투사 등 다재다능한 알랭 바디우Alain Badiou는 『Saint Paul. La fondation de l' universalisme』(PUF, 1997)에서 기독교의 실질적인 창립자, 기독교 제국의 창조자를 추적했다. 그가 바울에게만 초점을 맞추고, 기독교 제국을 건설하는 데 콘스탄티누스의 역할을 배제한 점이 아쉽다. 히스테리 환자인 바울이 심령체에 살을 주었다면, 독재자 콘스탄티누스는 제국 전역에 예수를 퍼뜨린 주역이었기 때문이다.

3. 시대의 초상

신비주의, 기적, 마법적 현상, 점성술 등이 동로마제국을 지배했으면서도 다른 한편에서는 기독교가 성행해서, 두 상반된 세계의 믿음이 충돌하는 불합리한 상황을 이해하려면 『Païens et chrétiens dans un âge d' angoisee』(1979)에서 '야만적 생각'을 읽어보기 바란다. H.I. 마루가 쓴 『Décadence romaine ou Antiquité tardive?』(Seuil, 1977)에서도 고대 세계의 믿음이 초기 기독교 시대까지 연장되었다는 역사적 사실을 증명하고 있다. 이 책에서는 '동로마 제국의 전체주의' 라는 표현이 특히 눈에 띈다. 마루는 기독교인답게 아우구스티누스와 클레만테 알레산드리노, 교황청의 역사를 주로 다루었다. 한편 기독교인이 박해한 다른 종교들의 역할과 내용에 대해서는 램지 맥멀런Ramsey Macmullen의 『Le paganisme dans l' Empire romain』(PUF, 1987)과 페스튀지에르A.J. Festugière의 『Hermétisme et mystique paienne』(Aubier-Montaigne, 1967)을 참조하기 바란다. 영국의 미술레라 할 수 있는 에드워드 기번Edward Gibbon은 『Histoire du déclin et

de la chute de l' Empire romain』(Laffont, 1983)에서 고대 세계의 이야기
를 흥미진진하게 전해준다.

기독교인들이 박해자가 되기 이전 시기에 이교도들에 의해 순교하고 박해당
한 희생자의 수가 지나치게 과장되었다는 주장은 클로드 르펠레Claude
Lepelley의 『L' Empire romaine et le christianisme』(Flammarion, 1969)에서
확인할 수 있다. 가톨릭의 사료는 프로파간다를 목적으로 희생자의 수를
터무니없이 부풀렸다.

4. 개종한 황제

기 고티에Guy Gauthier는 『Constantin. Le triomphe de la croix』(France-
Empire, 1999)에서 폭군 콘스탄티누스의 진면목을 폭로했다. 그는 이 책에
서 콘스탄티누스의 출현 과정을 과학적으로 설명했다. 그것도 아주 설득
력 있게! 미화하거나 증오하지 않고, 역사적 사실을 객관적으로 설명했
다. 이상하게도, 프랑스에서는 역사상 처음으로 기독교로 개종한 황제에
대해 쓰여진 책이 연이어 출간되지 않았다. 앙드레 피파뇰André Pipagniol이
1932년에 쓴 『L' empereur Constantin』(Rieder)가 그에 대해 가장 많은 정
보를 담은 책으로 군림하고 있는 실정이다. 그밖에는 '크레쥬' 가운데 한
권으로 베르트랑 랑송Bertrand Lançon이 『Constantin』(PUF, 1998)을 썼고, 피
에르 마라발Pierre Maraval이 하느님의 은총으로 콘스탄티누스가 이뤄낸 일
을 잠깐 소개한 『L' empereur Justinien』(1999)이 있다.

5. 기독교의 문화파괴

나는 기독교가 이교도들을 탄압한 증거들을 오랫동안 찾았다. 하지만 적잖
은 책들이 그 같은 역사적 사실에 대해 침묵하거나 부인하고 있다. 새로운

권력자로 부상한 기독교인들이 관대하고 자애로우며 상냥하고, 심지어 책을 사랑하여 도서관을 앞 다퉈 세운 사람들이라며 미화한다. 나는 이런 책들을 일일이 열거하고 싶지 않다. 그런 책들은 헤아릴 수 없이 많으니까. 대신, 기독교인들이 자신들과 다른 생각을 지닌 사람들을 탄압했으며, 책을 불살랐고, 신전과 석상과 성스런 나무들을 우상이라면서 파괴했다는 역사적 증거를 찾아나섰다. 오래된 순서부터 말하자면, 로마 제국의 기독교회에 저항했지만 꿈을 이루지 못하고 이교도의 영웅이 되는 것으로 만족할 수밖에 없었던 율리아누스의 『Contre les galiléens: une imprécation contre le christianisme』(Ousia, 1995)가 있다. 역시 이교도의 깃발을 높이 치켜세운 켈수스는 『Contre les chrétiens』(Phébus, 1999)를 썼다. 이 책은 사라졌지만, 오리게네스가 켈수스를 반박하며 책의 많은 부분을 인용한 덕분에 책이 가진 핵심적 내용은 다행히도 전해지고 있다. 루이 루지에 Louis Rougier의 『Celse contre les chrétiens』(Le Labyrinthe, 1997)에서는 기독교인들이 자행한 문화파괴가 언급된다. 포르피리오스의 『Contre les chrétiens』는 완전히 잿더미로 변해서 어떤 책이었는지조차 짐작할 수 없다. 끝으로 리바니오스의 『Contre la destrcution des temples païens adressée à l'empereur Théodore Iᵉʳ』가 있다.

기독교인들이 저지른 만행에 대해 자세히 기록하고 있는 마테르누스 피르미쿠스의 『L'erreur des religions païennes』(Belles Lettres, 1982)와 로베르 졸리의 『Origines et évolution de l'intolérance catholique』에 실린 크리소스토무스의 『Homélie sur les statues』도 읽어보기를 권한다. 이상하게도 역사학자들은 이 같은 자료들을 사용해서 기독교가 무력과 피, 칼과 폭력으로 건설된 과정을 보여주는 데 소홀한 듯하다.

『Code théodosien』도 요즘에는 먼지에 묻혀 있는 책이다. 특히 9권과 16권은 기독교도가 자행한 이교도들의 탄압을 합리화시키고 있다. 사형, 물리적 폭력, 재산 몰수, 감시를 정당화하고 있을 뿐 아니라, 이교도들은 법의 보호를 받거나 법적인 권리를 보장받지 못했다. 테오도시우스의 법전은 훗날 미국에서 시행된 흑인 단속법과 비시 정권이 제정한 반유대적 법의 모태가 되었다. 먼 옛날의 이교도들, 그리고 가까운 과거의 흑인과 유대인도 국민의 일부였음에도 어떤 권리도 보장하지 않았던 법이, 어찌 제대로 된 법이라 하겠는가!

기독교인의 약탈에 대해서는 피에르 쇼뱅Pierre Chavin의 『Chronique des derniers païens. La disparition du paganisme dans l' Empire romain, du règne de Constantin à celui de Justinien』(Belles Lettres-Fayard, 1991), 피에르 드 라브리올Pierre de Labriolle의 『La réaction païenne. Etude sur la polémique antichrétienne du Ier au VIe siècle』(Durand, 1934), 로빈 레인 폭스의 『Païens et chrétiens: la religion et la vie religieuse dans l' Empire romaine, de la mort de Commode au concile de Nicée』(PU du Mirail, 1997) 등을 참조하기 바란다.

6. 교부들의 준동

기독교의 등장과 더불어 철학은 신학의 종이 되었다. 신학은 주석의 학문, 또 주석에 주석을 붙이는 학문이었다. 그때부터 철학자들도 성경을 해석하고, 자질구레한 것을 시시콜콜하게 따지면서 추상적인 세계를 창조하고 몸을 상실한 개념들을 만들어내기 시작했다. 교부학의 원조들은 금욕을 도덕적 이상으로 승화시키며 몸과 욕망을 증오하고, 열정과 충동을 폄하하며, 독신과 금욕과 순결을 강조했다.

클로드 몽데제르Claude Mondésert의 『Pour lire les Pères de l' Eglise dans les

Sources chrétiennes』(Foi vivante, 1979), 장 이브 를루Jean-Yves Leloup의
『Introduction aux 'vrais philosophes'. Les Pères grecs: un continent
oublié de la pensée occidentale』(Albin Michel, 1998)에서 교부들의 이름
과 주장을 조금이나마 엿볼 수 있다. 교부들은 '진정한 철학자'를 자처하
지만, 그들의 이름이 무엇이고 어떤 책을 썼는지에 대해서나, 그들이 우리
의 일상적 삶에 미친 영향에 대해서는 거의 알려져 있지 않다. 하지만 우
리는 그들이 조작해낸 기독교적 논리에 길들여져 살아가고 있다.

신권정치 ▶

1. 전체주의와 파시즘, 그리고 그밖의 야만적 이데올로기

한나 아렌트Hannah Arendt의 『Les origines du totalitarisme』(Quarto)는 필독서
라 할 수 있다. 밀리오 젠딜레Emilio Gentile의 『Qu'est-ce que le fascisme?』
(Folio)도 반드시 읽어야 할 책에 속한다.

장 그르니에Jean Grenier의 『Essai sur l'esprit d'orthodoxie』(Idées Gallimard)
는 상대적으로 설득력은 떨어지지만 선구자적 역할을 했다는 점에서 충분
한 가치를 갖는다. 1938년부터 전체주의 등과 같은 문제를 연구한 저자
는, 소위 '신철학자nouveaux philosophes'들이 40년 뒤에야 깨달은 바를 이
책에서 역설하고 있다. 카를 포퍼Karl Popper의 『La société ouverte et ses
ennemis』(Seuil)도 필독서 중 하나다. 『L'ascendant de Platon』(1권)과
『Hegel et Marx』(2권)로 이뤄진 이 책은 1962년부터 1966년 사이에 쓰여
진 것이다.

2. '특별한' 테러들

이브 샤를 자르카Yves-Charles Zarka와 생시아 플뢰리Cynthia Fleury가 함께 쓴
『Diffcile tolérance』(PUF, 2004)가 가장 눈에 띈다. 생시아 플뢰리의 설득
력 있는 분석에 따르면 "이슬람교에는 관용이라는 이름을 붙일 만한 것이
없다." 딤미튜드에 대한 그녀의 분석도 설득력이 있다. 하지만 자르카가
제시하는 '관용의 구조'는 상대적으로 설득력이 떨어진다. 크리스티앙 들
라캉파뉴Christian Delacampagne는 『Islam et Occident. Les raisons d'un
conflit』(PUF)에서 미국이 이라크에서 군사적으로나 정치적으로 성공하게
된 과정을 분석했다. 프랑스 지식인들의 현란한 수사법과 뻔한 결론을 보
여주는 전형적인 책이다. 들라캉파뉴는 『Une histoire du racisme』(Livre
de Poche)와 『Une histoire de l'esclavage』(Livre de Poche)에서 노예제도
와 구약성서, 그리고 기독교에서 대해 간략하게 분석하고 있다. 노예제도
를 더 깊이 알고 싶다면 피터 간지Peter Garnsey의 『Conceptions de l'
esclavage. D'Aristote à saint Augustin』(Belles Lettres, 2004)를 권하고 싶
다. 식민주의에 대해서는 교황청, 프랑스와 서구의 군주제를 머쓱하게 만
들어버린 루이 살라 몰랭Louis Sala-Molins의 『Le Code noire ou le calvaire
de Canaan』(PUF)가 필독서다.

전략전문가인 장 폴 샤르네Jean-Paul Charnay의 『La Charîa et l'Occident』(L'
Herne)는 아담하지만 알찬 내용으로 가득하다. 샤르네는 『L'islam et la
guerre. De la guerre juste à la révolution sainte』(Fayard, 1986)과
『Classiques de la stratégie: Principes de stratégie arabe』(L'Herne, 1984)
에서 향후 몇 세기 내에 이슬람이 바람직한 방향으로 변할 것이라 예측하
고 있다.

한편 말렉 셰벨은 『Manifeste pour un islam des Lumières. Vingt-sept

propositions pour réformer l'islam』(Hachette)에서 샤르네처럼 느긋하게 10세기를 기다릴 수 없다며 이슬람의 변화를 재촉하기 위한 27가지 제안을 제시했다. 그런데 페미니스트 무슬림은 어떨까? 무슬림이 민주주의를 주장한다면, 평신도이기를 고집한다면, 개인주의를 내세운다면, 평등주의와 관용을 요구한다면, 오락을 즐긴다면 어떻게 될까? 따라서 셰벨의 주장은 한 문장으로 요약될 수 있다. 즉 "이슬람교가 지금의 이슬람교가 아니라면 그들의 주장을 훨씬 편안한 마음으로 옹호할 수 있었을 것이다!" 따라서 서구의 가치를 옹호하기 위해서 서구의 가치를 비판해온 책에 구태여 반박을 가할 필요도 없다. 말렉 셰벨의 논리에 따르면, 꾸르안과 하디스를 버리기만 해도 계몽시대를 재현해낼 수 있다.

3. 기독교의 위선

조르주 미누아의 『L'Eglise et la guerre. De la Bible à l'ère atomique』(Fayard)는 때로는 지나치게 사소한 문제까지 거론하고 있어 장황하게 느껴진다. 또한 역사적 사실을 나열하는 것에 집착해서 분석이 부족하며, 간혹 편견에 찬 모습도 엿보인다. 예컨대 히로시마에 원자폭탄을 떨어뜨린 '에놀라게이'의 승무원들에게 조지 자벨스카 신부가 축도해준 사실은 언급조차 않았다. 나는 이 이야기를 테오도르 모노의 『Le chercheur d'absolu』(Actes Sud)에서 확인할 수 있었다. 이 책을 통해 나는 요한 23세에 이르러서야 교황이 세디아(교황이 타고 다녔던 가마)를 포기했다는 사실도 알았다.

식민주의에 대해서는 라자르 수도회의 신부인 미셸 프라이어Michael Prior의 『Bible et colonialisme. Critique d'une instrumentalisation du texte sacré』(L'Harmattan, 2003)을 읽어보기 바란다. 무슬림이 행한 식민주의,

노예제도, 흑인의 상품화를 연구한 책은 거의 없지만 자크 에르Jacque Heers
의 『Les négriers en terre d' islam. La première traite des Noirs VIIe-VIe
siècle』(Perrin, 2003)이 그나마 눈에 띈다. 저자는 자기비판적 관점에서 역
사를 조망하며 이런 함구를 설명하고 있지만 관련된 역사를 다른 관점에
서 다시 쓸 수도 있을 것이다.

르완다 사건에 대해서는 장 다마쌘 비지마나Jean Damascène Bizimana의 『L'
Eglise et le génocide au Rwanda. Les Pères blancs et le négationnisme』
(L'Harmattan, 2001)을 읽어보기 바란다. 하지만 아쉽게도 이 출판사의 편
집진은 양심적으로 일하지 않은 듯하다. 적잖은 오류가 눈에 띄어 저자의
공정한 접근을 훼손하고 있다. 장 하츠펠트Jean Hatzfeld의 『Une saison de
machettes』(Seuil, 2003)은 흠잡을 데가 없다. 프리모 르비나 로베르 앙텔
므에 버금가는 걸작이라 할 수 있다. 특히 '그럼 모든 것에 신이 있다는 말
인가?' 는 책의 백미이다. 같은 저자의 『Dans le nu de la vie. Récits des
marais rwandais』(Seuil, 2000)도 읽어보기 바란다.

종교재판에 관련된 책은 많은 편이다. 특히 조제프 페레즈Joseph Pérez의
『Brève histoire de l' Inquistion en Espagne』(Fayard, 2000)을 추천하고 싶
다. 십자군을 연구한 책도 많은 편이다. 4권으로 이뤄진 알베르 뒤프롱
Albert Dupront의 『Le mythe de croisade』(Gallimard)를 읽어보기 바란다. 기
독교인과 무슬림의 관계에 대해서는 존 톨란John Tolan의 『Les Sarrasins』
(Aubier, 2003)을 참조하기 바란다.

4. 스바스티카[卍]와 그리스도의 수난상

바티칸과 독일 국가사회주의 간의 관계는 사울 프리란더Saul Frielander의 『Pie
XII et le IIIe Reich』(Seuil, 1964)가 발간된 이후로 널리 알려지기 시작했다.

다니엘 요나 골드하겐Daniel Jonah Goldhagen의 『Le devoir de morale. Le rôle de l' Eglise catholique dans l' holocauste et son devoir non rempli de repentance』(Seuil, 2003)도 바티칸과 제3제국 간의 결탁을 폭로했다. 교황청은 이런 명백한 사실과 분석에 제대로 응답하지 못하고 있다.

히틀러가 예수와 그리스도, 기독교와 교황청을 옹호했다는 사실은 거의 알려져 있지 않은 편이다. 『나의 투쟁』을 읽어보면 히틀러가 예루살렘 신전에서 장사꾼을 몰아낸 예수, 유럽을 넘어 전 세계의 문명을 건설한 교황청 등을 무척 부러워했다는 것을 확인할 수 있다. 책은 분명히 존재하지만 누가 그 책을 읽었는가? 모두가 그 책을 펼쳐보지도 않은 채 입으로만 떠들어대고 있을 뿐이다.

히틀러의 생각은 알베르트 슈페어와 가진 밀담에서 분명히 확인할 수 있다. 슈페어는 자신의 회고록을 통해서, 히틀러가 기독교와 교황청에 가진 애착을 전하면서, 교황청의 수뇌부에서 적절한 대화 상대를 갖지 못한 것을 아쉬워했다. 그런 상대가 있었더라면 '복음의 교회를 공식 교회로 만들어갈 수 있었을 것' 이라면서! 『Au coeur du Troisième Reich』(Fayard)의 130쪽부터 131쪽까지 참조하라.

5. 시오니즘의 겉과 속

테오도르 헤르츨의 시오니즘 프로젝트는 오늘날의 독자에게도 흥미로운 사건이 아닐 수 없다. 『L' Etat des juifs』(La Découverte, 2003)에서 볼 수 있듯이, 그들은 팔레스타인을 고집하지는 않았다. 헤르츨은 아르헨티나라도 상관없다고 주장하며, 세계의 열강들이 제시하는 땅을 받아들일 생각이었다. 하루 일곱 시간의 노동시간, 조직, 헌법, 헤브라이어만을 고집하지 않은 다양한 언어의 사용, 입법, 흰 바탕에 일곱 개의 별로 이뤄진 국기, 직업 군인, 신권정치의 부인 등 그가 구상한 사회는 완벽했다. 그가 구상한 사회에서 성직자는 정치에 간섭할 수 없었다. 그것은 신앙의 자유를 허락하는 너그러운 사회였다. 남의 땅을 야만적으로 침략해서 국토를 얻고자 하지 않았으며, 경매에 붙여서라도 돈으로 국토를 사려고 했다. 이상적인 목표를 추구한 그의 『일기』가 침묵에 묻혀버린 이유는 무엇일까? 특히 1895년 6월 12일의 일기에는 "우리는 평화적인 방법으로 민간인들의 땅을 구해야 한다. 그리고 가난한 사람들을 그 이웃 나라들에 조심스레 보내서, 우리 땅에서 일자리를 제공할 수 없다면 그곳에서라도 일자리를 제공해야 한다. 그럼 그곳 사람들이 우리 편이 되지 않겠는가."라고 쓰여져 있다.

6. 철학과 아야톨라

호메이니의 『Le Testament politico-spirituel』(Albouraq)는 이슬람 정부와 이슬람의 신권정치를 이해하기 위한 입문서인 동시에 필독서이기도 하다. 미셸 푸코는 이탈리아의 일간지 『Corriere della sera』에 연속으로 글을 기고하며 이란 혁명을 나름대로 해석했다. 그 기사들은 세 권으로 이뤄진 『Dits et écrits』(1976~1979)에 재수록되었다. 푸코는 이란 혁명을 계기로 세계화에 대한 저항이 시작될 것이라며 영민한 통찰력을 발휘했지만, 아야톨라를 이란 국민의 희망이라 해석하고 이란 혁명을 정치에 영성을 되돌려줄 계기로 해석하는 잘못을 저질렀다.

그의 글에서 증거를 찾아보자. 푸코는 극단적인 양면성을 보였다. 이란 혁명이 일어난 해, 콜레주 드 프랑스에서 신권과 정권의 아름다운 동행을 예측한 푸코는 텍스트의 분석에서는 타의추종을 허락하지 않았지만 역사적 사실을 분석하는 데는 오류를 범했다. 여하튼 그가 남긴 유명한 글 「Les 'reportages' d'idées」, 특히 707쪽을 다른 눈으로 다시 읽어보라.

7. 탈기독교를 꿈꾸는 평신도들

역사적으로 탈기독교를 위한 평신도들의 노력을 알고 싶다면 자클린 랄루에트Jacqueline Lalouette의 『La libre-pensée en France, 1848~1940』(Albin Michel)을 읽어보라. 역사학자 랄루에트는 객관적 사실들을 집대성해서 이 책을 써냈다. 이 책을 계기로 우리는 21세기를 어떤 자세로 맞아야 하는가를 생각해야 한다. 종교와 정치를 분리하는 문제는 이제 국가 단위의 투쟁이 아니다. 그것은 전 지구적으로 전개되어야 할 투쟁이다.

따라서 평신도들은 포스트모던적으로, 즉 탈기독교적으로 생각하는 자세가 필요하다. 이 문제에 대해서는 앙리 페나 루이즈Henri Pena-Ruiz의 『Qu'est-ce que la laïcité?』(Folio)를 참조하기 바란다. 현 프랑스 정부의 중립정책과 관용정책을 열렬히 지지하는 저자는 정치와 종교의 분리도 정의사회의 구현 못지않게 프랑스 공화국의 가치관이라 옹호하고 있지만, 그런 가치관들과 근본적으로 모순되는 기독교를 옹호하는 이유는 이해가 되지 않는다. 그래도 종파들이 관용의 정신을 상실했다는 분석이나, "입으로만 행복을 약속하고 인간을 예속화시키려는 사기꾼들"(내 생각에는 모든 종교가 여기에 해당된다)에 대한 분석은 정확했다. 이런 분석은 앞으로 더 확대되어야 마땅하며, 그렇게 될 때 우리 사회는 기독교의 짙은 그늘에서 벗어날 수 있을 것이다!

찾아보기

무신학의 탄생

철학, 종교와 충돌하다

초판 인쇄 2006년 6월 12일
초판 발행 2006년 6월 19일

지은이 미셸 옹프레
옮긴이 강주헌
펴낸이 양미자
책임 편집 한선우

펴낸곳 도서출판 **모티브북**

등록번호 제313-2004-00084호
주소 서울시 마포구 동교동 156-2 마젤란21 B/D 1104호
전화 02) 3141-6921 / 팩스 02) 3141-5822
e-mail editor@motivebook.co.kr

ISBN 89-91195-11-3 03100